我并不要其他我不应当得到的幸福,我也不逃避我分内的灾难,只要我可以在我生存中找出一点意义,不含糊地刻苦生活是我所应当接受的赏赐。

中国乡土文学的典范

从文自传

沈从文 / 著

山西出版传媒集团　山西人民出版社

图书在版编目（CIP）数据

从文自传 / 沈从文著. -- 太原：山西人民出版社，2018.6
ISBN 978-7-203-10424-7

Ⅰ.①从… Ⅱ.①沈… Ⅲ.①沈从文（1902-1988）—自传 Ⅳ.①K825.6

中国版本图书馆CIP数据核字（2018）第100595号

从文自传

著　　者：沈从文
责任编辑：郝文霞
复　　审：刘小玲
终　　审：秦继华
装帧设计：宋双成

出 版 者：山西出版传媒集团·山西人民出版社
地　　址：太原市建设南路21号
邮　　编：030012
发行营销：0351—4922220　4955996　4956039　4922127（传真）
天猫官网：http://sxrmcbs.tmall.com　电话：0351—4922159
E—mail：sxskcb@163.com　发行部
　　　　　sxskcb@126.com　总编室
网　　址：www.sxskcb.com

经 销 者：山西出版传媒集团·山西人民出版社
承 印 厂：三河市天润建兴印务有限公司

开　　本：880mm×1230mm　1/32
印　　张：10.25
字　　数：200千字
印　　数：1—5000册
版　　次：2018年6月　第1版
印　　次：2018年6月　第1次印刷
书　　号：ISBN 978-7-203-10424-7
定　　价：36.00元

如有印装质量问题请与本社联系调换

从文自传

003_ 我所生长的地方

008_ 我的家庭

011_ 我读一本小书同时又读一本大书

025_ 辛亥革命的一课

033_ 我上许多课仍然不放下那一本大书

045_ 预备兵的技术班

050_ 一个老战兵

055_ 辰州（即沅陵）

062_ 清乡所见

066_ 怀化镇

074_ 姓文的秘书

079_ 女　难

087_ 常　德

093_ 船　上

097_ 保　靖

104_ 一个大王

118_ 学历史的地方

123_ 一个转机

福 生

131_ 三贝先生家训

135_ 福 生

141_ 第二个狒狒

147_ 崖下诗人

152_ 画师家兄

156_ 棉 鞋

164_ 副 官

168_ 一天是这样过的

180_ 宋代表

187_ 瑞 龙

197_ 赌 道

204_ 堂 兄

215_ 菌 子

229_ 更夫阿韩

237_ 黎 明

246_ 哨 兵

260_ 一个晚会

采 蕨

277_ 采 蕨

287_ 落 伍

302_ 寄给某编辑先生

从文自传

《从文自传》

　　1934年7月由上海第一出版社初版，1941年经作者校改后，1943年12月开明书店出版了本书的改订本。

我所生长的地方

拿起我这支笔来,想写点我在这地面上二十年所过的日子,所见的人物,所听的声音,所嗅的气味;也就是说我真真实实所受的人生教育,首先提到一个我从那儿生长的边疆僻地小城时,实在不知道怎样来着手就较方便些。我应当照城市中人的口吻来说,这真是一个古怪地方!只由于两百年前满人治理中国土地时,为镇抚与虐杀残余苗族,派遣了一队戍卒屯丁驻扎,方有了城堡与居民。这古怪地方的成立与一切过去,有一部《苗防备览》记载了些官方文件,但那只是一部枯燥无味的官书。我想把我一篇作品里所简单描绘过的那个小城,介绍到这里来。这虽然只是一个轮廓,但那地方一切情景,欲浮凸起来,仿佛可用手去摸触。

一个好事人,若从二百年前某种较旧一点的地图上去寻找,当可在黔北、川东、湘西一处极偏僻的角隅上,发现一个名为镇筸的小点。那里同别的小点一样,事实上应当有一个城市,在那城市中,安顿下三五千人口。不过一切城市的存在,大部分都在交通、物产、经济活动情形下面，成为那个城市枯荣的因缘，这一个地方，却以另外一个意义无所依附而独立存在。试将那个用粗糙而坚实巨大的石头砌成的圆城作为中心，向四方展开，围绕了这边疆僻地的孤城，有五百左右的碉堡，二百左右的营汛。碉堡各用大石块堆成，位置在山顶头，随了山岭脉络蜿蜒各处走去；营汛各位置在驿路上，布置得极有秩序。这些东西在一百八十年前，是按照一种精密的计划，各保持相当距离，在周围数百里内，平均分配下来，解决了退守一隅常做"蠢动"的边苗"叛变"的。两世纪来满清的暴政，以及因这暴政而引起的反抗，血染红了每一条官路同每一个碉堡。到如今，一切完事了，碉堡多数业已毁掉了，营汛多数成为民房了，人民已大半同化了。落日黄昏时节，站到那个巍然独在万山环绕的孤城高处，眺望那些远近残毁的碉堡，还可依稀想见当时角鼓火炬传警告急的光景。这地方到今日，已因为变成另外一种军事重心，一切皆用一种迅速的姿势在改变，在进步，同时这种进步，也就正消灭到过去一切。

凡有机会追随了屈原溯江而行的那条长年澄清的沅水向上游去的旅客和商人，若打量由陆路入黔入川，不经古夜郎国，不经永顺、龙山，都应当明白镇筸是个可以安顿他的行李最可靠也最舒服的地方。那里土匪的名称不习惯于一般人的耳朵。兵卒纯善如平民，与人无侮无扰。农民勇敢而安分，且莫不敬神守法。商人各负担了花纱同货物，洒脱地向深山中的村庄走去，同平民做有无交易，谋取什一之利。地方统治者分数种：最上为天神，其次为官，又其次才为村长同执行巫术的神的侍奉者。人人洁身信神，守法爱官。每家俱有兵役，可按月各自到营上领取一点银子、一份米粮，且可从官家领取二百年前被政府所没收的公田耕耨播种。城中人每年各按照家中有无，到天王庙去杀猪，宰羊，磔狗，献鸡，献鱼，求神保佑五谷的繁殖，六畜的兴旺，儿女的长成，以及做疾病婚丧的禳解。人人皆依本分担负官府所分派的捐款，又自动地捐钱与庙祝或单独执行巫术者。一切事保持一种淳朴习惯，遵从古礼；春秋二季农事起始与结束时，照例有年老人向各处人家敛钱，给社稷神唱木傀儡戏。旱暵祈雨，便有小孩子共同抬了活狗，带上柳条，或扎成草龙各处走去。春天常有春官，穿黄衣各处念农事歌词。岁暮年末居民便装饰红衣傩神于家中正屋，捶大鼓如雷鸣，苗巫穿鲜红如血衣服，吹镂银牛角，拿铜刀，踊跃地歌舞娱神。城中的住民，多当时派遣移来的戍卒屯丁。此外则有江西人在此卖布，福建人在此卖烟，广东人在此卖药。地方由少数读书人与多数军官，在政治上与婚姻上两面的结合，产生一个上层阶级。这阶级一方面用一种保守稳健的政策，长时期管理政治；一方面支配了大部分属于私有的土地。

而这阶级的来源，却又仍然出于当年的戍卒屯丁。地方城外山坡上产桐树杉树，矿坑中有朱砂水银，松林里生菌子，山洞中多硝。城乡全不缺少勇敢忠诚适于理想的兵士与温柔耐劳适于家庭的妇人。在军校阶级厨房中，出异常可口的菜饭；在伐树砍柴人口中，出热情优美的歌声。

地方东南四十里接近大河，一道河流肥沃了平衍的两岸，多米，多橘柚。西北二十里后，即已渐入高原，近抵苗乡，万山重叠。大小重叠的山中，大杉树以长年深绿逼人的颜色，蔓延各处。一道小河从高山绝涧中流出，汇集了万山细流，沿了两岸有杉树林的河沟奔驶而过，农民各就河边编缚竹子做成水车，引河中流水，灌溉高处的山田。河水长年清澈，其中多鳜鱼、鲫鱼、鲤鱼，大的比人脚板还大。河岸上那些人家里，常常可以见到白脸长身见人善做媚笑的女子。小河水流环绕镇筸北城下驶，到一百七十里后方汇入辰河，直抵洞庭。

这地方又名凤凰厅，到民国后便改成了县治，名凤凰县。辛亥革命后，湘西镇守使与辰沅道皆驻节在此地。地方居民不过五六千，驻防各处的正规兵士却有七千。由于环境的不同，直到现在其地绿营兵役制度尚保存不废，为中国绿营军制唯一残留之物。

我就生长在这样一个小城里，将近十五岁时方离开。出门两年半回过那小城一次以后,直到现在为止,那城门我还不再进去过。但那地方我是熟悉的。现在还有许多人生活在那个城市里,我却常常生活在那个小城过去给我的印象里。

我的家庭

咸同之季，中国近代史极可注意之一页，曾、左、胡、彭所带领的湘军部队中，篁军有个相当的位置。统率篁军转战各处的是一群青年将校，原多卖马草为生，最著名的为田兴恕。当时同伴数人，年在二十左右，同时得到满清提督衔的共有四位，其中有一沈洪富，便是我的祖父。这青年军官二十二岁左右时，便曾做过一度云南昭通镇守使。同治二年（一八六二），二十六岁又做过贵州总督，到后因创伤回到家中，终于在家中死掉了。这青年军官死去时，所留下的一份光荣与一份产业，使他后嗣在本地方占了个较优越的地位。祖父本无子息，祖母为住乡下的叔祖父沈洪芳娶了个苗族姑娘，生了两个儿子，把老二过房做儿子。照当地习惯，和苗族所生儿女无社会地位，不能参预文武科举，因此这个苗女人被远远嫁去，乡下虽埋了个坟，却是假的。我照血统说，有一部分应属于苗族。我四五岁时，还曾到黄罗寨乡下去那个坟前磕过头。到一九二二年离开湘西时，在沅陵才从父亲口中明白这件事情。

就由于存在本地军人口中那一份光荣，引起了后人对军人家世的骄傲，我的父亲生下地时，祖母所期望的事，是家中再来一个将军。家中所期望的并不曾失望，自体魄与气度两方面说来，我爸爸生来就不缺少一个将军的风仪。硕大，结实，豪放，爽直，一个将军所必需的种种本色，爸爸无不兼备。爸爸十岁左右时，家中就为他请了武术教师同老塾师，学习做将军所不可少的技术与学识。但爸爸还不曾成名以前，我的祖母却死去了。那时正是庚子联军入京的第三年。当庚子年大沽失守，镇守大沽的罗提督自尽殉职时，我的爸爸便正在那里做他身边一员裨将。那次战争据说毁去了我家中产业的一大半。由于爸爸的爱好，家中一点较值钱的宝货常放在他身边，这一来，便完全失掉了。战事既已不可收拾，北京失陷后，爸爸回到了家乡。第三年祖母死去。祖母死时我刚活到这世界上四个月。那时我上头已经有两个姐姐，一个哥哥。没有庚子的战争，我爸爸不会回来，我也不会存在。关于祖母的死，我仿佛还依稀记得包裹得紧紧的，我被谁抱着在一个白色人堆里转动，随后还被搁到一个桌子上去。我家中自从祖母死后十余年内不曾死去一人，若不是我在两岁以后做梦，这点影子便应当是那时唯一的记忆。

我的兄弟姊妹共九个，我排行第四，除去幼年殇去的姊妹，现在生存的还有五个，计兄弟姊妹各一，我应当在第三。

我的母亲姓黄，年纪极小时就随同我一个舅父外出在军营中生活，所见事情很多，所读的书也似乎较爸爸读的稍多。外祖黄河清是本地最早的贡生，守文庙做书院山长，也可说是当地唯一的读书人,所以我母亲极小就认字读书,懂医方,会照相。舅父是个有新头脑的人物,本县第一个照相馆是那舅父办的,第一个邮政局也是舅父办的。我等兄弟姊妹的初步教育,便全是这个瘦小、机警、富于胆气与常识的母亲担负的。我的教育得于母亲的不少,她告我认字,告我认识药名,告我决断——做男子极不可少的决断。我的气度得于父亲影响的较少,得于妈妈的似较多。

我读一本小书同时又读一本大书

我能正确记忆到我小时候的一切，在两岁左右。我从小到四岁左右，始终健全肥壮如一只小豚。四岁时母亲一面告给我认方字，外祖母一面便给我糖吃，到认完六百生字时，腹中生了蛔虫，弄得黄瘦异常，只得每天用草药蒸鸡肝当饭。那时节我就已跟随了两个姐姐，到一个女先生处上学。那人既是我的亲戚，我年龄又那么小，过那边去念书，坐在书桌边读书的时节较少，坐在她膝上玩的时间或者较多。

到六岁时，我的弟弟方两岁，两人同时出了疹子。时正六月，日夜皆在吓人高热中受苦。又不能躺下睡觉，一躺下就咳嗽发喘；又不要人抱，抱时全身难受。我还记得我同我那弟弟两人当时皆用竹簟卷好，同春卷一样，竖立在屋中阴凉处。家中人当时业已为我们预备了两具小小棺木搁在廊下。十分幸运，两人到后居然全好了。我的弟弟病后家中特别为他请了一个壮实高大的苗妇人照料，照料得法，他便壮大异常。我因此一病，却完全改了样子，从此不再与肥胖为缘，成了个小猴儿精了。

六岁时我已单独上了私塾。如一般风气，凡是私塾中给予小孩子的虐待，我照样也得到了一份。但初上学时我因为在家中业已认字不少，记忆力从小又似乎特别好，比较其余小孩，可谓十分幸福。第二年后换了一个私塾，在这私塾中我跟从了几个较大的学生，学会了顽劣孩子抵抗顽固塾师的方法，逃避那些书本去同一切自然相亲近。这一年的生活形成了我一生性格与感情的基础。我间或逃学，且一再说谎，掩饰我逃学应受的处罚。我的爸爸因这件事十分愤怒，有一次竟说若再逃学说谎，便当砍去我一个手指。我仍然不为这话所恐吓，机会一来时总不把逃学的机会轻轻放过。当我学会了用自己的眼睛看世界一切，到不同社会中去生活时，学校对于我便已毫无兴味可言了。

　　我爸爸平时本极爱我，我曾经有一时还做过我那一家的中心人物。稍稍害点病时，一家人便光着眼睛不睡眠，在床边服侍我，当我要谁抱时谁就伸出手来。家中那时经济情形还很好，我在物质方面所享受到的，比起一般亲戚的小孩似乎都好得多。我的爸爸既一面只做将军的好梦，一面对于我却怀了更大的希望。他仿佛早就看出我不是个军人，不希望我做将军，却告诉我祖父的许多勇敢光荣的故事，以及他庚子年间所得的一份经验。他因为欢喜京戏，只想我学戏，做谭鑫培。他以为我不拘做什么事，总之应比做个将军高些。第一个赞美我明慧的就是我的爸爸。可是当他发现了我成天从塾中逃出到太阳底下同一群小流氓游荡，任何方法都不能拘束这颗小小的心，且不能禁止我狡猾的说谎时，我的行为实在伤了这个军人的心。同时那小我四岁的弟弟，因为看护他的苗妇人照料十分得法，身体养育得强壮异常，年龄虽小，却显得气派宏大，凝静结实，且极自重自爱，故家中人对我感到失望时，对他便异常关切起来。这小孩子到后来也并不辜负家中人的期望，二十二岁时便做了步兵上校。至于我那个爸爸，却在蒙古、东北、西藏各处军队中混过，民国二十年时还只是一个上校，在本地土著军队里做军医（后改为中医院院长），把将军希望留在弟弟身上，在家乡从一种极轻微的疾病中便瞑目了。

我有了外面的自由，对于家中的爱护反觉处处受了牵制，因此家中人疏忽了我的生活时，反而似乎使我方便了好些。领导我逃出学塾，尽我到日光下去认识这大千世界微妙的光，稀奇的色，以及万汇百物的动静，这人是我一个张姓表哥。他开始带我到他家中橘柚园中去玩，到城外山上去玩，到各种野孩子堆里去玩，到水边去玩。他教我说谎，用一种谎话对付家中，又用另一种谎话对付学塾，引诱我跟他各处跑去。即或不逃学，学塾为了担心学童下河洗澡，每到中午散学时，照例必在每人手心中用朱笔写个大字，我们尚依然能够一手高举，把身体泡到河水中玩个半天。这方法也亏那表哥想出的。我感情流动而不凝固，一派清波给予我的影响实在不小。我幼小时较美丽的生活，大部分都同水不能分离。我的学校可以说是在水边的。我认识美，学会思索，水对我有极大的关系。我最初与水接近，便是那荒唐表哥带领的。

现在说来，我在做孩子的时代，原本也不是个全不知自重的小孩子。我并不愚蠢。当时在一帮表兄弟中和弟兄中，似乎只有我那个哥哥比我聪明，我却比其他一切孩子懂事。但自从那表哥教会我逃学后，我便成为毫不自重的人了。在各样教训各样方法管束下，我不欢喜读书的性情，从塾师方面，从家庭方面，从亲戚方面，莫不对于我感觉得无多希望。我的长处到那时只是种种的说谎。我非从学塾逃到外面空气下不可，逃学过后又得逃避处罚。我最先所学，同时拿来致用的，也就是根据各种经验来制造各种谎话。我的心总得为一种新鲜声音、新鲜颜色、新鲜气味而跳。我得认识本人生活以外的生活。我的智慧应当从直接生活上吸收消化，却不需从一本好书一句好话上学来，似乎就只这样一个原因，我在学塾中，逃学记录点数，在当时便比任何一人都高。

离开私塾转入新式小学时，我学的总是学校以外的。到我出外自食其力时，我又不曾在职务上学好过什么。二十年后我"不安于当前事务，却倾心于现世光色，对于一切成例与观念皆十分怀疑，却常常为人生远景而凝眸"，这份性格的形成，便应当溯源于小时在私塾中逃学的习惯。

自从逃学成习惯后，我除了想方设法逃学，什么也不再关心。有时天气坏一点，不便出城上山里去玩，逃了学没有什么去处，我就一个人走到城外庙里去。本地大建筑在城外计三十来处，除了庙宇就是会馆和祠堂。空地广阔，因此均为小手工业工人所利用。那些庙里总常常有人在殿前廊下绞绳子，织竹簟，做香，我就看他们做事。有人下棋，我看下棋。有人打拳，我看打拳。甚至于相骂，我也看着，看他们如何骂来骂去，如何结果。因为自己既逃学，走到的地方必不能有熟人，所到的必是较远的庙里。到了那里，既无一个熟人，因此什么事都只好用耳朵去听，用眼睛去看，直到看无可看听无可听时，我便应当设计打量我怎么回家去的方法了。

　　来去学校我得拿一个书篮。内中有十多本破书，由《包句杂志》《幼学琼林》到《论语》《诗经》《尚书》，通常得背诵，分量相当沉重。逃学时还把书篮挂到手肘上，这就未免太蠢了一点。凡这么办的可以说是不聪明的孩子。许多这种小孩子，因为逃学到各处去，人家一见就认得出，上了一点年纪的人见到时就会说："逃学的，赶快跑回家挨打去，不要在这里玩。"若无书篮可不必受这种教训。因此我们就想出了一个方法，把书篮寄存到一个土地庙里去。那地方无一个人看管，但谁也用不着担心他的书篮。小孩子对于土地神全不缺少必需的敬畏，都信托这木偶，把书篮好好地藏到神座龛子里去，常常同时有五个或八个，到时却各人把各人的拿走，谁也不会乱动旁人的东西。我把书篮放到那地方去，次数是不能记忆了的，照我想来，次数最多的必定是我。

　　逃学失败被家中学校任何一方面发觉时，两方面总得各挨一顿打。在学校得自己把板凳搬到孔夫子牌位前，伏在上面受笞。处罚过后还要对孔夫子牌位作一揖，表示忏悔。有时又常常罚跪至一炷香时间。我一面被处罚跪在房中的一隅，一面便记着各种事情，想象恰如生了一对翅膀，凭经验飞到各样动人的事物上去。按照天气寒暖，想到河中的鳜鱼被钓起离水以后拨剌的情形，想到天上飞满风筝的情形，想到空山中歌呼的黄鹂，想到树木上累累的果实。由于最容易神往到种种屋外东西上去，反而常把处罚的痛苦忘掉，处罚的时间忘掉，直到被唤起以后为止，我就从不曾在被处罚中感觉过小小冤屈。那不是冤屈，我应感谢那种处罚，使我无法同自然接近时，给我一个练习想象的机会。

家中对这件事自然照例不大明白情形，以为只是教师方面太宽的过失，因此又为我换一个教师。我当然不能在这些变动上有什么异议。这事对我说来，我倒又得感谢我的家中。因为先前那个学校比较近些，虽常常绕道上学，终不是个办法，且因绕道过远，把时间耽误太久时，无可托词。现在的学校可真很远很远了，不必包绕偏街，我便应当经过许多有趣味的地方了。从我家中到那个新的学塾里去时，路上我可看到针铺门前永远必有一个老人戴了极大的眼镜，低下头来在那里磨针。又可看到一个伞铺，大门敞开，做伞时十几个学徒一起工作，尽人欣赏。又有皮靴店，大胖子皮匠，天热时总腆出一个大而黑的肚皮（上面有一撮毛）用夹板上鞋。又有剃头铺，任何时节总有人手托一个小小木盘，呆呆地在那里尽剃头师傅刮脸。又可看到一家染坊，有强壮多力的苗人，踹在凹形石碾上面，站得高高的，手扶着墙上横木，偏左偏右地摇荡。又有三家苗人打豆腐的作坊，小腰白齿头包花帕的苗妇人，时时刻刻口上都轻声唱歌，一面引逗缚在身背后包单里的小苗人，一面用放光的红铜勺舀取豆浆。我还必须经过一个豆粉作坊，远远地就可听到骡子推磨隆隆的声音，屋顶棚架上晾满白粉条。我还得经过一些屠户肉案桌，可看到那些新鲜猪肉砍碎时尚在跳动不止。我还得经过一家扎冥器出租花轿的铺子，有白面无常鬼、蓝面阎罗王、鱼龙、轿子、金童玉女。每天且可以从他那里看出有多少人接亲，有多少冥器，那些定做的作品又成就了多少，换了些什么式样。并且还常常停顿下来，看他们贴金、敷粉、涂色，一站许久。

我就欢喜看那些东西，一面看一面明白了许多事情。每天上学时，我照例手肘上挂了那个竹书篮，里面放十多本破书。在家中虽不敢不穿鞋，可是一出了大门，即刻就把鞋脱下拿到手上，赤脚向学校走去。不管如何，时间照例是有多余的，因此我总得绕一节路玩玩。若从西城走去，在那边就可看到牢狱，大清早若干人戴了脚镣从牢中出来，派过衙门去挖土。若从杀人处走过，昨天杀的人还没有收尸，一定已被野狗把尸首咋碎或拖到小溪中去了，就走过去看看那个糜碎了的尸体，或拾起一块小小石头，在那个污秽的头颅上敲打一下，或用一根木棍去戳戳，看看会不会动。若还有野狗在那里争夺，就预先拾了许多石头放在书篮里，随手一一向野狗抛掷，不再过去，只远远地看看，就走开了。

既然到了溪边，有时候溪中涨了小小的水，就把裤管高卷，书篮顶在头上，一只手扶着，一只手照料裤子，在沿了城根流去的溪水中走去，直到水深齐膝处为止。学校在北门，我出的是西门，又进南门，再绕从城里大街一直走去。在南门河滩方面我还可以看一阵杀牛，机会好时恰好正看到那老实可怜的畜生被放倒的情形。因为每天可以看一点点，杀牛的手续同牛内脏的位置，不久也就被我完全弄清楚了。再过去一点就是边街，有织簟子的铺子，每天任何时节皆有几个老人坐在门前小凳子上，用厚背的钢刀破篾，有两个小孩子蹲在地上织簟子（我对于这一行手艺所明白的种种，现在说来似乎比写字还在行）。

又有铁匠铺,制铁炉同风箱皆占据屋中,大门永远敞开着,时间即或再早一些,也可以看到一个小孩子两只手拉着风箱横柄,把整个身子的分量前倾后倒,风箱于是就连续发出一种吼声,火炉上便放出一股臭烟同红光。待到把赤红的热铁拉出搁放到铁砧上时,这个小东西,赶忙舞动细柄铁锤,把铁锤从身背后扬起,在身面前落下,火花四溅地一下一下打着。有时打的是一把刀,有时打的是一件农具。有时看到的又是这个小学徒跨在一条大板凳上,用一把凿子在未淬火的刀上起去铁皮,有时又是把一条薄薄的钢片嵌进熟铁里去。日子一多,关于任何一件铁器的制造秩序,我也不会弄错了。边街又有小饭铺,门前有个大竹筒,插满了用竹子削成的筷子。有干鱼同酸菜,用钵头装满放在门前柜台上,引诱主顾上门,意思好像是说:"吃我,随便吃我,好吃!"每次我总仔细看看,真所谓"过屠门而大嚼",也过了瘾。

　　我最欢喜天上落雨,一落了小雨,若脚下穿的是布鞋,即或天气正当十冬腊月,我也可以用恐怕湿却鞋袜为辞,有理由即刻脱下鞋袜赤脚在街上走路。但最使人开心的事,还是落过大雨以后,街上许多地方已被水所浸没,许多地方阴沟中涌出水来,在这些地方照例常常有人不能过身,我却赤着两脚故意向深水中走去。若河中涨了大水,照例上游会漂流的有木头、家具、南瓜同其他东西,就赶快到横跨大河的桥上去看热闹。桥上必已经有人用长绳系定了自己的腰身,在桥头上待着,注目水中,有所等待。看到有一段大木或一件值得下水的东西浮来时,就踊身一跃,骑到那树上,或傍近物边,把绳子缚定,自己便快快地向下游岸边泅去。另外几个在岸边的人把水中人援助上岸后，就把绳子拉着，或缠绕到大石上大树上去，于是第二次又有第二人来在桥头上等候。我欢喜看人在洞水里扳罾，巴掌大的活鲫鱼在网中蹦跳。一涨了水，照例也就可以看这种有趣味的事情。照家中规矩，一落雨就得穿上钉鞋，我可真不愿意穿那种笨重的钉鞋。虽然在半夜时有人从街巷里过身，钉鞋的声音实在好听，大白天对于钉鞋，我依然毫无兴味。

若在四月落了点小雨，山地里田塍上各处都是蟋蟀的声音，真使人心花怒放。在这些时节，我便觉得学校真没有意思，简直坐不住，总得想方设法逃学上山去捉蟋蟀。有时没有什么东西安置这小东西，就走到那里去，把第一只捉到手后又捉第二只，两只手各有一只后，就找第三只。本地蟋蟀原分春秋二季，春季的多在田间泥里草里，秋季的多在人家附近石罅里瓦砾中，如今既然这东西只在泥层里，故即或两只手心各有一只小东西后，我总还可以想方设法把第三只从泥土中赶出，看看若比较手中的大些，即开释了手中所有，捕捉新的，如此轮流换去，一整天方捉回两只小虫。城头上有白色炊烟，街巷里有摇铃铛卖煤油的声音，当下午三点左右时，赶忙走到一个刻花板的老木匠那里去，很兴奋地同那木匠说："师傅师傅，今天可捉了大王来了！"

那木匠便故意装成无动于衷的神气，仍然坐在高凳上玩他的车盘，正眼也不看我地说："不成，得赌点输赢！"

我说："输了替你磨刀成不成？"

"嗨，够了，我不要你磨刀，你哪会磨刀！上次磨凿子还磨坏了我的家伙!"

这不是冤枉我,我上次的确磨坏了他一把凿子。不好意思再说磨刀了,我说:"师傅,那这样办法,你借给我一个瓦盆子,让我自己来试试这两只谁能干些好不好?"我说这话时真怪和气,为的是他以逸待劳,若不允许我还是无办法。

那木匠想了想,好像莫可奈何才让步的样子:"借盆子得把战败的一只给我,算作租钱。"

我满口答应:"那成,那成。"

于是他方离开车盘,很慷慨地借给我一个泥罐子,顷刻之间我就只剩下一只蟋蟀了。这木匠看看我捉来的虫还不坏,必向我提议:"我们来比比,你赢了我借你这泥罐一天;你输了,你把这蟋蟀输给我,办法公平不公平?"我正需要那么一个办法,连说"公平,公平"。于是这木匠进去了一会儿,拿出一只蟋蟀来同我的斗,不消说,三五回合我的自然又败了。

他的蟋蟀照例却常常是我前一天输给他的。那木匠看看我有点颓丧,明白我认识那个小东西,担心我生气时一摔,一面赶忙收拾盆罐,一面带着鼓励我的神气笑笑说:"老弟,老弟,明天再来,明天再来!你应当捉好的来,走远一点。明天来,明天来!"

我什么话也不说,微笑着,出了木匠的大门,空手回家了。

这样一整天在为雨水泡软的田塍上乱跑,回家时常常全身是泥,家中当然一望而知,于是不必多说,沿老例跪一炷香,罚关在空房子里,不许哭,不许吃饭。等一会儿我自然可以从姐姐方面得到充饥的东西。悄悄地把东西吃下以后,我也疲倦了，因此空房中即或再冷一点，老鼠来去很多，一会儿就睡着，再也不知道如何上床的事了。

即或在家中那么受折磨，到学校去时又免不了补挨一顿板子，我还是在想逃学时就逃学，决不为经验所恐吓。

有时逃学又只是到山上去偷人家园地里的李子、枇杷，主人拿着长长的竹竿大骂着追来时，就飞奔而逃，逃到远处一面吃那个赃物，一面还唱山歌气那主人。总而言之，人虽小小的，两只脚跑得很快，什么茨棚里钻去也不在乎，要捉我可捉不到，就认为这种事很有趣味。

可是只要我不逃学，在学校里我是不至于像其他那些人受处罚的。我从不用心念书，但我从不在应当背诵时节无法对付。许多书总是临时来读十遍八遍，背诵时节却居然琅琅上口，一字不遗。也似乎就由于这份小小聪明，学校把我同一般同学一样待遇，更使我轻视学校。家中不了解我为什么不想上进，不好好地利用自己的聪明用功，我不了解家中为什么只要我读书，不让我玩。我自己总以为读书太容易了点，把认得的字记记那不算什么稀奇。最稀奇处应当是另外那些人，在他那份习惯下所做的一切事情。为什么骡子推磨时得把眼睛遮上？为什么刀得烧红时在水里一淬方能坚硬？为什么雕佛像的会把木头雕成人形，所贴的金那么薄又用什么方法做成？为什么小铜匠会在一块铜板上钻那么一个圆眼，刻花时刻得整整齐齐？这些古怪事情太多了。

我的生活中充满了疑问，都得我自己去找寻解答。我要知道的太多，所知道的又太少，有时便有点发愁。就为的是白日里太野,各处去看,各处去听,还各处去嗅闻,死蛇的气味,腐草的气味,屠户身上的气味,烧碗处土窑被雨以后放出的气味,要我说来虽当时无法用言语去形容,要我辨别却十分容易。蝙蝠的声音,一只黄牛当屠户把刀刺进它喉中时叹息的声音,藏在田塍土穴中大黄喉蛇的鸣声,黑暗中鱼在水面拨剌的微声,全因到耳边时分量不同,我也记得那么清清楚楚。因此回到家里时,夜间我便做出无数稀奇古怪的梦。这些梦直到将近二十年后的如今,还常常使我在半夜里无法安眠,既把我带回到那个"过去"的空虚里去,也把我带往空幻的宇宙里去。

在我面前的世界已够宽广了,但我似乎就还得一个更宽广的世界。我得用这方面得到的知识证明那方面的疑问,我得从比较中知道谁好谁坏,我得看许多业已由于好询问别人以及好自己幻想所感觉到的世界上的新鲜事情新鲜东西,结果能逃学时我逃学,不能逃学我就只好做梦。

照地方风气说来,一个小孩子野一点的,照例也必须强悍一点,才能各处跑去。因为一出城外,随时都会有一样东西突然扑到你身边来,或是一只凶恶的狗,或是一个顽劣的人。无法抵抗这点袭击,就不容易各处自由放荡。一个野一点的孩子,即或身边不必时时刻刻带一把小刀,也总得带一削光的竹块,好好地插到裤带上,遇机会到时,就取出来当作武器。尤其是到一个离家较远的地方去看木傀儡戏,不准备厮杀一场简直不成。你能干点,单身往各处去,有人挑战时,还只是一人近你身边来恶斗。若包围到你身边的顽童人数极多,你还可挑选同你精力相差不大的一人,你不妨指定其中一个说:"要打吗?你来。我同你来。"

到时也只那一个人拢来。被他打倒，你活该，只好伏在地上尽他压着痛打一顿。你打倒了他，他活该，把他揍够后你可以自由走去，谁也不会追你，只不过说句"下次再来"罢了。

可是你根本上若就十分怯弱，即或结伴同行，到什么地方去时，也会有人特意挑出你来殴斗。应战你得吃亏，不答应你得被仇人与同伴两方面奚落，顶不经济。

感谢我那爸爸给了我一份勇气，人虽小，到什么地方去我总不害怕。到被人围上必须打架时，我能挑出那些同我不差多少的人来，我的敏捷同机智，总常常占点上风。有时气运不佳，不小心被人摔倒，我还会有方法翻身过来压到别人身上去。在这件事上我只吃过一次亏，不是一个小孩，却是一只恶狗，把我攻倒后，咬伤了我一只手。我走到任何地方去都不怕谁，同时因换了好些私塾，各处皆有些同学，大家既都逃过学，便有无数朋友，因此也不会同人打架了。可是自从被那只恶狗攻倒过一次以后，到如今我却依然十分怕狗。（有种两脚狗我更害怕，对付不了。）

至于我那地方的大人，用单刀、扁担在大街上决斗本不算回事。事情发生时，那些有小孩子在街上玩的母亲，只不过说："小杂种，站远一点，不要太近！"嘱咐小孩子稍稍站开点儿罢了。本地军人互相砍杀虽不出奇，行刺暗算却不作兴。这类善于殴斗的人物，有军营中人，有哥老会中老幺，有好打抱不平的闲汉，在当地另成一帮，豁达大度，谦卑接物，为友报仇，爱义好施，且多非常孝顺。但这类人物为时代所陶冶，到民国五年以后也就渐渐消灭了。虽有些青年军官还保存那点风格，风格中最重要的一点洒脱处，却为了军纪一类影响，大不如前辈了。

我有三个堂叔两个姑姑都住在城南乡下，离城四十里左右。那地方名黄罗寨，出强悍的人同猛鸷的兽。我爸爸三岁时在那里差一点险被老虎咬去。我四岁左右，到那里第一天，就看见四个乡下人抬了一只死虎进城，给我留下极深刻的印象。

我还有一个表哥，住在城北十里地名长宁哨的乡下，从那里再过去十里便是苗乡。表哥是一个紫色脸膛的人，一个守碉堡的战兵。我四岁时被他带到乡下去过了三天，二十年后还记得那个小小城堡黄昏来时鼓角的声音。

这战兵在苗乡有点威信，很能喊叫一些苗人。每次来城时，必为我带一只小斗鸡或一点别的东西。一来为我说苗人故事，临走时我总不让他走。我欢喜他，觉得他比乡下叔父能干有趣。

辛亥革命的一课

有一天，我那表哥又从乡下来了，见了他使我非常快乐。

我问他那些水车，那些碾坊，又问他许多我在乡下所熟悉的东西。可是我不明白，这次他竟不大理我，不大同我亲热。他只成天出去买白带子，自己买了许多不算，还托我四叔买了许多。家中搁下两担白带子，还说不大够用。他同我爸爸又商量了很多事情，我虽听到却不很懂是什么意思。其中一件便是把三弟同大哥派阿妤当天送进苗乡去，把我大姐二姐送过表哥乡下那个能容万人避难的齐梁洞去。爸爸即刻就遵照表哥的计划办去，母亲当时似乎也承认这么办较安全方便。在一种迅速处置下，四人当天离开家中同表哥上了路。表哥去时挑了一担白带子，同来另一个陌生人也挑了一担，我疑心他想开一个铺子，才用得着这样多带子。

当表哥一行人众动身时，爸爸问表哥明夜来不来，那一个就回答说："不来，怎么成事？我的事还多得很！"

我知道表哥的许多事中，一定有一件事是为我带那只花公鸡，那是他早先答应过我的。因此就插口说："你来，可别忘记答应我那个东西！"

当我两个姐姐一个哥哥一个弟弟同那苗妇人躲进苗乡时，我爸爸问我："你怎么样？跟阿妤进苗乡去，还是跟我在城里？"

"什么地方热闹些？"

"不要这样问，我明白你的意思，你要在城里看热闹，就留下来莫过苗乡吧。"

听说同我爸爸留在城里，我真欢喜。我记得分分明明，第二天晚上，叔父红着脸在灯光下磨刀的情形，真十分有趣。我一时走过仓库边看叔父磨刀，一时又走到书房去看我爸爸擦枪。家中人既走了不少，忽然显得空阔许多，我平时似乎胆量很小，到这天也不知道害怕了。我不明白行将发生什么事情，但却知道有一件很重要的新事快要发生。我满屋各处走去，又傍近爸爸听他们说话。他们每个人脸色都不同往常安详，每人说话都结结巴巴。我家中有两支广式猎枪，几个人一面检查枪支，一面又常常互相来一个莫名其妙的微笑，我也就跟着他们微笑。

我看到他们在日光下做事，又看到他们在灯光下商量。那长身叔父一会儿跑出门去，一会儿又跑回来悄悄地说一阵。我装作不注意的神气，算计到他出门的次数，这一天他一共出门九次，到最后一次出门时，我跟在他身后走出到屋廊下，我说："四叔，怎么的，你们是不是预备杀仗？"

"咄，你这小东西，还不去睡！回头要猫儿吃你。赶快睡去！"

于是我便被一个丫头拖到上边屋里去，把头伏到母亲腿上，一会儿就睡着了。

这一夜中城里城外发生的事我全不清楚。等到我照常醒来时，只见全家早已起身，各个人皆脸儿白白的，在那里悄悄地说些什么。大家问我昨夜听到什么没有,我只是摇头。我家中似乎少了几个人,数了一下,几个叔叔全不见了,男的只我爸爸一个人,坐在正屋他那专用的太师椅上,低下头来一句话不说。我记起了杀仗的事情,我问他:"爸爸爸爸,你究竟杀过仗了没有?"

"小东西,莫乱说,夜来我们杀败了!全军人马覆灭,死了上千人!"

正说着,高个儿叔父从外面回来了,满头是汗,结结巴巴地说:衙门从城边已经抬回了四百一十个人头,一大串耳朵,七架云梯,一些刀,一些别的东西。对河还杀得更多,烧了七处房子,现在还不许人上城去看。

爸爸听说有四百个人头,就向叔父说:"你快去看看,觔韩在里边没有。赶快去,赶快去。"

觔韩就是我那紫色脸膛的表兄,我明白他昨天晚上也在城外杀仗后,心中十分关切。听说衙门口有那么多人头,还有一大串人耳朵,正与我爸爸平时为我说到的杀长毛故事相合,我又兴奋又害怕,简直不知道怎么办。洗过了脸,我方走出房门,看看天气阴阴的像要落雨的神气,一切皆很黯淡。街口平常这时照例可以听到卖糕人的声音,以及各种别的叫卖声音,今天却异常清静,似乎过年一样。我想得到一个机会出去看看,我最关心的是那些我从不曾摸过的人头。一会儿,我的机会便来了。长身四叔跑回来告我爸爸,人头里没有觔韩的头。且说衙门口人多着,街上铺子都已奉命开了门,张家二老爷也上街看热闹了。对门张家二老爷,原是暗中和革命党有联系的本地绅士之一。因此我爸爸便问我:"小东西,怕不怕人头,不怕就同我出去。"

"不,我想看看。"

于是我就在道尹衙门口平地上看到了一大堆肮脏血污的人头,还有衙门口鹿角上、辕门上,也无处不是人头。从城边取回的几架云梯,全用新毛竹做成(就是把这新从山中砍来的竹子,横横地贯了许多木棍),云梯木棍上也悬挂着许多人头。看到这些东西我实在稀奇,我不明白为什么要杀那么多人。我不明白这些人因什么事就被把头割下。我随后又发现了那一串耳朵,那么一串东西,一生真再也不容易见到过的古怪东西!叔父问我:"小东西,你怕不怕?"我说:"不怕。"我原先已听了多少杀仗的故事,总说是"人头如山,血流成河",看戏时也总说是"千军万马分个胜败",却除了从戏台上间或演秦琼哭头时可看到一个木人头放在朱红盘子里托着舞来舞去,此外就不曾看到过一次真的杀仗砍下什么人头。现在却有那么一大堆血淋淋的从人颈脖上砍下的东西。我并不怕,可不明白为什么这些人就让兵士砍他们,有点疑心,以为这一定有了错误。

为什么他们被砍?砍他们的人又为什么?心中许多疑问,回到家中时问爸爸,爸爸只说这是"造反打了败仗",也不能给我一个满意的答复。我当时以为爸爸那么伟大的人,天上地下知道不知多少事,居然也不明白这件事,倒真觉得奇怪。到现在我才明白这事永远在世界上不缺少,可是谁也不能够给小孩子一个最得体的回答。

这革命原是城中绅士早已知道,用来对付镇筸镇和辰沅永靖兵备道两个衙门里的旗人大官同那些外路商人，攻城以前先就约好了的。但临时却因军队方面谈的条件不妥误了大事。

革命算已失败了，杀戮还只是刚在开始。城防军把防务布置周密妥当后，就分头派兵下乡去捉人，捉来的人只问问一句两句话，就牵出城外去砍掉。平常杀人照例应当在西门外，现在"造反"的人既从北门来，因此应杀的人也就放在北门河滩上杀戮。当初每天必杀一百左右，每次杀五十个人时，行刑兵士还只是二十人，看热闹的也不过三十左右。有时衣也不剥，绳子也不捆缚，就那么跟着赶去的。常常有被杀的站得稍远一点，兵士以为是看热闹的人，就忘掉走去。被杀的差不多全从乡下捉来，糊糊涂涂不知道是些什么事，因此还有一直到了河滩被人吼着跪下时，才明白行将有什么新事，方大声哭喊惊惶乱跑，刽子手随即赶上前去那么一阵乱刀砍翻的。

这愚蠢残酷的杀戮继续了约一个月，才渐渐减少下来。或者因为天气既很严冷，不必担心到它的腐烂，埋不及时就不埋，或者又因为还另外有一种示众意思，河滩的尸首总常常躺下四五百。

到后人太多了，仿佛凡是西北苗乡捉来的人都得杀头。衙门方面把文书禀告到抚台时大致说的就是"苗人造反"，因此照规矩还得剿平这一片地面上的人民。捉来的人一多，被杀的头脑简单异常，无法自脱。但杀人那一方面知道下面消息多些，却似乎有点寒了心。几个本地有力的绅士，也就是暗地里同城外人沟通却不为官方知道的人，便一同向道台请求有一个限制。经过一番选择，该杀的杀，该放的放。每天捉来的人既有一百两百，差不多全是四乡的农民，既不能全部开释，也不能全部杀头，因此选择的手续，便委托了本地人民所敬信的天王。把犯人牵到天王庙大殿前院坪里，在神前掷竹筊，一仰一覆的顺筊，开释，双仰的阳筊，开释，双覆的阴筊，杀头。生死取决于一掷，应死的自己向左走去，该活的自己向右走去。一个人在一份赌博上既占去便宜四分之三，因此应死的谁也不说话，就低下头走去。

我那时已经可以自由出门，一有机会就常常到城头上去看对河杀头。每当人已杀过赶不及看那一砍时，便与其他小孩比赛眼力，一二三四计数那一片死尸的数目。或者又跟随了犯人，到天王庙看他们掷筊。看那些乡下人，如何闭了眼睛把手中一副竹筊用力抛去，有些人到已应当开释时还不敢睁开眼睛。又看着些虽应死去还想念到家中小孩与小牛猪羊的，那份颓丧那份对神埋怨的神情，真使我永远忘不了。也影响到我一生对于滥用权力的特别厌恶。

我刚好知道"人生"时，我知道的原来就是这些事情。

第二年三月，本地革命成功了，各处悬上白旗，写个"汉"字，小城中官兵算是对革命军投了降。革命反正的兵士结队成排在街上巡游。外来镇守使、道尹、知县，已表示愿意走路，地方一切皆由绅士出面来维持，并在大会上进行民主选举，我爸爸便即刻成为当地要人了。

那时节我哥哥弟弟同两个姐姐，全从苗乡接回来了，家中无数乡下军人来来往往，院子中坐满了人。在一群陌生人中，我发现了那个紫黑脸膛的表哥。他并没有死去，背了一把单刀，朱红牛皮的刀鞘上描着黄金色双龙抢宝的花纹。他正在同别人说那一夜走近城边爬城的情形。我悄悄地告诉他:"我过天王庙看犯人掷筊,想知道犯人中有不有你,可见不着。"那表哥说:"他们手短了些,捉不着我。现在应当我来打他们了。"当天全城人过天王庙开会时,我爸爸正在台上演说,那表哥当真就爬上台去,重重地打了县太爷一个嘴巴,使得台上台下到会人都笑闹不已,演说也无法继续。

革命使我家中也起了变化。不多久,爸爸与一个姓吴的竞选去长沙会议代表失败,心中十分不平,赌气出门往北京去了。和本地阙祝明同去,住杨梅竹斜街酉西会馆,组织了个铁血团谋刺袁世凯,被侦探发现,阙被捕当时枪决。我父亲因看老谭的戏,有熟人通知,即逃出关,在热河都统姜桂题、米振标处隐匿(因为相熟),后改名换姓在赤峰、建平等县做科长多年,袁死后才和家里通信。只记到借人手写信来典田还账。到后家中就破产了。父亲的还乡,还是我哥哥出关万里寻亲接回的。哥哥会为人画像,借此谋生,东北各省都跑过,最后才在赤峰找到了父亲。爸爸这一去,直到十一年后当我从湘边下行时,在辰州又见过他一面,从此以后便再也见不着了。

我爸爸在竞选失败离开家乡那一年,我最小的一个九妹,刚好出世三个月。

革命后地方不同了一点,绿营制度没有改变多少,屯田制度也没有改变多少,地方有军役的,依然各因等级不同,按月由本人或家中人到营上去领取食粮与碎银。守兵当值的,到时照常上衙门听候差遣。马兵仍照旧把马养在家中。衙门前钟鼓楼每到晚上仍有三五个吹鼓手奏乐。但防军组织分配稍微不同了,军队所用器械不同了,地方官长不同了。县知事换了本地人,镇守使也换了本地人。当兵的每家大门边钉了一小牌,载明一切,且各因兵役不同,木牌种类也完全不同。道尹衙门前站在香案旁宣讲圣谕的秀才已不见了。

但革命印象在我记忆中不能忘记的,却只是关于杀戮那几千无辜农民的几幅颜色鲜明的图画。

民国三年左右地方新式小学成立,民国四年我进了新式小学,民国六年夏我便离开了家乡,在沅水流域十三县开始过流荡生活,接受另外一种人生教育了。

我上许多课仍然不放下那一本大书

我改进了新式小学后,学校不背诵经书,不随便打人,同时也不必成天坐在桌边,每天不只可以在小院子中玩,互相扭打,先生见及,也不加以约束,七天照例又还有一天放假,因此我不必再逃学了。可是在那学校照例也就什么都不曾学到。每天上课时照例上上,下课时就遵照大的学生指挥,找寻大小相等的人,到操坪中去打架。一出门就是城墙,我们便想法爬上城去,看城外对河的景致。上学散学时,便如同往常一样,常常绕了多远的路,去城外边街上看看那些木工手艺人新雕的佛像贴了多少金。看看那些铸钢犁的人,一共出了多少新货。或者什么人家孵了小鸡,也常常不管远近必跑去看看。一到星期日,我在家中写了十六个大字后,就一溜烟出门,一直到晚方回家中。

半年后,家中母亲相信了一个亲戚的建议,以为应从城内第二初级小学换到城外第一小学,这件事实行后更使我方便快乐。新学校临近高山,校屋前后各处是大树,同学又多,当然十分有趣。到这学校我仍然什么也不学得,生字也没认识多少,可是我倒学会了爬树。几个人一下课就在校后山边各自拣选一株合抱的大梧桐树，看谁先爬到顶。我从这方面便认识约三十种树木的名称。因为爬树有时跌下或扭伤了脚，刺破了手，就跟同学去采药，又认识了十来种草药。我开始学会了钓鱼，总是上半天学钓半天鱼。我学会了采笋子，采蕨菜。后山上到春天各处是野兰花，各处是可以充饥解渴的刺莓，在竹篁里且有无数雀鸟，我便跟他们认识了许多雀鸟，且认识许多果树。去后山一里左右，又有一个制瓷器的大窑，我们便常常到那里去看人制造一切瓷器，看一块白泥在各样手续下如何就变成为一个饭碗，或一件别种用具的生产过程。

学校环境使我们在校外所学的实在比校内课堂上多十倍。但在学校也学会了一件事，便是各人用刀在座位板下镌雕自己的名字。又因为学校有做手工的白泥，我们就用白泥摹塑教员的肖像，且各为取一怪名："绵羊"，"耗子"，"老土地菩萨"，还有更古怪的称呼。总之随心所欲。在这些事情上我的成绩照例比学校功课好一点，但自然不能得到任何奖励。学校已禁止体罚，可是记过罚站还在执行。

照情形看来，我已不必逃学，但学校既不严格，四个教员恰恰又有我两个表哥在内，想要到什么地方去时，我便请假。看戏请假，钓鱼请假，甚至于几个人到三里外田坪中去看人割禾、捉蚱蜢也向老师请假。

那时我家中每年还可收取租谷三百石左右，三个叔父两个姑母占两份，我家占一份。到秋收时，我便同叔父或其他年长的亲戚，往二十里外的乡下去，督促佃户和临时雇来的工人割禾。等到田中成熟禾穗已空，新谷装满白木浅缘方桶时，便把新谷倾倒到大晒谷簟上来，与佃户平分。其一半应归佃户所有的，由他们去处置，我们把我家应得的那一半，雇人押运回家。在那里最有趣处是可以辨别各种禾苗，认识各种害虫，学习捕捉蚱蜢分别蚱蜢。同时学用鸡笼去罩捕水田中的肥大鲤鱼鲫鱼，把鱼捉来即用黄泥包好塞到热灰里去煨熟分吃。又向佃户家讨小小斗鸡，且认识种类，准备带回家来抱到街上去寻找别人的公雏作战。又从农家小孩学习抽稻草心织小篓小篮，剥桐木皮做卷筒哨子，用小竹子做唢呐。有时捉得一个刺猬，有时打死一条大蛇，又有时还可跟叔父让佃户带到山中去，把雉媒抛出去，吹唿哨招引野雉，鸟枪里装上一把黑色土药和散碎铁砂，猎取这华丽骄傲的禽鸟。

为了打猎，秋末冬初我们还常常去佃户家。看他们下围，跟着他们乱跑。我最欢喜的是猎取野猪同黄麂。有一次还被他们捆缚在一株大树高枝上，看他们把受惊的黄麂从树下追赶过去。我又看过猎狐，眼看着一对狡猾野兽在一株大树根下转，到后这东西便变成了我叔父的马褂。

学校既然不必按时上课，其余的时间我们还得想出几件事情来消磨，到下午三点才能散学。几个人爬上城去，坐在大铜炮上看城外风光，一面拾些石头奋力向河中掷去，这是一个办法。另外就是到操场一角沙地上去拿顶翻筋斗，每个人轮流来做这件事，不溜刷的便仿照技术班办法，在那人腰身上缚一条带子，两个人各拉一端，翻筋斗时用力一抬，日子一多，便无人不会翻筋斗了。

因为学校有几个乡下来的同学，身体壮大异常，便有人想出好主意，提议要这些乡下孩子装成马匹，让较小的同学跨到马背上去，同另一匹马上另一员勇将来作战，在上面扭成一团，直到跌下地后为止。这些做马匹的同学，总照例非常忠厚可靠，在任何情形下皆不卸责。作战总有受伤的，不拘谁人头面有时流血了，就抓一把黄土，将伤口敷上，全不在乎似的。我常常设计把这些人马调度得十分如法，他们服从我的编排，比一匹真马还驯服规矩。

放学时天气若还早一些，几个人不是上城去坐坐，就常常沿了城墙走去。有时节出城去看看，有谁的柴船无人照料，看明白了这只船的的确确无人时，几人就匆忙跳上了船，很快地向河中心划去。等一会儿那船主人来时，若在岸上和和气气地说："兄弟，兄弟，快把船划回来。我得回家！"

遇到这种和平讲道理的人时，我们也总得十分和气地把船划回来，各自跳上了岸，让人家上船回家。若那人性格暴躁点，一见自己小船给一群胡闹的小将送到河中打着圈儿转，心中十分忿怒，大声地喊骂，说出许多恐吓无理的野话，那我们便一面回骂着，一面快快地把船向下游流去，尽他叫骂也不管它。到下游时几个人上了岸，就让这船搁在河滩上不再理会了。有时刚上船坐定，即刻便被船主人赶来，那就得担当一分惊险了。船主照例知道我们受不了什么簸荡，抢上船头，把身体故意向左右连续倾侧不已，因此小船就在水面胡乱颠簸，一个无经验的孩子担心会掉到水中去，必惊骇得大哭不已。但有了经验的人呢，你估计一下，先看看是不是逃得上岸，若已无可逃避，那就好好地坐在船中，尽那乡下人的磨练，拼一身衣服给水湿透,你不慌不忙,只稳稳地坐在船中,不必作声告饶,也不必恶声相骂,过一会儿那乡下人看看你胆量不小,知道用这方法吓不了你,他就会让你明白他的行为不过是一种不带恶意的玩笑,这玩笑到时应当结束了,必把手叉上腰边,向你微笑,抱歉似的微笑。

"少爷,够了,请你上岸!"

于是几个人便上岸了。有时不凑巧,我们也会为人用小桨竹篙一路追赶着打我们,还一路骂我们。只要逃走远一点点,用什么话骂来,我们照例也就用什么话骂回去,追来时我们又很快地跑去。

那河里有鳜鱼,有鲫鱼,有小鲇鱼,钓鱼的人多向上游一点走去。隔河是一片苗人的菜园,不涨水,从跳石上过河,到菜园里去看花、买菜心吃的次数也很多。河滩上各处晒满了白布同青菜,每天还有许多妇人背了竹笼来洗衣,用木棒杵在流水中捶打,訇訇地从北城墙脚下应出回声。

天热时,到下午四点以后,满河中都是赤光光的身体。有些军人好事爱玩,还把小孩子、战马、看家的狗,同一群鸭雏,全部都带到河中来。有些人父子数人同来,大家皆在激流清水中游泳。不会游泳的便把裤子泡湿,扎紧了裤管,向水中急急地一兜,捕捉了满满的一裤空气,再用带子捆好,便成了极合用的"水马"。有了这东西,即或全不会漂浮的人,也能很勇敢地向水深处泅去。到这种人多的地方,照例不会出事故被水淹死的,一出了什么事,大家皆很勇敢地救人。

我们洗澡可常常到上游一点去,那里人既很少,水又极深,对我们才算合适。这件事自然得瞒着家中人。家中照例总为我担忧,唯恐一不小心就会为水淹死。每天下午既无法禁止我出去玩,又知道下午我不会到米场上去同人赌骰子,那位对于拘管我侦察我十分负责的大哥,照例一到饭后我出门不久,他也总得到城外河边一趟。人多时不能从人丛中发现我,就沿河去注意我的衣服,在每一堆衣服上来一分注意。一见到了我的衣服,一句话不说,就拿起来走去,远远地坐到大路上,等候我要穿衣时来同他会面。衣裤既然在他手上,我不能不见他了,到后只好走上岸来,从他手上把衣服取到手,两人沉沉默默地回家。回去不必说什么,只准备一顿打。可是经过两次教训后,我即或仍然在河中洗澡,也就不至于再被家中人发现了。我可以搬些石头把衣服压着,只要一看到他从城门洞边大路走来时,必有人告给我,我就快快地泅到河中去,向天仰卧,把全身泡在水中,只露出一张脸一个鼻孔来,尽岸上那一个搜索也不会得到什么结果。有些人常常同我在一处,哥哥认得他们,看到了他们时,就唤他们:"熊澧南,印鉴远,你见我兄弟老二吗?"

那些同学便故意大声答着:"我们不知道,你不看看衣服吗?"

"你们不正是成天在一堆胡闹吗?"

"是呀,可是现在谁知道他在哪一片天底下。"

"他不在河里吗?"

"你不看看衣服吗?不数数我们的人数吗?"

这好人便各处望望,果然不见到我的衣裤,相信我那朋友的答复不是谎话,于是站在河边欣赏了一阵河中景致,又弯下腰拾起两个放光的贝壳,用他那双常若含泪发愁的艺术家的眼睛赏鉴了一下，或坐下来取出速写簿，随意画两张河景的素描，口上嘘嘘打着唿哨，又向原来那条路上走去了。等他走去以后，我们便来模仿我这个可怜的哥哥，互相重复着前后那种答问："熊澧南，印鉴远，看见我兄弟吗？""不知道，不知道，你自己不看看这里一共有多少衣服吗？""你们成天在一堆！""是呀！成天在一堆，可是谁知道他现在到哪儿去了呢？"于是互相浇起水来，直到另一个逃走方能完事。

有时这好人明知道我在河中，当时虽无法擒捉，回头却常常隐藏在城门边，坐在卖荞粑的苗妇人的小茅棚里，很有耐心地等待着。等到我十分高兴地从大路上同几个朋友走近身时，他便飞快地同一只公猫一样，从那小棚中跃出，一把攫住了我的衣领。于是同行的朋友就大嚷大笑，伴送我到家门口，才自行散去。不过这种事也只有三两次，从经验上既知道这一着棋时，我进城时便常常故意慢一阵，有时且绕了极远的东门回去。

我人既长大了些，权利自然也多些了，在生活方面我的权利便是，即或家中明知我下河洗了澡，只要不是当面被捉，家中可不能用爬搔皮肤方法决定我应否受罚了。同时我的游泳自然也进步多了。我记得，我能在河中来去泅过三次，至于那个名叫熊澧南的，却大约能泅过五次。

下河的事若在平常日子，多半是三点晚饭以后才去。如遇星期日，则常常几人前一天就邀好，过河上游一点棺材潭的地方去，泡一个整天，泅一阵水又摸一会儿鱼，把鱼从水中石底捉得，就用枯枝在河滩上烧来当点心。有时那一天正当附近十里长宁哨苗乡场集，就空了两只手跑到那地方去玩一个半天。

到了场上后,过卖牛处看看他们讨论价钱盟神发誓的样子,又过卖猪处看看那些大猪小猪,查看它,把后脚提起时必锐声呼喊。又到赌场上去看那些乡下人一只手抖抖地下注,替别人担一阵心。又到卖山货处去,用手摸摸那些豹子老虎的皮毛,且听听他们谈到猎取这野物的种种危险经验。又到卖鸡处去,欣赏欣赏那些大鸡小鸡,我们皆知道什么鸡战斗时厉害、什么鸡生蛋极多。我们且各自把那些斗鸡毛色记下来,因为这些鸡照例当天全将为城中来的兵士和商人买去,五天以后就会在城中斗鸡场出现。我们间或还可在敞坪中看苗人决斗,用扁担或双刀互相拼命。小河边到了场期,照例来了无数小船和竹筏,竹筏上且常常有长眉秀目脸儿极白奶头高肿的青年苗族女人,用绣花大衣袖掩着口笑,使人看来十分舒服。我们来回走二三十里路,各个人两只手既是空空的,因此在场上什么也不能吃。间或某一个人身上有一两枚铜圆,就到卖狗肉摊边去割一块狗肉,蘸些盐水,平均分来吃吃。或者无意中谁一个在人丛中碰着了一位亲长,被问道:"吃过点心吗?"大家正饿着,互相望了会儿,羞羞怯怯地一笑。那人知道情形了,便说:"这成吗?不喝一杯还算赶场吗?"到后自然就被拉到狗肉摊边去,切一斤两斤肥狗肉,分割成几大块,各人来那么一块,蘸了盐水往嘴上送。

机会不巧不曾碰到这么一个慷慨的亲戚,我们也依然不会瘪了肚皮回家。沿路有无数人家的桃树李树,果实全把树枝压得弯弯的,等待我们去为它们减除一份负担。还有多少黄泥田里,红萝卜大得如小猪头,没有我们去吃它,赞美它,便始终委屈在那深土里！除此以外，路塍上无处不是莓类同野生樱桃，大道旁无处不是甜滋滋的地枇杷，无处不可得到充饥果腹的山果野莓。口渴时无处不可以随意低下头去喝水。至于茶油树上长的茶莓，则长年四季都可以随意采吃，不犯任何忌讳。即或任何东西没得吃，我们依然十分高兴。就为的是乡场中那一派空气，一阵声音，一分颜色，以及在每一处每一项生意人身上发出的那一股不同臭味，就够使我们觉得满意！我们用各样官能吃了那么多东西，即使不再用口来吃喝，也很够了。

到场上去我们还可以看各样水碾水碓，并各种形式的水车。我们必得经过好几个榨油坊，远远地就可以听到油坊中打油人唱歌的声音。一过油坊时便跑进去，看看那些堆积如山的桐子，经过些什么手续才能出油。我们只要稍稍绕一点路，还可以从一个造纸工作场过身，在那里可以看他们利用水力捣碎稻草同筱竹，用细篾帘子筛取纸浆做纸。我们又必须从一些造船的河滩上过身，有万千机会看到那些造船工匠在太阳下安置一只小船的龙骨，或把粗麻头同桐油、石灰嵌进缝罅里修补旧船。

总而言之，这样玩一次，就只一次，也似乎比读半年书还有益处。若把一本好书同这种好地方尽我拣选一种，直到如今我还觉得不必看这本弄虚作伪千篇一律用文字写成的小书，却应当去读那本色香具备内容充实用人事写成的大书。

我不明白我为什么就学会了赌骰子。大约还是因为每早上买菜，总可剩下三五个小钱，让我有机会傍近用骰子赌输赢的糕类摊子。起始当三五个人蹲到那些戏楼下，把三粒骰子或四粒骰子或六粒骰子抓到手中奋力向大土碗掷去，跟着它的变化喊出种种专门名词时，我真忘了自己，也忘了一切。那富于变化的六骰子赌，七十二种"快""臭"，一眼间我都能很得体地喊出它的得失。谁也不能在我面前占便宜，谁也骗不了我。自从精明这一项玩意儿以后，我家里这一早上若派我出去买菜，我就把买菜的钱去作注，同一群小无赖在一个有天棚的米场上玩骰子。赢了钱自然全部买东西吃，若不凑巧全输掉时，就跑回来悄悄地进门找寻外祖母，从她手中把买菜的钱得到。

但这是件相当冒险的事，家中知道后可得痛打一顿，因此赌虽然赌，经常总只下一个铜子的注，赢了拿钱走去，输了也不再来，把菜少买一些，总可敷衍过去。

由于赌术精明，我不大担心输赢。我倒最希望玩个半天结果无输无赢。我所担心的只是正玩得十分高兴，忽然后领一下子为一只强硬有力的瘦手攫定，一个哑哑的声音在我耳边响着："这一下捉到你了！这一下捉到你了！"

先是一惊。想挣扎可不成。既然捉定了，不必回头，我就明白我被谁捉到，且不必猜想，我就知道我回家去应受些什么款待。于是提了菜篮让这个仿佛生下来跟我作对的人把我揪回去。这样过街可真无脸面，因此不是请求他放和平点抓着我一只手，就是趁他不注意的情形下，忽然挣脱，先行跑回家去，准备他回来时受罚。

每次在这件事上我受的处罚都似乎略略过分了些，总是把一条绣花的白绸腰带缚定两手，系在空谷仓里，用鞭子打几十下，上半天不许吃饭，或是整天不许吃饭。亲戚中看到觉得十分可怜，多以为哥哥不应当这样虐待弟弟。但这样不顾脸面地去同一些乞丐赌博,给了家中人多少气恼,我是不理解的。

我从那方面学会了不少下流野话和赌博术语,在亲戚中身份似乎也就低了些。只是当十五年后,我能够用我各方面的经验写点故事时,这些粗话野话,却给了我许多帮助,增加了故事中人物的色彩和生命。

革命后,本地设了女学校,我两个姐姐一同被送过女学校读书。我那时也欢喜到女学校去玩,就因为那地方有些新奇的东西。学校外边一点,有个做小鞭炮的作坊,从起始用一根细钢条,卷上了纸,送到木机上一搓,吱的一声就成了空心的小管子,再如何经过些什么手续,便成了燃放时啪的一声的小炮仗,被我看得十分熟悉。我借故去瞧姐姐时,总在那里看他们工作一会会。我还可看他们烘焙火药,碓舂木炭,筛硫磺,配合火药的原料,因此明白制烟火用的药同制炮仗用的药,硫磺的分配分量如何不同。这些知识远比学校读的课本有用。

一到女学校时,我必跑到长廊下去,欣赏那些平时不易见到的织布机器。那些大小不同的钢齿轮互相衔接,一动它时全部都转动起来,且发出一种异样陌生的声音,听来我总十分欢喜。我平时是个怕鬼的人,但为了欣赏这些机器,黄昏中我还敢在那儿逗留,直到她们大声呼喊各处找寻时,我才从廊下跑出。

当我转入高小那年,正是民国五年,我们那地方为了上年受蔡锷讨袁战事的刺激,感觉军队非改革不能自存,因此本地镇守署方面,设了一个军官团。前为道尹后改苗防屯务处方面,也设了一个将弁学校。另外还有一个教练兵士的学兵营,一个教导队。小小的城里多了四个军事学校，一切都用较新方式训练，地方因此气象一新。由于常常可以见到这类青年学生结队成排地在街上走过，本地的小孩以及一些小商人，都觉得学军事较有意思，有出息。有人与军官团一个教官做邻居的，要他在饭后课余教教小孩子，先在大街上练操，到后却借了附近由玉皇殿改成的军官团操场使用，不上半月，便招集了一百人左右。

有同学在里面受过训练的，精神比起别人来特别强悍，明显不同于一般同学。我们觉得奇怪。这同学就告我们一切，且问我愿不愿意去。并告我到里面后，每两月可以考选一次，配吃一份口粮做守兵战兵的，就可以补上名额当兵。在我生长的那个地方，当兵不是耻辱。多久以来，文人只出了个翰林即熊希龄，两个进士，四个拔贡。至于武人，随同曾国荃打入南京城的就出了四名提督军门，后来从日本士官学校出来的朱湘溪，还做了蔡锷的参谋长，出身保定军官团的，且有一大堆，在湘西十三县似占第一位。本地的光荣原本是从过去无数男子的勇敢流血博来的。谁都希望当兵，因为这是年轻人的一条出路，也正是年轻人唯一的出路。同学说及进"技术班"时，我就答应试来问问我的母亲，看看母亲的意见，这将军的后人，是不是仍然得从步卒出身。

那时节我哥哥已过热河找寻父亲去了，我因不受拘束，生活既日益放肆，不易管教，母亲正想不出处置我的好方法，因此一来，将军的后人就决定去做兵役的候补者了。

预备兵的技术班

家中听说我一到那边去，既有机会考一份口粮，且明白里面规矩极严，以为把我放进去受预备兵的训练，实在比让我在外面撒野较好。即或在技术班免不了从天桥掉下的危险，但有人亲眼看到掉下来，总比无人照料，到那些空山里从高崖上摔下来好些，因此当时便答应了。母亲还为我缝了一套灰布制服。

我把这消息告给学校那个梁班长时，军衣还不曾缝好，他就带我去见了一次姓陈的教官。我第一次见到那个挺着胸脯的人，实在有点害怕。但我却因为听说他的杠杆技术曾经得过全省锦标，能够在天桥上竖蜻蜓用手来回走四五次，又能在杠杆上打大车轮至四十来次，简直是个新式徐良、黄天霸，因此虽畏惧他却也欢喜他。

这教官给我的第一次印象既不坏，此后的印象也十分好。他对于我似乎也还满意。先看我人那么小，排队总在最后一名，在操场中跑步时，便把我剔除，到"正步走""向后转"走时，我的步子较小一点，又想法让我不吃亏。但经过十天后，我的能力和勇敢，就得到他完全的承认，做任何事应当大家去做的，我头上也总派到一份了。

我很感谢那教官,由于他那份严厉,逼迫我学会了一种攀杠杆的技术,到后来还用这点技术救过我自己一次生命的危险。我身体到后在军队中去混了那么久,那一次重重的伤寒病四十天的高热,居然能够支持下来,未必不靠从技术班训练好的一个结实体格所帮助。我的身体是因从小营养不良显得脆弱,性格方面永远保持到一点坚实军人的风味,不管有什么困难总去做,不大关心成败得失,似乎也就是那将近一年的训练养成的。

我进到了那军役补习班后,才知道原来在学校做班长的梁凤生,在技术班也还是我们的班长。我在里面得到他的帮助可不少。一进去时的单人教练,他就做了我的教师。当每人到小操场的沙地上学习打筋斗时,用腰带束了我的腰,两个人各用手紧紧地抓着那根带子,好在我正当把两只手垫到地面,想把身体翻过去再一下挺起时,他就赶忙用手一拉,使我不要扭坏腰腿。有时我攀上杠杆,用膀子向后反挂,预备来一次背车,在旁小心照料的也总是他。有时一不小心摔到沙地上,跌哑了喉,想说话无论如何怎样用力再也说不出口,一为他见及,就赶忙挽起我来,扶着我乱跑,必得跑过好一阵,我方说得出话,不至于出现后遗症。

这人在学校书既读得极好,每次考试总得第一,过技术班来成绩也非常好。母亲是一个寡妇,守着三个儿子,替人缝点衣服过日子。这同学散操以后,便跑回去,把那个早削好装满甘蔗的篮子,提上街到各处去叫卖,把甘蔗卖完便赚回三五十个小钱。这人虽然为了三五十个钱,每个晚上总得大街小巷地走去,可是在任何地方一遇到同学好友时,总一句话不说,走到你身边来，把一节值五文一段的甘蔗，突然一下塞到你的手里，飞快地就跑掉了。我遇到他这样两次，心中真感动得厉害。我并不想那甘蔗吃，却因为他那种慷慨大方处，白日见他时简直使我十分害羞。

这朋友虽待得我很好，可是在学校方面，我最好的一个同学，却是个姓陈名肇林的。在技术班方面，好朋友也姓陈，名继瑛。这个陈继瑛家只隔我家五户。照本地习惯，下午三点即吃晚饭，他每天同我一把晚饭吃过后，就各人穿了灰布军服，在街上气昂昂地并排走出城去。每出城到门洞边时，卖牛肉的屠户，正在收拾他的业务，总故意逗我们，喊叫我们做"排长"。一个守城的老兵，也总故意做一个鬼脸，说两句无害于事的玩笑话。两人心中以为这是小玩笑，我们上学为的是将来做大事，这些小处当然用不着在意。

当时我们所想的实在与这类事不同，他只打量做团长，我就只想进陆军大学。即或我爸爸希望做一将军终生也做不到，但他把祖父那一分过去的光荣，用许多甜甜的故事输入到这荒唐顽皮的小脑子里后，却料想不到，发生了很大的影响。书本既不是我所关心的东西，国家又革了命，我知道"中状元"已无可希望，却俨然有一个"将军"的志气。家中别的什么教育都不给我，所给的也恰恰是我此后无多大用处的。可是爸爸给我的教育，却对于我此后生活的转变，以及在那个不利于我读书的生活中的支持，真有很大的益处。体魄不甚健实的我，全得爸爸给我那份启发，使我在任何困难情形中总不气馁，任何得意生活中总不自骄，比给我任何数目的财产，还似乎更贵重难得。

当营上的守兵不久有了几名缺额，我们那一组应当分配一名时，我照例去考过一次。考试的结果当然失败。但我总算把各种技术演习了那么一下。也在小操场杠杆上做挂腿翻上，再来了十个背车。又蹲了一次木马，走了一度天桥，且在平台上拿了一个大顶，再丢手侧身倒掷而下。又在大操场指挥一个十人组成的小队做正步、跑步、跪下、卧下种种口令，完事时还跑到阅兵官面前，用急促的声音完成一种报告。操演时因为有镇守署中的参谋长和别的许多军官在场，临事虽不免有点慌张，但一切动作做得还不坏，不跌倒，不吃沙，不错误手续。且想想，我那时还是一个十三岁半的孩子！这次结果守兵名额虽然被一位美术学校的学生田大哥得去了，大家却并不难过，（这人原先在艺术学校考第一名，在我们班里做了许久大队长，各样都十分来得。这人若当时机会许可他到任何大学去读书，一定也可做个最出色的大学生。若机会许可他上外国去学艺术，在绘画方面的成就，会成一颗放光的星子。可是到后来机会委屈了他，环境限制了他，自己那点自足骄傲脾气也妨碍了他。十年后跑了半个中国，还是在一个少校闲曹的位置上打发日月。）当时各人虽没有得到当兵的荣耀，全体却十分快乐。我记得那天回转家里时，家中人问及一切，竟对我亲切地笑了许久。且因为我得到过军部的奖语，仿佛便以为我未来必有一天可做将军。为了欢迎这未来将军起见，第二天杀了一只鸡，鸡肝鸡头全为我独占。

第二回又考试过一次，那守兵的缺额却为一个姓舒的小孩子占去了。这人年龄和我不相上下,各种技术皆不如我,可是却有一份独特的胆量,能很勇敢地在一个两丈余高的天桥上翻倒筋斗掷下,落地时身子还能站立得稳稳的,因此大家仍无话说。这小孩子到后两年却害热病死了。

第三次的兵役给了一个名"田棒槌"的,能跳高,撑篙跳会考时第一。这人后来当兵出防到外县去,也因事死掉了。

我在那里考过三次,得失之间倒不怎么使家中失望。家中人眼看着我每天能够把军服穿得整整齐齐地过军官团上操,且明白了许多军人礼节,似乎上了正路,待我也好了许多。可是技术班全部组织,差不多全由那教官一人所主持,全部精神也差不多全得那教官一人所提起,就由于那点稀有精神,被那位镇守使看中了意,当他卫队团的营副出了缺时,我们那教官便被调去了。教官一去,学校自然也无形解体了。

这次训练算来是八个月左右,因为起始在吃月饼的八月,退伍是次年开桃花的三月。我记得那天散操回家,我还在一个菜园里摘了一大把桃花回家。

那年我死了一个二姐,她比我大两岁,美丽,骄傲,聪明,大胆,在一行九个兄弟姐妹中,这姐姐比任何一个都强过一等。她的死也就死在那份要好使强的性格上。我特别伤心,埋葬时,悄悄带了一株山桃插在坟前土坎上。过了快二十年从北京第一次返回家乡上坟时,想不到那株山桃树已成了两丈多高的一株大树。

一个老战兵

当时在补充兵的意义下,每日受军事训练的,本城计分三组,我所属的一组为城外军官团陈姓教官办的,那时说来似乎高贵一些。另一组在城里镇守使衙门大操坪上操的,归镇守使署卫队杜连长主持,名分上便较差些。这两处都用新式教练入伍训练。还有一处归我本街一个老战兵滕四叔所主持,用的是旧式教练。新式教练看来虽十分合用,钢铁的纪律把每个人皆造就得自重强毅,但实在说来真无趣味。且想想,在附近中营游击衙门前小坪操练的一群小孩子,最大的不过十七岁,较小的还只十二岁,一下操场总是两点钟,一个跑步总是三十分钟,姿势稍有不合就是当胸一拳,服装稍有疏忽就是一巴掌。盘杠杆,从平台上拿顶,向木马上扑过,一下子掼到地上时,哼也不许哼一声。过天桥时还得双眼向前平视,来回做正步通过。野外演习时,不管是水是泥,喊卧下就得卧下。这些规矩纪律真不大同本地小孩性格相宜。可是旧式的那一组,却太潇洒了。他们学的是翻筋斗,打藤牌,舞长矟,耍齐眉棍。我们穿一色到底的灰衣,他们却穿各色各样花衣。他们有描花皮类的方盾牌、藤类编成的圆盾牌,有弓箭,有标枪,有各种华丽悦目的武器。他们或单独学习，或成对厮打，各人可各照自己意见去选择。他们常常是一人手持盾牌军刀，一人使关刀或戈矛，照规矩练"大刀取耳""单戈破牌"或其他有趣的厮杀题目。两人一面厮打一面大声喊"砍""杀""摔""坐"，应当归谁翻一个筋斗时，另一个就用敏捷的姿势退后一步，让出个小小地位。应当归谁败下时，战败的跌倒时也有一定的章法，做得又自然，又活泼。做教师的在身旁指点，稍有了些错误自己就占据到那个地位上去示范，为他们纠正错误。

这教师就是个奇人趣人，不拘向任何一方翻筋斗时，毫不用力，只需把头一偏，即刻就可以将身体在空中打一个转折。他又会爬树，极高的桅子，顷刻之间就可上去。他又会拿顶，在城墙雉堞上，在城楼上，在高桅半空棋枓上，无地无处不可以身体倒竖把手当成双脚，来支持很久的时间。他又会泅水，任何深处都可以一汆子到底，任何深处都可以泅去。他又会摸鱼、钓鱼、叉鱼，有鱼的地方他就可以得鱼。他又明医术，谁跌碰伤了手脚时，随手采几样路边草药，捣碎敷上，就可包好。他又善于养鸡养鸭，大门前常有许多高贵种类的斗鸡。他又会种花，会接果树，会用泥土捏塑人像。

这旧式的一组能够存在，且居然能够招收许多子弟，实在说来，就全为的是这个教练的奇才异能。他虽同那么一大堆小孩子成天在一处过日子，却从不拿谁一个钱，也从不要公家津贴一个钱。他只属于中营的一个老战兵，他做这件事也只因为他欢喜同小孩子在一处。全城人皆喊他为"滕师傅"，他却的的确确不委屈这一个称呼。他样样来得懂得，并且无一事不精明在行,你要骗他可不成,你要打他你打不过他。最难得处就是他比谁都和气,比谁都公道。但由于他是一个不识字的老战兵,见"额外""守备"这一类小官时也得谦谦和和地喊一声"总爷"。他不单教小孩子打拳,有时还鼓励小孩子打架;他不只教他们摆阵,甚至于还教他们洗澡、赌博。因此家中有规矩点的小孩,却不大到他这里来,到他身边来的,多数是些寒微人家子弟。

他家里藏了漆朱红花纹的牛皮盾牌,带红缨的标枪,镀银的方天画戟,白檀木的齐眉棍。他家中有无数的武器,同时也有无数的玩具。有锣,有鼓,有笛子胡琴,渔鼓简板,骨牌纸牌,无不齐全。大白天,家中照例当常有人唱戏打牌,如同一个俱乐部。到了应当练习武艺时,弟子儿郎们便各自扛了武器到操坪去。天气炎热不练武,吃过饭后就带领一群小孩并一笼雏鸭,拿了光致致的小鱼叉,一同出城下河去教练小孩子泅水,且用极优美的姿势钻进深水中去摸鱼。

在我们新式操练两组里,谁犯了事,不问年龄大小,不是当胸一拳,就是罚半点钟立正,或一个人独自绕操场跑步一点钟。可是在他们这方面,就不作兴这类苛刻处罚。一提到处罚,他们就嘲笑这是种"洋办法",事情由他们看来十分好笑。至于他们的错误,改正错误的,却总是那师傅来一个示范的典雅动作,相伴一个微笑。犯了事,应该处罚,也总不外是罚他泅过河一次,或类似有趣味的待遇,在处罚中即包含另一种行为的奖励。我们敬畏老师,一见教官时就严肃了许多,也拘束了许多。他们则爱他的师傅,一近身时就潇洒快乐了许多。我们那两组学到后来得学打靶、白刃战的练习，终点是学科中的艰深道理，射击学，筑城学，以及种种不顺耳与普通生活无关系的名词。他们学到后来却是驰马射箭，再多学些便学摆阵，人穿了五彩衣服，扛了武器和旗帜，各自随方位调动，随金鼓声进退。我们永远是枯燥的，把人弄得呆板起来，对生命不流动的。他们却自始至终使人活泼而有趣味，学习本身同游戏就无法分开。

本地武备补充训练既分三处，当时从学的，最合于事实的希望，大都只盼得一个守兵的名额。我们新式操练的成绩虽不坏，可是有守兵出缺实行考试时，还依然让那老战兵所教练的旧式一组去名额最多。即到十六年后的现在，从三处出身的军官，精明，能干，勇敢，负责，也仍然是一个从他那儿受过基础教育的张姓团长，最在行出色。

当时我同那老战兵既同住一条街上，家中间或有了什么小事，还得常常请他帮点忙。譬如要点药，或做点别的事，总少不了他。可是家中却不许我跟这老战兵在一处，还是要我扛了一支长长的青竹子，出城过军官团去学习撑篙跳，让班长用拳头打胸脯，大约就为的是担心我跟这样俗气的人把习惯弄坏。但家中却料不到十来年后，在军队中好几次危险，我用来自救救人的知识，便差不多全是从那老战兵学来的！

在我那地方，学识方面使我敬重的是我一个姨父，是个进士，辛亥后民选县知事。带兵方面使我敬重的是本地一统领官。做人最美技能最多，使我觉得他富于人性十分可爱的，就是这个老战兵。

家中对于我的放荡既缺少任何有效方法来纠正，家中正为外出的爸爸卖去了大部分不动产，还了几笔较大的债务，景况一天比一天坏下去。加之二姐死去，因此母亲看开了些，以为与其让我在家中堕入下流，不如打发我到世界上去学习生存。在各样机会上去做人，在各种生活上去得到知识与教训。

当我母亲那么打算了一下，决定了要让我走出家庭到广大的社会中去竞争生存时，就去向一个杨姓军官谈及，得到了那方面的许可，应允尽我用补充兵的名义，同过辰州。那天我自己还正好泡在河水里，试验我从那老战兵学来的沉入水底以后的耐久力与仰卧水面的上浮力。这天正是旧历七月十五中元节，我记得分明，到河边还为的是拿了些纸钱同水酒白肉祭奠河鬼。照习俗，这一天谁也不敢落水，河中清静异常。纸钱烧过后，我却把酒倒到水中去，把一块半斤重的熟肉吃尽，脱了衣裤，独自一人在清清的河水中漂浮了约两点钟。

七月十六那天早上，我就背了小小包袱，离开了本县学校，开始混进一个更广泛的学校了。

辰州（即沅陵）

离开了家中的亲人，向什么地方去，到那地方去又做些什么，将来有些什么希望，我一点儿也不知道。我还只是十四岁稍多点的一个孩子，这份年龄似乎还不许可我注意到与家人分离的痛苦，我又那么欢喜看一切新奇东西，听一切新奇声响，且那么渴慕自由，所以初初离开本乡家中人时，深觉得无量快乐。

可是一上路，却有点忧愁了。同时上路的约三百人，我没有一个熟人。我身体既那么小，背上的包袱却似乎比本身还大。到处是陌生面孔，我不知道日里同谁吃饭，且不知道晚上同谁睡觉。听说当天得走六十里路，才可到有大河通船舶的地方，再坐船向下行。这么一段长路照我过去经验说来，还不知道是不是走得到。家中人担心我会受寒，在包袱中放了过多的衣服，想不到我还没享受这些衣服的好处以前，先就被这些衣服累坏了。

尤其使我害怕的，便是那些坐在轿子里的几个女孩子，和骑在白马上的几个长官。这些人我全认得他们，这时他们已仿佛不再认识我。由于身份的自觉，当无意中他们的轿马同我走近时，我实在又害怕又羞怯。为了逃避这些人的注意，我就同几个差弁模样的年轻人,跟在一伙脚夫后面走去。后来一个脚夫看我背上的包袱太大了,人可又太小了一点,便许可我把包袱搭到他较轻的一头去。我同时又与一个中年差遣谈了话,原来这人是我叔叔一个同学。既有了熟人,又双手洒脱地走空路,毫不疲倦的,黄昏以前我们便到了一个名叫高村的大江边了。

一排篷船泊定在水边,有二十余只,其中一只较大的还悬了一面红绸帅字旗。各个船头上全是兵士,各人都在寻觅着指定的船。那差遣已同我离开了,我便一个人背了那个大包袱,怯怯地站到岸上,随后向一只船旁冲去,轻轻地问:"有地方吗?大爷。"那些人总说:"满了,你自己看,全满了!你是第几队的?"我自己就不知道自己应分在第几队,也不知道去问谁。有些没有兵士的船看来仿佛较空的,他们要我过去问问,又总因为船头上站的有穿长衣的秘书参谋,他们的神气我实在害怕,不敢冒险过去问问。

天气看看渐渐地夜了下来,有些人已经在船头烧火煮饭,有些人已蹲着吃饭,我却坐在岸边一块大石上发呆发愁,想不出什么解除困难的办法。那时阔阔的江面,已布满了薄雾,有野鹜鸂鶒之类接翅在水面向对河飞去,天边剩余一抹深紫。

见到这些新奇光景,小小心中升起一分无言的哀戚。自己便不自然地微笑着,揉着为长途折磨坏了的两只脚。我明白,生命开始进入一个崭新世界。

一会儿又看见那个差遣,差遣也看到我了。

"啊,你这个人,怎么不上船呀?"

"船上全满了,没有地方可上去。"

"船上全满了,你说!你那么拳头大的小孩子,放大方点,什么地方不可以夠进去。来,来,我的小老弟,这里有的是空地方!"

我见了熟人高兴极了。听他一说,我就跟了他到那只船上去,原来这还是一只空船!不过这船舱里舱板也没有,上面铺的只是一些稀稀的竹格子,船摇动时就听到舱底积水汤汤地流动,到夜里怎么睡觉?正想同那差遣说我们再去找找看,是不是别的地方当真还可照他用的那个粗俚字言夠进去,一群留在后边一点本军担荷篷帐的伕子赶来了。我们担心一走开,回头再找寻这样一个船舱也不容易,因此就同这些伕子挤得紧紧的住下来。到吃饭时,有人各船上来喊叫。因为取饭,我却碰到了一个军械处的熟人,我于是换了一个船,到军械船上住下。吃过饭,一会儿便异常舒服地睡熟了。

船上所见无一事不使我觉得新奇。二十四只大船有时衔尾下滩,有时疏散散漂浮到那平潭里。两岸时时刻刻在一种变化中,把小小的村落,广大的竹林,黑色的悬崖,一一收入眼底。预备吃饭时,长潭中各把船只任意溜去,那份从容那份愉快处,实在使我感动。摇橹时满江浮荡着歌声。我就看这些听这些,把家中人暂时完全忘掉了。四天以后,我们的船只编成一长排,停泊在辰州城下中南门的河岸专用码头边。

又过了两天,我们已驻扎在总爷巷一个旧参将衙门里,一份新的日子便开始了。

墙壁各处是膏药,地下各处是瓦片同乱草,草中留下成堆黑色的干粪便,这就是我第一次进衙门的印象。于是轮到了我们来着手扫除了。做这件事的共计二十人，我便是其中一个。大家各在一种异常快乐的情形下，手脚并用整整工作了一个日子，居然全部弄清爽了。庶务处又送来了草荐同木板，因此在地面垫上了砖头，把木板平铺上去，摊开了新草荐，一百个人便一同躺到这两列草荐上，十分高兴地把第一个夜晚打发走了。

到地后，各人应当有各人的事。做补充兵的，只需要大清早起来操跑步。操完跑步就单人教练，把手肘向后抱着，独自在一块地面上，把两只脚依口令起落，学慢步走。下午无事可做，便躺在草荐上唱《大将南征》的军歌。每个人皆结实单纯，年纪大的约二十二岁，年纪小的只十三岁，睡硬板子的床，吃粗粝陈久的米饭，却在一种沉默中活下来。我从本城技术班学来的那份军事知识很有好处，使我为日不多就做了班长。

直到现在我还不明白为什么当时有些兵士不能随便外出，有些人又可自由出入。照我想来，大概是城里人可以外出，乡下人可以外出却不敢外出。

我记得我的出门是不受任何限制的，但每早上操过跑步时，总得听苗人吴姓连长演说："我们军人，原是卫国保民。初到这来客军极多，一切要顾脸面。外出时节制服应当整齐，扣子扣齐，腰带弄紧，裹腿缠好。胡来乱为的，要打屁股。"说到这里时，于是复大声说："听到了么？"大家便说："听到了。"既然答应全已听到，叫一声"解散"，就散开了。当时因犯事被按在石地上打板子的，就只有营中伙夫。兵士却因为从小地方开来，十分怕事，谁也不敢犯罪，不作兴挨打。

我很满意那个街上，一上街触目都十分新奇。我最欢喜的是河街，那里使人惊心动魄的是有无数小铺子，卖船缆、硬木琢成的活车、小鱼篓、小刀、火镰、烟嘴，满地都是有趣味的物件。我每次总去蹲到那里看一个半天，同个绅士守在古董旁边一样恋恋不舍。

城门洞里有一个卖汤圆的，常常有兵士坐在那卖汤圆人的长凳上，把热热的汤圆向嘴上送去。间或有一个本营官佐过身，得照规矩行礼时，便一面赶忙放下那个土花碗，把手举起，站起身来含含糊糊地喊"敬礼"。那军官见到这种情形，有时也总忍不住微笑。这件事碰到最多的还是我，我每天总得在那里吃一回汤圆，或坐下来看各种各样过往的行路人！

我又常常同那给团长看马的张姓马夫，牵马到朝阳门外大坪里去放马，把长长的缰绳另一端那个檀木钉，钉固在草坪上，尽马各处走去，我们就躺到草地上晒太阳，说说各人所见过的大蛇大鱼。又或走近教会中学的城边去，爬上城墙，看看那些中学生打球。又或过有树林处去，各自选定一株光皮梧桐，用草揉软做成一个圈套，挂在脚上，各人爬到高处枝桠上坐坐，故意把树摇荡一阵。

营里有三个小号兵同我十分熟悉，每天他们必到城墙上去吹号，还过城外河坝去吹号，我便跟他们去玩。有时我们还爬到各处墙头上去吹号，我不会吹号却能打鼓。

我们的功课固定不变的，就只是每天早上的跑步。跑步的用处是在追人还是在逃亡，谁也不很分明。照例起床号吹过不久就吹点名号，一点完名跟着下操坪，到操场里就只是跑步。完事后，大家一窝蜂向厨房跑去，那时节豆芽菜一定已在大锅中沸了许久，大甑笼里的糙米饭也快好了。

我们每天吃的总是豆芽菜汤同糙米饭，每到星期天那天，就吃一次肉，各人名下有一块肥猪肉，分量四两，是从豆芽汤中煮熟后再捞出的。

到后我们把枪领来了。一律是汉阳厂"小口径"五响枪。

除了跑步无事可做，大家就只好在太阳下擦枪，用一根细绳子缚上一些涂油布条，从枪膛穿过，绳子两端各缚定在廊柱上，于是把枪一往一来地拖动。那时候的枪名有下列数种：单响，九子，五子。单响分广式、猪槽两种；五响分小口径、双筒、单筒、拉筒、盖板五种。也有说"日本春田""德国盖板"的，但不通俗；兵士只知道这种名称，填写枪械表时，也照这样写上。

我们既编入支队司令的卫队，除了司令官有时出门拜客，选派二十三十护卫外，无其他服务机会。某一次保护这生有连鬓胡子一字不识行伍出身的司令官过某处祝寿，我得过五毛钱的奖赏。

那时节辰州地方组织了一个湘西联合政府，全名为靖国联军第一军政府，驻扎了三个不同部队。军人首脑其一为军政长凤凰人田应诏，其一为民政长芷江人张学济，另外一个却是客军黔军旅长后来回黔做了省长的卢焘。与之对抗的是驻兵常德身充旅长的冯玉祥。这一边军队既不向下取攻势，那一边也不向上取攻势，各人就只保持原有地盘，等待其他机会。两方面主要经济收入都靠的是鸦片烟税。

单是湘西一隅，除客军一混成旅外，集中约十万人。我们部队是游击第一支队，属于靖国联军第二军，归张学济管辖。全辰州地方约五千户，各部分兵士大致就有两万。当时军队虽十分庞杂，各军联合组织得有宪兵稽察处，所以还不至于互相战争。不过当时发行钞票过多，每天兑现时必有二三小孩同妇人被践踏死去。每天给领军米，各地方部队为争夺先后，互相殴打伤人，在那时也极平常。

一次军事会议的结果，上游各县重新做了一度分配，划定若干防区，军队除必需一部分沿河驻扎防卫下游侵袭外，其余照指定各县城驻防清乡。由于特殊原因，第一支队派定了开过那总司令官的家乡芷江去清乡剿匪。

清乡所见

据传说快要清乡去了，大家莫不喜形于色。开差前每人发了一块现洋钱，我便把钱换成铜圆，买了三双草鞋，一条面巾，一把名为"黄鳝尾"的小尖刀，刀靶还缚了一片绸子，刀鞘还是朱红漆就的。我最快乐的就是有了这样一把刀子，似乎一有了刀子，可不愁什么了。我于是仿照那苗人连长的办法，把刀插到裹腿上去，得意扬扬地到城门边吃了一碗汤圆，说了一阵闲话，过两天便离开辰州了。

我们队伍名分上共约两团。先是坐小船上行，大约走了七天，到我第一次出门无法上船的地方，再从旱路又走三天，便到了沅州所属的东乡榆树湾。这一次我们既然是奉命来到这里清乡，因此沿路每每到达一个寨堡时，就享受那堡中有钱地主乡绅用蒸鹅肥腊肉款待。但在山中小路上，却受了当地人无数冷枪的袭击。有一次当我们从两个长满小竹的山谷狭径中通过时，啪的一声枪响，我们便倒下了一个。听到了枪声，见到了死人，再去搜索那些竹林时，却毫无什么结果。于是把枪械从死去的身上卸下，砍了两根大竹子缚好，把他抬着，一行人又上路了。两天路程中我们部队又死去了两个，但到后我们却杀了那地方人将近一千。怀化小镇上也杀了近七百人。

到地后我们便与清乡司令部一同驻扎在天后官楼上。一到第二天，各处团总来见司令供办给养时，同时就用绳子缚来四十三个老实的乡下人。当夜过了一次堂，每人照呈案的罪名询问了几句，各人按罪名轻重先来一顿板子、一顿夹棍。有二十七个在刑罚中画了供，用墨涂在手掌上取了手模。第二天，这二十七个乡下人就被簇拥到市外田坪里把头砍了。

第一次杀了将近三十个人，第二次又杀了五个。从此一来就成天捉人。把人从各处捉来，认罪时便写上了甘结，承认缴纳清乡子弹若干排或某种大枪一支，再行取保释放。无力缴纳捐款，或仇家乡绅方面业已花了些钱运动必须杀头的，就随随便便列上一款罪案，一到相当时日，牵出市外砍掉。认罪了的虽名为缴出枪械子弹，其实无枪无弹，照例作价折钱，枪每支折合一百八十元，子弹每排一元五角，多数是把现钱派人挑来。钱一送到，军需同副官点验数目不错后，当时就可取保放人。这是照习惯办事，看来像十分近情合理。

关于杀人的纪录日有所增，我们却不必出去捉人，照例一切人犯大多数由各乡区团总地主送来。我们有时也派人把乡绅团总捉来，罚他一笔钱又再放他回家。地方人民既异常蛮悍，民国三年左右时一个黄姓的辰沅道尹，在那里杀了约两千人，民国六年黔军司令王晓珊在那里又杀了三千左右，现时轮到我们的军队做这种事，前后不过杀一千人罢了！那地方上行去沅州县城约九十里，下行去黔阳县城约六十里。一条河水上溯可至黔省的玉屏，下行经过湘西重要商埠的洪江，可到辰州。在辰河算是个中等水码头。

那地方照例五天一集,到了这一天,便有猪牛肉和其他东西可买。我们除了利用乡绅矛盾,变相吊肥羊弄钱,又用钱雇来的本地侦探,常常到市集热闹人丛中去,指定了谁是土匪处派来的奸细,于是捉回营里去一加搜查,搜出了一些暗号,认定他是土匪方面派来的探事奸细时,即刻就牵出营门,到那些乡下人往来最多的桥头上,把头砍下来,在地面流一摊腥血。人杀过后,大家欣赏一会儿,或用脚踢踢那死尸两下,踹踹他的肚子,仿佛做完了一件正经工作,有别的事情的,便散开做别的事去了。

住在这地方共计四个月,有两件事在我记忆中永远不能忘去。其一是当场集时,常常可以看到两个乡下人因仇决斗,用同一分量同一形色的刀互砍,直到一人躺下为止。我看过这种决斗两次,他们的方法似乎比我那地方所有的决斗还公平。另外一件是个商会会长年纪极轻的女儿,得病死去埋葬后,当夜便被本街一个卖豆腐的年轻男子从坟墓里挖出,背到山峒中去睡了三天,方又送回坟墓去。到后来这事为人发觉时,这打豆腐的男子,便被押解过我们衙门来,随即就地正法了。临刑稍前一时,他头脑还清清楚楚,毫不糊涂,也不嚷吃嚷喝,也不乱骂,只沉默地注意到自己一只受伤的脚踝。我问他:"脚被谁打伤的?"他把头摇摇,仿佛记起一件极可笑的事情,微笑了一会儿,轻轻地说:"那天落雨,我送她回去,我也差点儿滚到棺材里去了。"我又问他:"为什么你做这件事?"他依然微笑,向我望了一眼,好像我是个小孩子,不会明白什么是爱的神气,不理会我。但过了一会儿,又自言自语地轻轻地说:"美得很,美得很。"另一个兵士就说:"疯子,要杀你了,你怕不怕?"他就说:"这有什么可怕的。你怕死吗?"那兵士被反问后有点害羞,就大声恐吓他说:"癞狗肏的,你不怕死吗?等一会儿就要杀你这癞子的头!"那男子于是又柔弱地笑笑,便不作声了。那微笑好像在说:"不知道谁是癞子。"我记得这个微笑,十余年来在我印象中还异常明朗。

怀化镇

四个月后我们移防到另一个地名为怀化的小乡镇住下。这地方给我的印象,影响我的一生感情极其深切。这地方的一切,在我《甲集》里一篇题作《我的教育》的记载里,说得还算详细。我到了这个地方,因为勉强可以写几个字,那时填造枪械表正需要一些写字的人,有机会把生活改变了一个方式,因此在那领饷清册上,我便成为上士司书了。

我在那地方约一年零四个月,大致眼看杀过七百人。一些人在什么情形下被拷打,在什么状态下被把头砍下,我可以说全部懂透了。又看到许多所谓人类做出的蠢事,简直无从说起。这一份经验在我心上有了一个分量,使我活下来永远不能同城市中人爱憎感觉一致了。从那里以及其他一些地方,我看了些平常人不看过的蠢事,听了些平常人不听过的喊声,且嗅了些平常人不嗅过的气味,使我对于城市中人在狭窄庸懦的生活里产生的做人的善恶观念,不能引起多少兴味,一到城市中来生活,弄得忧郁孤僻不像个正常人的感情了。

我所到的地方原来不过只是百十户左右的一个小市镇。唯一较大的建筑是一所杨姓祠堂。于是我们一来便驻扎到这个祠堂中。

这里有一个官药铺，门前安置一口破锅子，有半锅黑色膏药。锅旁贴着干枯了的蛇、壁虎、蜈蚣等等，表示货真价实。常常有那么一个穿青洋板绫马褂、二马裾蓝青布衫子，戴红珊瑚球小帽子，人瘦瘦的，留下一小撮仁丹胡子的人站在大门前边，一见到我们过路时，必机械地把两手摊开，腰背微微弯下，和气亲热地向我们打招呼："副爷，副爷，请里边坐，膏药奉送，五毒八宝膏药奉送。"

因为照例做兵士的总有许多理由得在身体不拘某一部分贴上一张膏药，并且各样病症似乎也都可由膏药治好，所以药铺主人表示欢迎驻军起见，管事的常常么欢迎我们，并且膏药锅边总还插上一个小小纸招，写着"欢迎清乡部队，新摊五毒八宝膏药，奉送不取分文"。既然有了这种优待，兵士伙夫到那里去贴膏药的自然也不乏其人。我才明白为什么戏楼墙壁上膏药特别多的理由，原来有不要钱买的膏药，无怪乎大家竞贴膏药了。

祠堂对门有十来个大小铺子。那个豆腐作坊门前常是一汪黑水，黑水里又涌起些白色泡沫，常常有五六只肮脏的大鸭子，把个嫩红的嘴巴插到泡沫里去，且十分快乐地喋呷出一种声音来。

那个南货铺有冰糖红糖，有海带蜇皮，有陈旧的芙蓉酥同核桃酥，有大麻饼与小麻饼。铺子里放了无数放乌金光泽的大陶瓮，上面贴着剪金的福字寿字。有成束的干粉条，又有成束的碱面，全用皮纸包好，悬挂在半空中，露出一头让人见到。

那个烟馆门前常常坐了一个年纪四十来岁的妇人，扁扁的脸上擦了很厚一层粉，眉毛扯得细细的，故意把五棓子染绿的家机布裤子提得高高的，露出下面水红色洋袜子来。见兵士同伙夫过身时，就把脸掉向里面，看也不看，表示正派贞静。若过身的穿着长衣或是军官，她便很巧妙地做一个眼风，把嘴角略动，且故意娇声娇气喊叫屋中男子为她做点事情。我同兵士走过身时，只见她的背影，同营副走过时，就看到她的正面了。这点富于人性的姿态，我当时就很能欣赏。注意到这些时，始终没有丑恶的感觉，只觉得这是"人"的事情。我一生活下来，太熟悉这些"人"的事情了。

我们部队到那地方，司令官、军法官除了杀人似乎无别的事可做。我们兵士除了看杀人，似乎也是没有什么可做的。

由于过分寂寞，杀人虽不是一种雅观的游戏，本部队文职幕僚赶到行刑地去鉴赏这种事情的实在很不乏人。有几个副官同一个上校参谋，我每次到场时，他们也就总站在那桥栏上看热闹。

到杀人时，那个学问超人的军法长，常常也马马虎虎地宣布了一下罪状，在预先写好的斩条上，勒一笔朱红，一见人犯被兵士簇拥着出了大门，便匆匆忙忙提了长衫衣角，拿起光亮的白铜水烟袋，从后门菜园跑去，赶先走捷径到离桥头不远一个较高点的土墩上，看人犯到桥头大路上跪下时砍那么一刀。

若这一天正杀了人，那被杀的在死前死后又有一种出众处，或招供时十分爽快，或临刑时颜色不变，或痴痴呆呆不知事故，或死后还不倒地，于是副官处、卫队营、军需处、参谋军法秘书处，总有许久时间谈到这个被杀的人有趣味的地方，或又辗转说到关于其他时节种种杀戮故事。杀人那天如正值场期,场中有人卖猪肉牛肉,刽子手照例便提了那把血淋淋的大刀,后面跟着两个伙夫,抬一只竹箩,每到一个屠桌前可割三两斤肉。到后把这一箩筐猪肉牛肉各处平分,大家便把肉放到火炉上去炖好,烧酒无限制地喝着。等到各人都有点酒意时,就常常偏偏倒倒地站起来,那么随随便便地扬起筷子,向另一个正蹲着吃喝的同事后颈上一砍,于是许多人就扭成一团,大笑大闹一阵。醉得厉害一些的,倒到地下谁也不管,只苦了那些小副兵,必得同一只狗一样守着他的主人,到主人醒来时方能睡去。

地方逢一六赶场,到时副官处就派人去摆赌抽头,得钱时,上自参谋、军法、副官等处,下至传达、伙夫,人人有份。

大家有时也谈谈学问。几个高级将校,各样学识皆像有知识的军人。有些做过一两任知事,有些还能做做诗,有些又到日本留过学。但大家都似乎因为所在地方不是说学问的地方,加之那姓杨的司令官又不识字,所以每天大家就只好陪司令官打打牌,或说点故事,烧烧鸦片烟,喝一杯烧酒。他们想狗肉吃时,就称赞我上一次做的狗肉如何可口,且总以为再来那么一次试试倒不坏。我便自告奋勇,拿了钱即刻上街。几个上级官佐自然都是有钱的,每一次罚款,他们皆照例有一份,摆赌又有一份,他们的钱得来就全无用处。不说别人,单是我一点点钱,也就常常不知道怎么去花!因此有时只要听到他们赞美我烹调的手腕后,我还常常不告给他们,就自己跑出去把狗肉买得,一个人拿过祠堂后边修械处打铁炉上去,把那一腿狗肉皮肤烧烧,再同一个小副兵到溪边水里去刮尽皮上的焦处,砍成小块，用钵头装好，上街去购买各样作料，又回到修械处把有铁丝贯耳的瓦钵悬系在打铁炉上面，自己努力去拉动风箱，直到把狗肉炖得稀烂。晚饭摆上桌子时，我方要小副兵把我的创作搬来，使每个人的脸上皆写上一个惊讶的微笑，各个人的脸嘴皆为这一钵肥狗肉改了样子。于是我得意极了，便异常快乐地说："来，来，试一试，今天的怎么样！"我那么忙着，赤着双脚跑上街去，又到冰冷的溪水里洗刮，又守在风箱边老半天，究竟为的是什么？就为的是临吃饭时惊讶他们那么一下。这些文武幕僚也可真算得是懂幽默，常常从楼上眼看着我手上提了狗肉，知道我正忙着这件事，却装作不知道，对于我应办的公文，那秘书官便自己来动手。见我向他们微笑，他们总故意那么说："天气这样坏，若有点狗肉大家来喝一杯，可真不错！"说了他们又互相装成抱歉的口吻说："上一次真对不起小师爷，请我们的客忙了他一天。"他们说到这里时就对我望着，仿佛从我微笑时方引起一点疑心，方带着疑问似的说："怎么，怎么，小师爷，你难道又要请客了么？这次可莫来了，再来我们就不好意思了！"我笑笑，跑开了。他们明白这件事，他们也没有什么不好意思。我虽然听得出他们的口吻，懂得他们的做作，但我还是欢喜那么做东请客。

就因为这点性格，名义上我做的是司书，实际上每五天一场，我总得做一回厨子。大约当时我炖狗肉的本领较之写字的本领实在也高一着，我的生活兴味，对于做厨子办菜，又似乎比写点公函呈文之类更相近。

我间或同这些高等人物走出村口，往山脚下乡绅家里去吃蒸鹅喝家酿烧酒，间或又同修械处小工人上山采药摘花，找寻山果。我们各人会用筱竹做短箫，在一支青竹上钻四个圆圆的眼儿，另一端安置一个扁扁的竹膜哨子，就可吹出新婚嫁女的唢呐声音。胡笳曲中的"娘送女""山坡羊"等等，我们无一不可以合拍吹出。我们最得意处也就是四五个人各人口中含了那么一个东西向街上并排走去，呜呜喇喇声音引起许多人注意，且就此吹进营门。住在戏楼上人，先不知道是谁做的事，各人都争着把一个大头从戏楼窗口伸出，到后明白只是我们的玩意儿时，一面大骂我们一面也就笑了许久。大致因为大家太无事可做，所以他们不久也来跟我们学习吹这个东西。有一姓杨的参谋，便常常拿了这种绿竹小管，依傍在楼梯边吹它，一吹便是半天。

我们又常常在晚上拿了火炬镰刀到小溪里去砍鱼，用鸡笼到田中去罩鱼。且上山装套设阱，捕捉野狸同黄鼠狼。把黄鼠狼皮整个剥来，用米糠填满它的空处，晒干后用它装零碎东西。

我有一次无意中还在背街发现了一个熔铁工厂，耸立个高过一丈的泥炉在大罩棚下喘气冒烟。

当我发现了那个制铁处以后，就常常一个人跑到那里去看他们工作。因此明白那个地方制铁分四项手续，第一收买从别处担来的黄褐色原铁矿，七个小钱一斤，按分量算账。其次把买来的铁矿每一层矿石夹一层炭，再在上面压一大堆矿块，从下面升火让它慢慢地燃。第三等到六七天后矿已烘酥冷却，再把它同木炭放到黄泥做成可以倾侧的炉子里面去。一个人把炉旁风箱拉动，送空气进炉腹，等到铁汁已熔化时，就把炉下一个泥塞子敲去,把黑色矿石渣先扒出来,再把炉倾侧,放光的白色熔液,泻出到划成方形的砂地上。再过一会儿白汁一凝结,便成生铁板了。末了再把这些铁板敲碎放到煤火的炉上去烧红,用锤打成方条,便成为运出本地到各地去的熟铁了。我一到这里来就替他们拉风箱,风箱拉动时做出一种动人的吼声,高巍巍的炉口便喷起一股碧焰,使人耳目十分愉快。用一阵气力在这圆桶形风箱上面,不到一刻就可看到白色放光闪着火花的铁汁从缺口流出,这工作也很有意义的。若拉了一阵风箱,亲眼看过倾泻一次铁汁,我回去时便极高兴地过修械处告给那几个小工人,又看他们拉风箱打铁。我常常到修械处,我欢喜那几个小工人,我欢喜他们勇敢而又快乐的工作。我最高兴的是看他们那个麻子主任,高高地坐在一堆铁条上面,一面唱《孟姜女哭长城》,一面调度指挥三个小孩子的工作。他们或者裸着瘦瘦的膀子,舞动他们的铁锤,或用鱼头钻在铁盘上钻眼,或把敷了酱的三角形新钢,烧红时放到盐水里一淬,或者什么事也不做,只是蹲成一团,围到一大钵狗肉,各人用小土碗喝酒,向那麻子"师傅长师傅短"地随意乱说乱笑。说到"做男子的不勇敢可不像男子"时,那师傅若多喝了一杯,时间虽到了十一月,为了来一个证明,总说:"谁愿意做大丈夫的就同我下溪里泅一阵水!"

到后必是师徒四人一齐从后门出去,到溪水里去乱浇一阵水,闹一阵,光着个上身跑回来,大家哈哈笑个半天。有一次还多了一个人,因为我恰恰同他们喝酒,我也就做了一次"大丈夫"。

在部中可看到的还很多，间或有什么伙夫犯了事，值日副官就叫他到大堂廊下，臭骂一顿，喊："护兵，打这狗杂种一百！"于是那伙夫知道是要打他了，便自动卸了裤子，趴在冷硬的石阶上，露出一个黑色的大脏臀，让板子啪啪地打，把数目打足，站起来提着裤头荷荷地哭着走了。

白日里出到街市尽头处去玩时，常常还可以看见一幅动人的图画：前面几个兵士，中间一个十二三岁的小孩子，挑了两个人头，这人头便常常是这小孩子的父亲或叔伯。后面又是几个兵，或押解一两个双手反缚的人，或押解一担衣箱，一匹耕牛。这一行人众自然是应当到我们总部去的，一见到时我们便跟了去。

晚上过堂时，常常看到他们用木棒打犯人脚下的螺丝骨，这刑罚是垫在一块方铁上执行的，二十下左右就可把一只脚的骨髓敲出。又用香火熏鼻子，用香火烧胸胁。又用铁棍上"地绷"，啵的一声把脚扳断，第二天上午就拖了这人出去砍掉。拷打这种无辜乡民时，我照例得坐在一旁录供，把那些乡下人在受刑不过情形中胡胡乱乱招出的口供，记录在一角公文纸上。末后兵士便把那乡下人手掌涂了墨，在公文末尾空白处按个手印，这些东西末了还得归我整理，再交给军法官存案。

姓文的秘书

当我已升做司书，常常伏在戏楼上窗口边练字时，从别处地方忽然来了一个趣人，做司令部的秘书官。这人当时只能说他很有趣，现在想起他那个风格，也做过我全部生活中的一颗钉子，一个齿轮，对于他有可感谢处了。

这秘书先生小小的个儿，白脸白手，一来到就穿了青缎马褂各处拜会。这真是稀奇事情。部中上下照例全不大讲究礼节，吃饭时各人总得把一只脚踩到板凳上去，一面把菜饭塞满一嘴，一面还得含含糊糊骂些野话。不拘说到什么人，总得说："那杂种，真是……"

这种辱骂并且常常是一种亲切的表示，言语之间有了这类语助辞，大家的谈论就仿佛亲爱了许多。小一点且常喊"小鬼""小屁眼客"，大一点就喊"吃红薯""吃糟"的人物，被喊的也从无人作兴生气。如果见面只是规规矩矩寒暄，大家倒以为是从京里学来的派头，有点"不堪承教"了。可是那姓文的秘书到了部里以后，对任何人都客客气气的，即或叫副兵，也轻言细语，同时当大家放口说野话时，他就只微微笑着。等到我们熟了点，单是我们几个秘书处的同事在一处时，他见我说话,凡属自称必是"老子",他把头摇着:"啊呀呀,小师爷,你人还那么一点点大,一说话也老子长老子短!"

我说:"老子不管,这是老子的自由。"可是我看看他那和气的样子,我有点害羞起来了。便解释我的意见:"这是说来玩的,不损害谁。"

那秘书官说:"莫玩这个,你聪明,你应当学好的。世界上有多少好事情可学!"

我把头偏着说:"那你给老子说说,老子再看看什么样好就学什么吧。"

因为我一面说话一面看他,所以凡是说到"老子"时总不得不轻声一点,两人谈到后来,不知不觉就成为要好的朋友了。

我们的谈话也可以说是正在那里互相交换一种知识,我从他口中虽得到了不少知识,他从我口中所得的也许还更多一点。

我为他作狼嗥,作老虎吼,且告诉他野猪脚迹同山羊脚迹的分别。我可从他那里知道火车叫的声音,轮船叫的声音,以及电灯电话的样子。我告他的是一个被杀的头如何沉重,那些开膛取胆的手续应当如何把刀在腹部斜勒,如何从背后踢那么一脚。他却告我美国兵英国兵穿的衣服,且告我鱼雷艇是什么,氢气球是什么。他对于我所知道的种种觉得十分新奇,我也觉得他所明白的真真古怪。

这种交换谈话各人真可说各有所得,因此在短短的时间中,我们便建立了一种最可纪念的友谊。他来到了怀化后,头几天因为天气不大好,不曾清理他的东西。三天后出了太阳,他把那行李箱打开时,我看到他有两本厚厚的书,字那么细小,书却那么厚实,我竟吓了一跳。他见我为那两本书发呆,他就说:"小师爷,这是宝贝,天下什么都写在上面,你想知道的各样问题,全部写得有条有理,清楚明白。"

这样说来更使我敬畏了。我用手摸摸那书面,恰恰看到书脊上两个金字,我说:"辞源,辞源。"

"正是《辞源》。你且问我不拘一样什么古怪的东西,我立刻替你找出。"

我想了想,一眼望到戏楼下诸葛亮三气周瑜的浮雕木刻,我就说"诸葛孔明卧龙先生怎么样?"他即刻低下头去,前面翻翻后面翻翻,一会儿就被他翻出来了。到后又另外翻了一件别的东西。我快乐极了。他看我自己动手乱翻乱看,恐怕我弄脏了他的书,就要我下楼去洗手再来看。我相信了他的话,洗过了手还乱翻了许久。

因为他见我对于他这一部宝书爱不释手,就问我看过报没有。我说:"老子从不看报,老子不想看什么报。"他却从他那《辞源》上翻出关于"老子"一条来,我方知道老子就是太上老君,太上老君竟是真有的人物。我不再称自己做太上老君,我们却来讨论报纸了。于是同另一个老书记约好,三人各出四毛钱,订一份《申报》来看。报钱买成邮花寄往上海后,报还不曾寄来,我就仿佛看了报,且相信他的话,报纸是了不得的东西,我且俨然就从报纸上学会许多事情了。这报纸一共订了两个月,我似乎从那上面认识了好些生字。

这秘书虽把我当个朋友看待,可是我每天想翻翻他那部宝书可不成。他把书好好放在箱子里,他对这书显然也不轻视的。既不能成天翻那宝书,我还是只能看看《秋水轩尺牍》,或从副官长处一本一本地把《西游记》借来看看。办完公事不即离开白木桌边时,从窗口望去正对着戏台,我就用公文纸头描画戏台前面的浮雕。我的一部分时间,跟这人谈话,听他说下江各样东西,大部分时间还是到外边无限制地玩。但我梦里却常常偷翻他那宝书,事实上也间或有机会翻翻那宝书。氢气是什么,《淮南子》是什么,参议院是什么,就多半从那部书上知道的。

驻扎到这里来名为清乡,实际上便是就食。从湘西方面军队看来,过沅州清乡,比其他防地占了不少优势,当时靖国联军第二军实力尚厚,故我们部队能够得到这片地面。为时不久,靖国联军一军队伍节制权由田应诏转给了他的团长陈渠珍后,一二军的实力有了消长。二军杂色军队过多,无力团结,一军力图自强,日有振作。做民政长兼二军司令的张学济,在财政与军事两方面,支配处置皆发生了困难。第一支队清乡除杀人外既毫无其他成绩,军誉又极坏,因此防地发生了动摇。当一军陈部从麻阳开过,本部感受压迫时,既无法抵抗,我们便在一种极其匆忙中退向下游。于是仍然是开拔,用棕衣包裹双脚,在雪地里跋涉,又是小小的船浮满了一河。五天后我又到辰州了。

军队防区既有了变化,杂牌军队有退出湘西的模样,二军全部皆用"援川"名义,开过川东去就食。我年龄由他们看来,似乎还太小了点,就命令我同一个老年副官长,一个跛脚副官,一个吃大烟的书记官,连同二十名老弱兵士,留在后方留守部,办点后勤杂事。

军队开走后,我除了每三天誊写一份报告,以及在月底造一留守处领饷清册呈报外,别的便无事可做。街市自从二军开拔后,似乎也清静多了。我每天仍然常常到那卖汤圆处去坐坐,间或又到一军学兵营看学兵下操。或听副官长吩咐,与一个兵士为他过城外水塘边去钓蛤蟆,把那小生物弄回部里,加上香料,剥皮熏干,给他下酒。

女　难

我欢喜辰州那个河滩，不管水落水涨，每天总有个时节在那河滩上散步。那地方上水船下水船虽那么多，由一个内行眼中看来，就不会有两只相同的船。我尤其欢喜那些从辰溪一带载运货物下来的高腹昂头的"广舶子"，一来总斜斜地孤独地搁在河滩黄泥里，小水手从那上面搬取南瓜，茄子，成束的生麻，黑色放光的圆瓮。那船在暗褐色的尾梢上，常常晾得有朱红裤褂，背景是黄色或浅碧色的一派清波，一切皆那么和谐，那么愁人。

美丽总是愁人的。我或者很快乐，却用的是发愁字样。但事实上每每见到这种光景，我总默默地注视许久。我要人同我说一句话，我要一个最熟的人，来同我讨论这些光景。可是这一次来到这地方，部队既完全开拔了，事情也无可做的，玩时也不能如前一次那么高兴了。虽仍然常常到城门边去吃汤圆，同那老人谈谈天，看看街，可是能在一堆玩，一处过日子，一块儿说话的已无一个人。

我感觉到我是寂寞的。记得大白天太阳很好时，我就常常爬到墙头上去看驻扎在考棚的卫队上操。有时又跑到井边去，看人家轮流接水，看人家洗衣，看做豆芽菜的如何浇水进高桶里去。我坐在那井栏一看就是半天。有时来了一个挑水的老妇人，就帮着这妇人做做事，把桶递过去，把瓢递过去。我有时又到那靠近学校的城墙上去，看那些教会中学学生玩球，或互相用小小绿色柚子抛掷，或在那坪里追赶扭打。

我就独自坐在城墙上看热闹，间或他们无意中把球踢上城时，学生们懒得上城捡取，总装成怪和气的样子："小副爷，小副爷，帮个忙，把我们的皮球抛下来。"

我便赶快把球拾起，且仿照他们把脚尖那么一踢，于是那皮球便高高地向空中蹿去，且很快地落到那些年轻学生身边。那些人把赞许与感谢安置在一个微笑里，有的还轻轻地呀了一声，看我一眼，即刻又竞争皮球去了。我便微笑着，照旧坐下来看别人的游戏，心中充满了不可名言的快乐。我虽做了司书，因为穿的还是灰布袄子，故走到什么地方去，别人总是称呼我做"小副爷"。我就在这些情形中，以为人家全不知道我身份，感到一点秘密的快乐。且在这些情形中，仿佛同别个世界里的人也接近了一点。我需要的就是这种接近。事实上却是十分孤独的。

可是不到一会儿，那学校响了上堂铃，大家一窝蜂散了，只剩下一个圆圆的皮球在草坪角隅。墙边不知名的繁花正在谢落，天空静静的。我望到日头下自己扁扁的影子，有说不出的无聊。我得离开这个地方，得沿了城墙走去。有时在城墙上见一群穿了花衣的女人从对面走来，小一点的女孩子远远地一看到我，就"三姐""二姐"地乱喊，且说"有兵有兵"，意思便想回头走去。我那时总十分害羞，赶忙把脸向雉堞缺口向外望去，好让这些人从我身后走过，心里却又对于身上的灰布军衣有点抱歉。我以为我是读书人，不应当被别人厌恶。可是我有什么方法使不认识我的人也给我一分尊敬？我想起那两册厚厚的《辞源》，想起三个人共同订的那一份《申报》，还想起《秋水轩尺牍》。

就在这一类隐隐约约的刺激下，我有时回到部中，坐在用公文纸裱糊的桌面上，发愤去写小楷字，一写便是半天。

时间过去了，春天夏天过去了，且重新又过年了。川东鄂西的消息来得够坏。只听说我们的军队在川边已同当地神兵接了火，接着就说得退回湖南。第三次消息来时，却说我们军队全部覆灭了。一个早上，闪不知被神兵和民兵一道扑营，营长、团长、旅长、军法长、秘书长、参谋长完全被杀了。这件事最初不能完全相信，做留守的老副官长就亲自跑过二军留守部去问信，到时那边正接到一封详细电报，把我们总司令部如何被人袭击，如何占领，如何残杀的事，一一说明。拍发电报的就正是我的上司。他幸运先带一团人过湘境龙山布防，因此方不遇难。

好，这一下可好！熟人全杀尽了，兵队全打散了，这留守处还有什么用处？自从得到了详细报告后，五天之中，我们便领了遣散费，各人带了护照，各自回家。

回到家中约在八月。一到十二月，我又离开家中过沅州。家中实在待不住，军队中不成，还得另想生路，沅州地方应当有机会。那时正值大雪，既出了几次门，有了出门的经验，把生棕衣毛松松地包裹到两只脚，背了个小小包袱，跟着我一个亲戚的轿后走去，脚倒全不怕冻。雪实在大了点，山路又窄，有时跌到了雪坑里去，便大声呼喊，必得那脚夫把扁担来援引方能出险。可是天保佑,跌了许多次数我却不曾受伤。走了四天到地以后,我暂住在一个卸任县长舅父家中。不久舅父做了警察所长,我就做了那小小警察所的办事员。办事处在旧县衙门,我的职务只是每天抄写违警处罚的条子。隔壁是个典狱署,每夜皆可听到监狱里犯人受狱中老犯拷掠的呼喊。警察署也常常捉来些偷鸡摸狗的小窃,一时不即发落,便寄存到牢狱里去。因此每天黄昏将近,牢狱里应当收封点名时,照例我也得同一个巡官,拿一本点名册,跟着进牢狱里去,点我们这边寄押人犯的名。点完名后,看着他们那方面的人把重要犯人一一加上手铐,必须套枷的还戴好方枷,必须固定的还把他们系在横梁铁环上,几个人方走出牢狱。

警察署不久从地方财产保管处接收了本地的屠宰税,我这办事员因此每天又多了一份职务。每只猪抽收六百四十文的税捐,牛收两千文,我便每天填写税单。另外派了人去查验。恐怕那查验的舞弊不实,我自己也得常常出来到全城每个屠案桌边看看。这份职务有趣味处倒不是查出多少漏税的行为,却是我可以因此见识许多事情。我每天得把全城跑到,还得过一个长约一里在湘西说来十分著名的长桥,往对河黄家街去看看。各个店铺里的人都认识我,同时我也认识他们。成衣铺、银匠铺、南纸店、丝烟店,不拘走到什么地方,便有人向我打招呼,我随处也照例谈谈玩玩。这些商店主人照例就是本地小绅士,常常同我舅父喝酒,也知道许多事情皆得警察所帮忙,因此款待我很不坏。

另外还有个亲戚,我的姨父,在本地算是一个大拇指人物,有钱,有势,从知事起任何人物任何军队都对他十分尊敬,从不敢稍稍得罪他。这个亲戚对于我的能力也异常称赞。

那时我的薪水每月只有十二千文,一切事倒做得有条不紊。

大约正因为舅父同另外那个亲戚每天做诗的原因,我虽不会做诗,却学会了看诗。我成天看他们做诗,替他们抄诗,工作得很有兴致。因为盼望所抄的诗被人嘉奖,我十分认真地来写小楷字。因为空暇的时间仍然很多,恰恰那亲戚家中有两大箱商务印行的《说部丛书》,这些书便轮流做了我最好的朋友。我记得迭更司(狄更斯)的《冰雪因缘》《滑稽外史》《贼史》这三部书,反复约占去了我两个月的时间。我欢喜这种书,因为他告给我的正是我所要明白的。他不像别的书尽说道理,他只记下一些生活现象。即或书中包含的还是一种很陈腐的道理,但作者却有本领把道理包含在现象中。我就是个不想明白道理却永远为现象所倾心的人。我看一切,却并不把那个社会价值掺杂进去,估定我的爱憎,我不愿问价钱多少来为百物做一个好坏批评,却愿意考查它在我官觉上使我愉快不愉快的分量。我永远不厌倦的是"看"一切。宇宙万汇在动作中,在静止中,在我印象里,我都能抓定它的最美丽与最调和的风度,但我的爱好显然却不能同一般目的相合。我不明白一切同人类生活相联结时的美恶,换句话说,就是我不大能领会伦理的美。接近人生时,我永远是个艺术家的感情,却绝不是所谓道德君子的感情。可是,由于社会人与人的关系产生的各种无固定性的流动的美,德行的愉快,责任的愉快,在当时从别人看来,我也是毫无瑕疵的。我玩得厉害,职分上的事仍然做得极好。

那时节我的母亲同姊妹，已把家中房屋售去，剩下约三千块钱。既把老屋售去，不大好意思在本城租人房子住下，且因为我事情做得很好，沅州的亲戚又多，便坐了轿子来到沅州，我们一同住下。本地人只知道我家中是旧家，且以为我们还能够把钱拿来存放钱铺里，我又那么懂事明理有作有为，那在当地有势力的亲戚太太，且恰恰是我母亲的妹妹，因此无人不同我十分要好，母亲也以为一家的转机快到了。

假若命运不给我一些折磨，允许我那么把岁月送走，我想象这时节我应当在那地方做了一个小绅士，我的太太一定是个略有财产商人的女儿，我一定做了两任知事，还一定做了四个以上孩子的父亲；而且必然还学会了吸鸦片烟。照情形看来，我的生活是应当在那么一个公式里发展的。这点估计不是现在的想象，当时那亲戚就说到了。因为照他的意思看来，我最好便是做他的女婿，所以别的人请他向我母亲询问对于我的婚事意见时，他总说不妨慢一点。

不意事业刚好有些头绪，那做警察所长的舅父，却害肺病死掉了。

因他一死，本地捐税抽收保管改归一个新的团防局。我得到职务上"不疏忽"的考语，仍然把职务接续下去，改到了新的地方，做了新机关的收税员。改变以后情形稍稍不同的是，我得每天早上一面把票填好，一面还得在十点后各处去查查。不久在那团防局里我认识了十来个绅士，却同时还认识一个白脸长身的小孩子。由于这小孩子同我十分要好，半年后便有一个脸儿白白的身材高的女孩印象，把我的生活完全弄乱了。

我是个乡下人，我的月薪已从十二千增加到十六千，我已从那些本地乡绅方面学会了刻图章，写草字，做点半通不通的五律七律，我年龄也已经到了十七岁。在这样情形下，一个样子诚实、聪明、懂事的年轻人，和和气气邀我到他家中去看他的姐姐，请想想，我结果怎么样？

乡下人有什么办法，可以抵抗这命运所摊派的一份？

当那在本地翘大拇指的亲戚，隐隐约约明白了这件事情时，当一些乡绅知道了这件事情时，每个人都劝告我不要这么傻。有些本来看中了我，同我常常做诗的绅士，就向我那有势力的亲戚示意，愿意得到这样一个女婿。那亲戚于是把我叫去，当着我的母亲，把四个女孩子提出来问我看谁好就定谁。四个女孩子中就有我的一个表妹。老实说来，我当时也还明白，四个女孩子生得皆很体面，比另外那一个强得多，全是在平时不敢希望得到的女孩子。可是上帝的意思与魔鬼的意思两者必居其一，我以为我爱了另外那个白脸女孩子，且相信那白脸男孩子的谎话，以为那白脸女孩子也正爱我。一份离奇的命运，行将把我从这种庸俗生活中攫去，再安置到此后各样变故里，因此我当时同我那亲戚说："那不成，我不做你的女婿，也不做店老板的女婿。我有计划，得自己照我自己的计划做去。"什么计划？真只有天知道。

我母亲什么也不说，似乎早知道我应分还得受多少折磨，家中人也免不了受许多磨难的样子，只是微笑。那亲戚便说："好，那我们看，一切有命，莫勉强。"

那时节正是二月。四月中起了战争，八百土匪把一个小城团团围住，在城外各处放火。四百左右驻军同一百左右团丁站在城墙上对抗。到夜来流弹满天交织，如无数紫色小鸟展翅，各处皆喊杀连天。三点钟内城外即烧去了七百栋房屋。小城被围困共计四天，外县援军赶到方解了围。这四天中城外的枪炮声我一点儿也不关心，那白脸孩子的谎话使我只知道有一件事情，就是我已经被一个女孩子十分关切，我行将成为他的亲戚。我为他姐姐无日无夜做旧诗，把诗做成他一来时便为我捎去。我以为我这些诗必成为不朽的作品，他说过，他姐姐便最欢喜看我的诗。

我家中那点余款本来归我保管存放的。直到如今，我还不明白为什么那白脸孩子今天向我把钱借去，明天即刻还我，后天再借去，大后天又还给我。结果算去算来却有一千块钱左右的数目，任何方法也算不出用它到什么方面去。这钱全然无着落了。但还有更坏的事。

到这时节一切全变了，他再不来为我把每天送他姐姐的情诗捎去了，那件事情不消说也到了结束时节了。

我有点明白，我这乡下人吃了亏。我为那一笔巨大数目十分着骇，每天不拘做什么事都无心情。每天想办法处置，却想不出比逃走更好的办法。

因此有一天，我就离开那一本账簿，同那两个白脸姊弟，几个一见我就问我"诗做得怎么样"的理想岳丈，四个眼睛漆黑身长苗条发辫极大的女孩印象，以及我那个可怜的母亲同姊妹走了。为这件事情我母亲哭了半年。这老年人不是不原谅我的荒唐，因我不可靠用去了这笔钱而流泪，却只为的是我这种乡下人的气质，到任何处总免不了吃亏，想来十分伤心。

常　德

我本预备到北京的，但去不成。我本想走得越远越好，正以为我必得走到一个使人忘却了我的种种过失我的存在，也使自己忘却了自己种种痴处蠢处的地方，方能够再活下去。可是一到常德后，便有个人把我留下了。

到常德后，一时什么事也不能做，只住在每天连伙食共需三毛六分钱的小客栈里打发日子。因此最多的去处还依然同上年在辰州军队里一样，一条河街占去了我大部分生活。辰州河街不过一二里长，几家做船上人买卖的小茶馆，同几家与船上人做交易的杂货铺，常德的河街可不同多了。这是一条长约三里的河街，有客栈，有花纱行，有油行，有卖船上铁锚铁链的大铺子，有税局，有各种会馆与行庄。这河街既那么长又那么复杂，长年且因为被城中人担水把地面弄得透湿的。我每天来回走个一回两回，又在任何一处随意蹲下欣赏那些眼前发生的新事以及照例存在的一切，日子很快地也就又夜下来了。

那河街既那么长，我最中意的是名为麻阳街的一段。那里一面是城墙，一面是临河而起的一排陋隘逼仄的小屋。有烟馆同面馆，有卖绳缆的铺子，有杂货字号，有屠户，有门前挂满了熏干狗肉的狗肉铺，有铸铁锚与琢硬木活车以及贩卖小船上应用器具的小铺子。又有小小理发馆，走路的人从街上过身时，总常常可见到一些大而圆的脑袋，带了三分呆气在那里让剃头师傅用刀刮头，或偏了头搁在一条大腿上，在那里向阳取耳。有几家专门供船上划船人开心的妓院，常常可以见到三五个大脚女人，身穿蓝色印花洋布衣服，红花洋布裤子，粉脸油头，鼻梁根扯得通红，坐在门前长凳上剥朝阳花子（瓜子），见有人过路时就眯笑眯笑，且轻轻地用麻阳人腔调唱歌。这一条街上污浊不过，一年总是湿漉漉的不好走路，且一年四季总不免有种古怪气味。河中还泊满了住家的小船，以及从辰河上游洪江一带装运桐油、牛皮的大船。上游某一帮船只拢岸时，这河街上各处都是水手。只看到这些水手手里提了干鱼或扛了大南瓜到处走动，各人皆忙匆匆地把从上游本乡带来的礼物送给亲戚朋友。这街上又有些从河街小屋子里与河船上长大的小孩子，大白天三三五五捧了红冠大公鸡，身前身后跟了一只肥狗，街头街尾各处找寻别的公鸡打架。一见了什么人家的公鸡时，就把怀里的鸡远远抛去，各占据着那堆积在城墙脚下的木料堆上观战。自己公鸡战败时，就走拢去踢别的公鸡一脚出气。或者因点别的什么事，两人互骂了一句娘，看看谁也不能输那一口气，就在街中很勇敢地揪打起来，缠成一团揉到烂泥里去。

那街上卖糕的必敲竹梆，卖糖的必打小铜锣，这些人在引起别人注意方法上，皆知道在过街时口中唱出一种放荡的调子，同女人身体某一些部分相关，逗人发笑。街上又常常有妇女坐在门前矮凳上大哭乱骂，或者用一把菜刀，在一块木板上一面砍一面骂那把鸡偷去宰吃了的人。那街上且常常可以看到穿了青羽缎马褂、新浆洗过蓝布长衫的船老板,带了很多礼物来送熟人。街头中又常常有唱木头人戏的,当街靠城架了场面,在一种奇妙处置下"当当当当嘭嘭当"地响起锣鼓来,许多闲汉小孩便张大了嘴看那个傀儡戏,到收钱时却一哄而散。

那街上许多茶馆,一面临街,一面临河,旁边甬道下去就是河码头。从各小船上岸的人多从这甬道上下,因此来去的人也极多。船上到夜来各处全是灯,河中心有许多小船各处摇去,弄船人拖出长长的声音卖烧酒同猪蹄子粉条。我想象那个粉条一定不坏,很愿意有一个机会到那小船上去吃点什么喝点什么,但当然办不到。

我到这街上来来去去,看这些人如何生活,如何快乐又如何忧愁,我也就仿佛同样得到了一点生活意义。

我又间或跑向轮船码头去看那些从长沙从汉口来的小轮船,在趸船一角怯怯地站住,看那些学生模样的青年和体面女人上下船,看那些人的样子,也看那些人的行李。间或发现了一个人的皮箱上贴了许多上海北京各地旅馆的标志,我总悄悄地走过去好好地研究它一番,估计这人究竟从哪儿来。内河小轮船刚一抵岸,在我这乡巴佬的眼下实在是一种奇观。

我间或又爬上城去,在那石头城上兜一个圈子,一面散步,一面且居高临下地欣赏那些傍了城墙脚边住家的院子里的一切情形。在近北门一方面,地邻小河,每天照例有不少染坊工人,担了青布白布出城过空场上去晾晒,又有军队中人放马,又可看到埋人,又可看鸭子同白鹅。一个人既然无事可做,因此到城头看过了城外的一切,还觉得有点不足时,就出城到那些大场坪里去找染坊工人与马夫谈话,情形也就十分平常。我虽然已经好像一个读书人了,可是事实上一切精神却更近于一个兵士,到他们身边时,我们谈到的问题,实在就比我到一个学生身边时可谈的更多。就现在说来,我同任何一个下等人就似乎有很多方面的话可谈,他们那点感想,那点希望,也大多数同我一样,皆从实际生活取证来的。可是若同一个大学教授谈话,他除了说说从书本上学来的那一套心得以外,就是说从报纸上得来的他那一份感想,对于一个人生命的构成,总似乎短少一点什么似的,可说的也就很少很少了。

我有时还跟随一队埋人的行列,走到葬地去,看他们下葬的手续与我那地方的习俗如何不同。

另外,那件使我离开原来环境逃亡的事,我当然没有忘记。我写了些充满忏悔与自责的书信回去,请求母亲的原恕。母亲知道我并不自杀,于是来信说:"已经做过了的错事,没有不可原恕的道理。你自己好好地做事,我们就放心了。"接到这些信时,我便悄悄到城墙上去哭。因为我想象得出,这些信由母亲口说姐姐写到纸上时,两人的眼泪一定是挂在脸上的。

我那时也同时听到了一个消息,就是那白脸孩子的姐姐,下行读书,在船上却被土匪抢入山中做押寨夫人去了。得到这消息后,我便在那小客店的墙壁上写下两句唐人传奇小说上别人的诗,抒写自己的感慨:"佳人已属沙咤利,义士今无古押衙。"义士虽无古押衙,其实过不久,这女孩就从土匪中花了一笔很可观的数目赎了出来,随即同一个驻防洪江的黔军团长结了婚。但团长不久又被枪毙，这女人便进到沅州本地的天主堂做洋尼姑去了。

我当然书也不读，字也不写，诗也无心再做了。

那时我所以留在常德不动，就因为上游九十里的桃源县，有一个清乡指挥部，属于我本地军队。这军队也就是当年的靖国联军第一军的一部分。那指挥官节制了三个支队，本人虽是个贵州人，所有高级官佐却大半是我的同乡。朋友介绍我到那边去，以为做事当然很容易。那时节何键正做骑兵团长，归省政府直辖，贺龙做支队司令，归清乡指挥统辖，部队全驻防桃源县。我得到了介绍信之后，就拿了去见贺龙，又去见别的熟人，向清乡指挥部谋差事。可是两处虽有熟人却毫无结果。书记差遣一类事情既不能做，我愿意当兵，大家又总以为我不能当兵。不过事情虽无结果，熟人在桃源的既很多，我却可以常常坐小轮船过桃源来玩了。那时有个表弟正从上面委派下来做译电，我一到桃源时，就住在他那里。两人一外出还仍然是到河边看来往船只。或到上面一点河边，看河中那个大鱼梁。水发时，这鱼梁堪称一种奇观。因为是斜斜地横在河中心，照水流趋势，即有大量鱼群，蹦跳到竹架上，有人用长钩钩取入小船，毫不费事。我离开那个清乡军队已两年，再看看这个清乡军队，一切可完全变了。枪械，纪律，完全不像过去那么马虎，每个兵士都仿佛十分自重，每个军官皆服装整齐凸着胸脯在街上走路。平时无事兵士全不能外出，职员们办公休息各有定时：军队印象使我十分感动。

那指挥官虽自行伍出身，一派文雅的风度，却使人看不出他的本来面目,笔下既异常敏捷,做事又富有经验,好些日子听别人说到他时就使我十分倾心。因此我那时就只想,若能够在他那里当一名差弁,也许比做别的事更有意思。可是我尽这样在心中打算了很久,却终不能得到一个方便机会。

船　上

住在那小旅馆实在不是个办法，每天虽只三毛六分钱，四个月来欠下的钱很像个大数目了。欠账太多了，非常怕见内老板，每天又必得同她在一桌吃饭。她说的话我可以装作不懂，可是仍然留在心上，挪移不开。桃源方面差事既没有结果，那么，不想个办法，我难道就做旅馆的伙计吗？恰好那时有一只押运军服的帆船，正预备上行，押运人就是我哥哥的一个老朋友，我也同他在一堆吃过喝过。一个做小学教员的亲戚，答应替我向店中办个交涉，欠账暂时不说，将来发财再看。在桃源的那个表弟，恰好也正想回返本队，因此三人就一同坐了这小船上驶。我的行李既只是一个用面粉口袋改做的小小包袱，所以上船时实在洒脱方便。

船上装满了崭新的棉布军服，把军服摊开，就躺到那上面去，听押船上行的曾姓朋友，说过去生活中种种故事，我们一直在船上过了四十天。

这曾姓朋友①读书不多，办事却十分在行，军人风味的勇

---

① 这人就是《湘行散记》中那个戴水獭皮帽子的大老板。

敢，爽直，正如一般镇筸人的通性，因此说到任何故事时，也一例能使人神往意移。他那时年纪不会过二十五岁，却已经赏玩了四十名左右的年轻黄花女。他说到这点经验时，从不显出一分自负的神气，他说这是他的命运，是机缘的凑巧。从他口中说出的每个女子，皆仿佛各有一份不同的个性，他却只用几句最得体最风趣的言语描出。我到后来写过许多小说，描写到某种不为人所齿及的年轻女子的轮廓，不致于失去她当然的点线，说得对，说得准确，就多数得力于这个朋友的叙述。一切粗俗的话语，在一个直爽的人口中说来，却常常是妩媚的。这朋友最爱说的就是粗野话，在我作品中，关于丰富的俗语与双关比譬言语的应用，从他口中学来的也不少。

我临动身时有一块七毛钱，那豪放不羁的表弟却有二十块钱。但七百里航程还只走过八分之一时，我们所有的钱却已完全花光了。把钱花光后我们依然有说有笑，各人躺在温暖软和的棉军服上面，说粗野的故事，喝寒冷的北风，让船儿慢慢拉去，到应吃饭时，便用极厉害的辣椒在火中烧焦蘸盐下饭。

船只因为得随同一批有兵队护送的货船同时上行，一百来只大小不等的货船，每天皆同时拔锚，同时抛锚，景象十分动人。但辰河滩水既太多，行程也就慢得极可以。任何一只船出事都得加以援助，一出事就得停顿半天。天气又冷，河水业已下落，每到上滩，河槽容船处都十分窄，船夫在这样天气下，还时时刻刻得下水拉纤，故每天即或毫无阻碍，也只能走三十里。送船兵士到了晚上有一部分人得上岸去放哨，大白天则全部上岸跟着船行，所以也十分劳苦。这些兵士经过上司的命令，送一次船一个钱也不能要，就只领下每天二毛二分钱的开差费，但人人却十分高兴，一遇船上出事时，就去帮助船夫，做他们应做的事情。

我们为了减轻小船的重量，也常常上岸走去，不管如何风雪，如何冷，在河滩上跟着船夫的脚迹走去。遇他们下水，我们便从河岸高山上绕道走去。

常德到辰州四百四十里，我们一行便走了十八天，抵岸那天恰恰是正月一日。船傍城下时已黄昏，三人空手上岸，走到市街去看了一阵春联。从一个屠户铺子经过，我正为他们说及四年前见到这退伍兵士屠户同人殴打，如《水浒传》中的镇关西，谁也不是他的对手。恰恰这时节，我们前面一点就抛下了一个大爆竹，訇的一声，吓了我们一跳。那时各处虽有爆竹的响声，但曾姓朋友却以为这个来得古怪。看看前面不远又有人走过来，就拖我们稍稍走过了屠户门前几步，停顿了一下。那两个商人走过身时，只见那屠户家楼口小门里，很迅速地又抛了一个爆竹下来，又是訇的一声，那两个商人望望，仿佛知道这件事，赶快走开了。那曾姓朋友说："这狗杂种故意吓人，让我们去拜年吧。"还来不及阻止，他就到那边拍门去了。一面拍门一面和气异常地说："老板，老板，拜年，拜年！"一会儿有个人来开门，把门开时，曾姓朋友一望，就知道这人是镇关西，便同他把手拱拱，冷不防在那高个子眼鼻之间就是结结实实一拳。那家伙大约多喝了杯酒，一拳打去就倒到烛光辉煌的门里去了。只听到哼哼乱骂，但一时却爬不起来。听到有人在楼上问什么什么，那曾姓朋友便说："狗肏的，把爆竹往我头上丢来，你认错了人！老子打了你，有什么话说，到中南门河边送军服船上来找我，我名曾祖宗。"一面说，一面便取出一个名片向门里抛去，拉着我们两人的膀子，哈哈大笑着迈步走了。

我们以为那个镇关西会赶来的，因此各人随手还拾了些石头，预备来一场恶斗，谁知身后并无人赶来。上船后，还以为当时虽不赶来，过不久定有人在泥滩上喊曾芹轩，叫他上岸比武。这朋友腹部临时还缚了一个软牛皮大抱肚，选了一块很合手的湿柴，表弟同我却各人拿了好些石块，预备这屠户来说理。也许一拳打去那家伙已把鼻子打塌了，也许听到寻事的声音是镇筸人，知道不大好惹，且自己先输了理，因此不敢来第二次讨亏吃了，我们竟白等了一个上半夜。这个年也就在这类可笑情形中过了。第二天一早，船又离开辰州河岸，开进辰河支流的北河了。

从辰州上行，我们依然沿途耽搁，走了十四天，在离目的地七十里的一个滩上，轮到我们的船遇险了。船触大石后断了缆，右半舷业已全碎，五分钟后就满了水，恰好船只装的是军服，一时不会沉没，我们便随了这破船，急水中漂浮了约三里。那时船上除了我们三人，就只一个拦头工人一个舵手。水既湍急，任何方法不能使船安全泊岸。然而天保佑，到后居然傍近浅处了。慢慢地十几个拉纤的船夫赶来了，兵士赶来了，大家什么话也不说，只互相对望干笑。于是我们便爬到岸边高崖上去，让船中人把搁在浅处的碎船篷板拆下，在河滩上做起一个临时棚子，预备过夜。其余船只因为两天后可以到地，就不再等我们，全部开走了。本地虽无土匪，却担心荒山中有野兽，船夫们烧了两大堆火，我们便在那个河滩上听了一夜滩声，过了一个元宵。

保　靖

目的地到达后,我住在一个做书记的另一表弟那里。无事可做等事做,照本地话说名为"打流"。这名词在吃饭时就见出了意义。每天早晚应吃饭时,便赶忙跑到各位老同事、老同学处去,不管地方,不问情由,一有吃饭机会总不放过。这些人有做书记的,每月大约可得五块到十块钱。有做副官的,每月大约可得十二块到十八块钱。还有做传达的,数目比书记更少。可是在这种小小数目上,人人却能尽职办事,从不觉得有何委屈,也仍然在日光下笑骂吃喝,仍然是有热有光地打发每一个日子。职员中肯读书的,还常常拿了书到春天太阳下去读书。预备将来考军官学校的,每天大清早还起来到卫队营去附操。一般高级军官,生活皆十分拮据,吃粗粝的饭,过简陋的日子,然而极有朝气,全不与我三年前所见的军队相像。一切都得那个精力弥满的统领官以身作则,擘画一切,调度一切,使各人能够在职务上尽力,不消沉也不堕落。这统领便是先一时的靖国联军一军司令,直到现在,还依然在湘西抱残守缺,与一万余年轻军人同过那种甘苦与共的日子。

当时我的熟人虽多,地位都很卑下,想找工作却全不能靠谁说一句话。我记得那时我只希望有谁替我说一句话,到那个军人身边去做一个护兵。且想即或不能做这人的护兵,就做别的官佐护兵也成。因此常常从这个老朋友处借来一件干净军服,从另一个朋友又借了一条皮带,从第三个又借了双鞋子,大家且替我装扮起来,把我打扮得像一个有教育懂规矩的兵士后,方由我那表弟带我往军法处、参谋处、秘书处以及其他地方拜会那些高级办事员。先在门边站着,让表弟进去呈报。到后听说要我进去了,一走进去时就霍地立一个正,做着各样询问的答复,再在一张纸上写几个字。只记着"等等看,我们想法",就出来了。可是当时竟毫无结果,都说可以想法,但谁也不给一个切实的办法。照我想来,其所以失败的原因,大体还是一则做护兵的多用小苗人和乡下人,做事吃重点,用亲戚属中子侄,做事可靠点。二则他们都认识我爸爸,不好意思让我来为他们当差。我既无办法可想,又不能亲自去见见那位统领官,一坐下来便将近半年。

这半年中使我亲亲切切感到几个朋友永远不忘的友谊,也使我好好地领会了一个人当他在失业时萎悴无聊的心情。

但从另外一方面说来,我却学了不少知识。凭一种无挂无碍到处为生的感情,接近自然的秘密。我爬上一个山,傍近一条河,躺到那无人处去默想,漫无涯际的世界,似乎皆更是一个结实的世界。

生活虽然那么糟,性情却依旧那么强。有一次因个小小问题,与那表弟吵了几句,半夜里不高兴再在他床上睡觉了,一时又无处可去,就走到一个养马的空屋里,爬到有干草同干马粪香味的空马槽里睡了一夜。到第二天去拿那小包袱告辞时，两人却又讲了和，笑着揉到地上扭打了一阵。但我那表弟却更有趣味。在另外一个夜里，与一个同事说到一件小事，互相争持不下时，就向那人说："你不服吗，我两人出去打一架看看！"那人便老老实实同他披了衣服出去，到黑暗无人的菜园里，扭打了一阵，践踏坏了一大堆白菜，各人滚了一身泥，鼻青眼肿悄悄回到住处，一句话也不说。第二天上饭桌时，才为人从脸目间认出夜里情形来，互相便坦白地大笑，同时也就照常成为好朋友了。这一群年轻人，大致都那么勇敢直爽，十分可爱。但十余年来，却有大半早从军官学校出身做了小军官，在历次小小内战上死去腐烂了。

当时我既住到那书记处，几月以来所有书记原本虽不相识，到后也自然都熟透了。他们忙时我便为他们帮帮忙，写点不重要的训令和告示，一面算帮他们的忙，一面也算我自己玩。有一次正在写一件信札，为一个参谋处姓熊的高级参谋见到，问我是什么名义。我以为应分受责备了，心里发慌，轻轻地怯怯地说："我没有名义，我是在这里玩的。帮他们忙写这个文件！"到后那书记官却为我说了一句公道话，告给那参谋，说我帮了他们很多的忙。问清楚了姓名，因此把我的名单开上去，当天我就做了四块钱一月的司书。我做了司书，每天必到参谋处写字，事做完时就回到表弟处吃饭睡觉。

事情一有了着落，我很迅速地便在司书中成为一个特出的书记了。不久就加薪到六元。我比他们字写得实在好些。抄写文件时上面有错误处，我能纠正那点笔误。款式不合有可斟酌处，我也看得出说得出。我的几个字使我得到了较优越的地位，因此更努力写字。机会既只许可我这个人在这方面费去大部分时间同精力，我也并不放下这点机会。我得临帖，我那时也就觉得世界上最使人敬仰的是王羲之。我常常看报，原只注意有正书局的广告，把一点点薪水聚集下来，谨谨慎慎藏到袜筒里或鞋底里，汗衣也不作兴有两件，但五个月内我却居然买了十七块钱的字帖。

一分惠而不费的赞美，带着点幽默微笑："老弟，你字真龙飞凤舞，这公文你不写谁也就写不了！"就因为这类话语，常常可以从过足了烟瘾的文书主任那瘪瘪口中听到，我于是当着众人业已熄灯上床时，还常常在一盏煤油灯下，很细心地用《曹娥碑》字体誊录一角公文或一份报告。

各种生活营养到我这个魂灵，使它触着任何一方面时皆若有一闪光焰。到后来我能在桌边一坐下来就是八个钟头，把我生活中所知道所想到的事情写出，不明白什么叫作疲倦，这份耐力与习惯，都出于我那做书记的习惯和命运。

我不久因工作能力比同事强，被调到参谋处服务了。

书记处所在的地方，据说是彭姓土司一个妃子所住的花楼。新搬去住的参谋处房间，梁架还是年前从一个梁姓苗王处抬来的。笨大的材头，笨大的柱子，使人一见就保留一种稀奇印象。四个书记每天有训令命令抄写时，就伏在白木做成的方桌上抄写，不问早晚多少，以写完为止。文件太多了一点，照例还可调取其他部分的书记来帮忙。有时不必调请，照例他们也会赶来很高兴地帮忙。把公事办完时，若那天正是十号左右发饷的日子，各人按照薪水多少不等，各领得每月中三分之一的薪饷，同事朋友必各自派出一份钱，亲自去买狗肉来炖。或由任何人做东，上街去吃面。若各人身边都空空的，恰恰天气又很好，就各自手上拿一木棒，爬上后山顶上去玩，或往附近一土坡上去玩。那后山高约一里，并无什么正路，从险峻处爬到顶上时，却可以看到许多地方。我们也就只是看那么一看，不管如何困难总得爬上去。土坡附近常常有号兵在那里吹号，四周埋葬了许多小坟。每天差不多总有一起小棺材或蒲包裹好的小小尸首，送到这地方来埋葬。当埋葬时，远近便已蹲了无数野狗同小狼，埋人的一走，这坟至多到晚上，就被这群畜生扒开，小尸首便被吃掉了。这地方狼的数量不知道为什么竟那么多，既那么多为什么又不捕捉，这理由不易明白。我们每次到那小坡上去，总得带一大棒，就为的是恐怕被狼袭击，有木棒可以自卫。这畜生大白天见人时也并不逃跑，只静静地坐在坟头上望着你，眼睛光光的，牙齿白白的，你不惹它它也不惹你。等待你想用石头抛过去时，它却在石头近身以前，曳着个长尾飞奔跑去了。

　　这地方每到夜间当月晦阴雨时，就可听到远远近近的狼嗥，声音好像伏在地面上，水似的各处流动，低而长，忧郁而悲伤。间或还可听到后山的虎叫，昂的一声，谷中回音可延长许久。有时后山虎豹夜里来人家猪圈中盗取小猪，从小猪锐声叫喊情形里，还可分分明明知道这山中野兽从何处回山，经过何处。大家都已在床铺上听惯了这种声音，也不吃惊，也不出奇。可是由于虎狼太多，虽窗下就有哨兵岗位，但各人皆担心当真会有一天从窗口跃进一只老虎或一只豺狼,我们因此每夜总小心翼翼把格子窗门关好。这办法也并非毫无好处,有一次果然就有两只狼来扒窗子,两个背靠背放哨的兵士,深夜里又不敢开枪,用刺刀拟定这畜生时,据说两只狼还从从容容大模大样地从中门并排走去。

我的事情既不是每天都很多很多,因此遇无事可做时,几个人也常常出去玩。街上除了看洋袜子、白毛巾、为军士用的服装和价值两元一枚的玩具镀金表,别的就没有什么可引起我们注意的了。逢三八赶场,在三八两天方有杂货百物买卖。因此,我们最多勾留的地方,还是那个河边。河边有一个码头,长年湾泊五十号左右小木船。上面一点是个税局,扯起一面大大的写有红黑扁字桐油油过的幡旗。有一只方头平底渡船,每天把那些欢喜玩耍的人打发过河去,把马夫打发过河去,把跑差的兵士打发过河去,又装载了不少从永顺来的商人及由附近村子里来做小买卖的人从对河撑回。那河极美丽,渡船也美丽。

我们有时为了看一个山洞,寻一种药草,甚至于赌一口气,也常常走十里八里,到隔河大岭上跑个半天。对河那个大岭无所不有,也因为那山岭,把一条河显得更加美丽了。

我们虽各在收入最少而卑微的位置上做事,却生活得十分健康。有时即或胡闹,把所有点点钱完全花到一些最可笑事情方面去,生活也仍然是健康的。我们不大关心钱的用处,为的是我们正在生活。有许多生活,本来只需我们用身心去接近,去经验,却不必用一笔钱或一本书来做居间介绍。

但大家就是那么各人守住在自己一份生活上,甘心尽日月把各人拖到坟墓里去吗？可并不这样。我们各人都知道行将有一个机会要来的，机会来时我们会改造自己变更自己的，会尽我们的一份气力去好好做一个人的。应死的倒下，腐了烂了，让他完事。可以活的，就照分上派定的忧乐活下去。

十个月后，我们部队有被川军司令汤子模请过川东填防的消息，有特别代表来协商。条件是过境大帮烟土税平分，别的百货捐归接防部队。我们的长官若答应时，便行将派四团人过川东。这消息从几次代表的行动上，决定了一切技术上问题，过不久，便因军队开始调动，把这消息完全证实了。

一个大王

那时节参谋处有个满姓同乡问我:"军队开过四川去,要一个文件收发员,你去不去?"他且告给我若愿意去,能得九块钱一月。答应去时,他可同参谋长商量作为调用,将来要回湘时就回来,全不费事。

听说可以过四川去,我自然十分高兴。我心想:上次若跟他们部队去了,现在早腐了烂了。上次碰巧不死,一条命好像是捡来的,这次应为子弹打死也不碍事。当时带军队过川东的司令姓张,也就正是我二年前在桃源时想跟他当兵不成那个指挥官。贺龙做了我们部队的警卫团长,另外还有一顾营长、曾营长、杨营长。有些人同去的,也许都以为入川可以捞几个横财,讨一个媳妇。我所想的还不是钱不是女人。

我那时自然是很穷的,六块钱的薪水,扣去伙食两块,每个月我手中就只四块钱,但假若有了更多的钱,我还是不会用它。得了钱,除了充大爷邀请朋友上街去吃面,实在就无别的用处。至于女人呢,仿《疑雨集》写艳体诗情形已成过去了,我再不觉得女人有什么意思。我那时所需要的似乎只是上司方面认识我的长处,我总以为我有份长处,待培养,待开发,待成熟。另外还有一个秘密理由，就是我很想看看巫峡。我有两个朋友为了从书上知道了巫峡的名字后，便徒步从宜昌沿江上重庆走过一次。我听他们说起巫峡的大处、高处和险处、有趣味处，实在神往倾心。乡下人所想的，就正是把自己全个生命押到极危险的注上去，玩一个尽兴！我们当时的防地同川军长官汤子模、石青阳事先约好了的，是酉阳、龙潭、彭水、龚滩，统由篆军接防，前卫则到涪州为止。我以为既然到了那边，再过巫峡当然很方便了。

我既答应了那同乡，不管多少钱，不拘什么位置，都愿意去。于是三天以后，就随了一行人马上路了。我的职务便是机要文件收发员。临动身时每人照例可向军需处支领薪水一月。得到九块钱后，我什么也不做，只买了一双值一块二毛钱的丝袜子，买了半斤冰糖，把余钱放在板带里。那时天气既很热，晚上还用不着棉被，为求洒脱起见，因此把自己仅有的两条旧棉絮也送给了人，背了小小包袱就上路了。我那包袱中的产业计旧棉袄一件，旧夹袄一件，手巾一条，夹裤一条，值一块二毛钱的丝袜子一双，青毛细呢的响皮底鞋子一双，白大布单衣裤一套。另外还有一本值六块钱的《云麾碑》，值五块钱褚遂良的《圣教序》，值两块钱的《兰亭序》，值五块钱的《虞世南夫子庙堂碑》。还有一部《李义山诗集》。包袱外边则插了一双自由天竺筷子，一把牙刷，且挂了一个钻有小小圆孔用细铁丝链子扣好的搪瓷碗儿。这就是我的全部产业。这份产业现在说来，依然是很动人的。

这次旅行和任何一次旅行一样，我当然得随同伙伴走路。

我们先从湖南边境的茶峒到贵州边境的松桃,又到四川边境的秀山,一共走了六天。六天之内,我们走过三个省份的接壤处,到第七天在龙潭驻了防。

这次路上增加了我新鲜经验不少,过了些用竹木编成的渡筏,那些渡筏,在静静溪水中游动,两岸全是夹竹林高山,给人无比幽静的感觉。十年后还在我的记忆里,极其鲜明地占据了一个位置。①晚上落店时,因为人太多了一点,前站总无法分配众人的住处,各人便各自找寻住处,我却三次占据一条窄窄的长凳睡觉。在长凳上睡觉,是差不多每个兵士都得养成习惯的一件事情,谁也不会半夜掉下地来。我们不止在凳上睡,还在方桌上睡。第三天住在一个乡下绅士家里,便与一个同事两人共据了一张漆得极光的方桌,太极图一般蜷曲着,极安适地睡了一夜。有两次连一张板凳也找寻不着时,我同四个人就睡在屋外稻草堆上,半夜里还可看流星在蓝空中飞!一切生活当时看来都并不使人难堪,这类情形直到如今还不会使我难堪。我最厌烦的就是每天睡在同样一张床上,这份平凡处真不容易忍受。到现在,我不能不躺在同一床上睡觉了,但做梦却常常睡到各种新奇地方去,或回复到许多年以前曾经住过的地方去。

通过黔湘边境时,我们上了一个高坡,名棉花岭,据人说上三十二里,下三十五里。那个山坡折磨了我们一整天。可是慢慢爬上这样一个高坡,在岭头废堡垒边向下望去,一群小山,一片云雾,那壮丽自然的画图,真是一个动人的奇观。这山峰

---

① 《边城》即由此写成。

形势同堡垒形势，十余年来还使我神往。在四川边境上时，我记得还必须经过一个大场，旺盛季节据说每次场集有五千牛马交易。又经过一个古寺院，有十来株六人不能合抱的松树。寺中南边一个白骨塔，穹形的塔顶，全用刻满佛像的石头砌成，径约四丈。锅井似的圆坑里，人骨零乱，有些腕骨上还套着麻花绞银镯子，也无谁人取它动它。听寺僧说，是上年闹神兵，一个城子的人都死尽了，半年后把骨头收来，隔三年再焚化。

我们的军队到川东时，虽仍向前方开去，司令部却不能不在川东边上龙潭暂且住下。

我们在市中心一个庙里扎了营，办事处仍然是戏楼。比较好些便是新到的地方墙壁上十分整洁，没有多少膏药。市面虽并不怎么大，可是商店却十分整齐，一望而知是富庶区。商会为欢迎客军，早为我们预备一切，各人有个木板床，上面安置一条席子。大石平整的院子中，且预先搭好了个大凉棚，既遮阳又通风，因此住在楼上也不很热。市面粗粗看来，一切都还像个样子。因为是正当川盐入湘的孔道，且是川东桐油集中出口地方。又有一条小河，从洞庭湖来的船只还可由湘西北河上行直达市镇，出口的桐油与入口的花纱杂物交易都很可观。因此地方有邮局，有布置得干净舒适的客商安宿处，还有"私门头"，供过往客商及当地小公务员寻欢取乐。

地方还有大油坊和染坊，有酿酒糟坊，有官药店，有当铺，还有一个远近百里著名的龙洞，深处透光处约半里，高约十丈，长年从洞中流出一股寒流，冷如冰水。时正六月，水的寒冷竟使任何兵士也不敢洗手洗脚，手足一入水，骨节就疼痛麻木，失去知觉。那水灌溉了千顷平田，本地禾苗便从无旱灾。本部上自司令下至马夫，到这洞中次数最多的，恐怕便是我。我差不多每天必来一回，在洞中大石板上一坐半天，听水吹风够了时，方用一个大葫芦贮满了生水回去，款待那些同事朋友。

那地方既有小河，我当然也欢喜到那河边去，独自坐在河岸高崖上，看船只上滩。那些船夫背了纤绳，身体贴在河滩石头下，那点颜色，那种声音，那派神气，总使我心跳。那光景实在美丽动人，永远使人同时得到快乐和忧愁。当那些船夫把船拉上滩后，各人伏身到河边去喝一口长流水，站起来再坐到一块石头上，把手拭去肩背各处的汗水时，照例总很厉害地感动我。

我的公事职务并不多，只是在外来的文件递到时，照例在簿籍上照款式写着某年某月某日某时收到某处来文，所说某事。发去的也同样记上一笔。文件中既分平常、次要、急要三种，我便应当保管七本册子，一本作为来往总账，六本作分别记录。这些册子到晚上九点钟，必送到参谋长房里去，好转呈司令官检查，画一个阅字再退回来。我的职务虽比司书稍高，薪饷却并不比一个弁目为高。可是我也有了些好处，一到了这里，不必再出伙食费，虽名为自办伙食，所有费用统归副官处报账。我每月可净得九块钱，在当时，可不是一个小数目！得了钱时不知如何花费，就邀朋友上街到面馆吃面，每次得花两块钱。那时可以算为我的好朋友的，是那司令官的几个差弁、几个副官和一个青年传令兵。

我们的住处各用木板隔开，我的职务在当时虽十分平常，所保管的文件却似乎不能尽人知道，因此住处便在戏楼最后一角。隔壁是司令官的十二个差弁，再过去是参谋长同秘书长，再过去是司令官，再过去是军法官。对面楼上分军法处、军需处、军械处三部分，楼下有副官处和庶务处。戏台上住卫队一连。正殿则用竹席布幕隔成四五单位，正中部分是个大客厅。接见当地绅士和团总时，就在这大客厅中，同时又常常用来审案。其他是司令官和高级幕僚分别议事或接待外来代表用的。各地方皆贴上白纸的条子，用浓墨写明所属某部，用虞世南体端端正正写明，那纸条便出自我的手笔。差弁房中墙上挂满了多种连发小枪，我房间中却贴满了自写的字。每个视线所及的角隅，我还贴了小小字条，上面这样写着："胜过钟王，压倒曾李。"因为那时节我知道写字出名的，死了的有钟王两人，活着的却有曾农髯和李梅庵。我以为只要超过了他们，一定就可独霸一世了。

我出去玩时，若只一人，我只常到龙洞与河边，两人以上就常常过对河去。因为那时节防地虽由川军让出，川军却有一个旅司令部与小部分军队驻扎在河对面一个庙里。上级虽相互要好，兵士不免常有争持打点小架，我一人过去时怕吃人的亏，有了两人，则不拘何处走去，不必担心了。

到这地方每月虽可以得九块钱，不是吃面花光，就是被别的朋友用了，我却从不想到缝点衣服。身上只一件衣。一次因为天气很好，把自己身上那件汗衣洗洗，一会儿天却落了雨，衣既不干，另一件军服又为一个朋友穿去了，差弁全已下楼吃饭，我照规矩又不能赤膊从司令官房边走过，就老老实实饿了一顿。

我不是说过我同那些差弁全认识吗？其中共十二个人，大半比我年龄还小些，彼此都十分要好。我认为最有趣的是那个二十八岁的弁目。这是一个土匪，一个大王，一个真真实实的男子。这人自己用两只手击毙过两百个左右的敌人，却曾经有过十七位押寨夫人。这大王身个儿小小的，脸庞黑黑的，除了一双放光的眼睛外，外表任你怎么看也估不出他有多少精力同勇气。年前在辰州河边时，大冬天有人说："谁现在敢下水，谁不要命！"他什么话也不说，脱光了身子，即刻扑通一声下水给人看看。且随即在宽约一里的河面游了将近一点钟，上岸来时，走到那人身边去："一个男子的命就为这点水要去吗？"或者有人述说谁赌扑克被谁欺骗把荷包掏光了，他当时一句话也不说，一会儿走到那边去，替被欺骗的把钱要回来，将钱一下掼到身边，一句话不说就又走开了。这大王被司令官救过他一次，于是不再做山上的大王，到这行伍出身的司令官身边做了一个亲信，用上尉名义支薪，侍候这司令官却如同奴仆一样地忠实。

我住处既同这样一个大王比邻，两人不出门，他必经常走过我房中来和我谈天。凡是我问他的，他无事不回答得使我十分满意。我从他那里学习了一课古怪的学程。从他口上知道烧房子，杀人……种种犯罪的记录，且从他那种爽直说明中了解那些行为背后所隐伏的生命意识。我从他那儿明白所谓罪恶，且知道这些罪恶如何为社会所不容，却也如何培养着这个坚实强悍的灵魂。我从他坦白的陈述中，才明白在用人生为题材的各样变故里所发生的景象，如何离奇，如何眩目。这人当他做土匪以前,本是一个种田的良民,为人又怕事又怕官。被外来军人把他当成土匪胡乱枪决过一次。到时他居然逃脱了,后来且居然就做"大王"了!

他会唱点旧戏,写写字,画两笔兰草,都还比一些近代伟人作品看得过去。每到我房中把话说倦时,就一面口中唱着,一面跳上我的桌子,演唱《夺三关》与《杀四门》,武把子当然比弄笔杆子当行得多。

有一天,七个人同在副官处吃饭,不知谁人开口说到听说对河什么庙里,川军还押得有一个古怪的犯人,一个出名的美娇娇。十八岁就做了匪首。被捉后,年轻军官全为她发疯,互相杀死两个小军官。解到旅部后,部里大小军官全想得到她,可是谁也不能占到便宜。听过这个消息后,我就想去看看这女土匪。我由于好奇,似乎时时刻刻要用这些新鲜景色事物喂养我的灵魂,因此说笑话,以为谁能带我去看看,我便请谁喝一斤酒。几天以后,对这件事自然也就忘掉了。一天黄昏将近时分,吃过了晚饭正在擦拭灯罩,那大王忽然走来喊我:"兄弟,兄弟,同我去个好地方,你就可以看你要看的东西。"

我还来不及询问到什么地方去看什么东西,就被他拉下楼梯走出营门了。

我们乘小船过河去到了一个庙里,那里驻扎的有一排川军。他同他们似乎都已非常熟悉,打招呼行了个军礼,进庙后我们就一直向后殿走去。不一会儿,转入另外一个院落,就在栅栏边看到一个年轻妇人了。

那妇人坐在屋角一条朱红毯子上,正将脸向墙另一面,背了我们凭借壁间灯光做针线。那大王走近栅栏边时就说:"幺妹,幺妹,我带了个小兄弟来看你!"

妇人回过身来,因为灯光黯淡了一点,只见着一张白白的脸儿,一对大大的眼睛。她见着我后,才站起身走过我们这边来。逼近身时,隔了栅栏望去,那妇人身材才真使我大吃一惊!妇人不算得是怎样稀罕的美人,但那副眉眼,那副身段,那么停匀合度,可真不是常见的家伙!她还上了脚镣,但似乎已用布片包好,走动时并无声音。我们隔了栅栏说过几句话后,就听她问那弁目:"刘大哥,刘大哥,你是怎么的?你不是说那个办法吗?今天十六。"

那大王低低地说:"我知道,今天已经十六。"

"知道就好。"

"我着急,卜了个课,说月份不利,动不得。"

那妇人便咕嘟着嘴吐了一个"呸",不再开口说话,神气中似有三分幽怨。这时节我虽把脸侧向一边去欣赏那灯光下的一切,但却留心到那弁目的行为。我看他对妇人把嘴向我努努,我明白在这地方太久不是事,便说我想先回去。那女人要我明天再来玩,我答应后,那弁目就把我送出庙门,在庙门口捏捏我的手,好像有许多神秘处,为时不久全可以让我明白,于是又独自进去了。

我当时只稀奇这妇人不像个土匪,还以为别是受了冤枉捉到这里来的。我并不忘掉另一时在芷江怀化剿匪清乡所经过的种种,军队里照例有多少愚蠢糊涂事成天发生。

一夜过去后,第二天吃早饭时,副官处一桌子人都说要我请他们喝酒。问问原因，才知道那女匪王幺妹已被杀，我要想看，等等到桥头去就可看见了。有人亲眼见到的。还说这妇人被杀时一句话不说，神色自若地坐在自己那条大红毛毯上，头掉下地时尸身还并不倒下。消息吓了我一跳，我奇怪，昨晚上还看到她，她还约我今天去玩，今早怎么就会被杀？吃完饭，我就跑到桥头上去，那死尸却已有人用白木棺材装殓，停搁在路旁，只地下剩一摊腥血以及一堆纸钱白灰了。我望着那个地面上凝结的血块，我还不大相信，心里乱乱的，忙匆匆地走回衙门去找寻那个弁目。只见他躺在床上，一句话不说。我不敢问他什么，便回到自己房中办事来了。可是过不多久，我却从另一差弁口中知道这件事情的经过原委。

原来这女匪早就应当杀头的。虽然长得体面标致，可是为人著名毒辣。爱慕她的军官虽多，谁也不敢接近她，谁也不敢保释她。只因为她还有七十支枪埋到地下，谁也不知道这些军械埋藏处。照当时市价，这一批武器将近值一万块钱，不是一个小数目。因此，尽想设法把她所有的枪支诱骗出来，于是把她拘留起来，且在生活上待她和任何犯人不同。这弁目知道了这件事，又同川军排长相熟，就常过那边去。与女人熟识后，却告给女人，他也还有六十支枪埋在湖南边境上，要想法保她出来，一同把枪支掘出上山落草，就可以天不怕地不怕在山上做大王活过下半世。女人信托了他，夜里在狱中两人便亲近过了一次。这事被军官发现后，因此这女人第二天一早，便为川军牵出去砍了。

当两个人夜里在狱中所做的事情，被庙中驻兵发觉时，触犯了做兵士的最大忌讳，十分不平。以为别的军官不能弄到手的，到头来却为一个外来人得了好处。俗话说"肥水不落外人田"，因此一排人把步枪上了刺刀，守在门边，预备给这弁目过不去。可是当有人叫他名姓时，这弁目明白自己的地位，不慌不忙地结束了一下他那皮带，一面把两支放蓝光小九响手枪取出拿在手中，一面便朗朗地说："兄弟，兄弟，多不得三心二意，天上野鸡各处飞，谁捉到手是谁的运气。今天小小冒犯，万望海涵。若一定要牛身上捉虱，钉尖儿挑眼，不高抬个膀子，那不要见怪，灯笼子认人枪子儿可不认人！"那一排兵士知道这不是个傻子，若不放他过身，就得要几条命。且明白这地方川军只驻扎一连人，篁军却有四营，出了事也不会有好处。因此让出一条路，尽这弁目两只手握着枪从身旁走去了。

女人既已死去，这弁目躺在床上一礼拜左右，一句空话不说，一点东西不吃，大家都怕他，也不敢去撩他。到后忽然起了床，又和往常一样活泼豪放了。他走到我房中来看我，一见我就说："兄弟，我运气真不好！幺妹为我死的，我哭了七天，现在好了。"

当时看他样子实在又好笑又可怜。我什么话也不好说，只同他捏着手，相对微笑了一会儿，表示同情和惋惜。

在龙潭我住了将近半年。

当时军队既因故不能开过涪州，我要看巫峡一时还没有机会。我到这里来熟人虽多，却除了写点字以外毫无长进处。每天生活依然是吃喝，依然是看杀人，这份生活对我似乎不大能够满足。不久就有了一个机会转湖南，我便预备领了护照，搭坐了小货船回去。打量从水道走，一面我可以经过几个著名的险滩，一面还可以看见几个新地方，如里耶、石堤溪，都是湘边著名的风景码头。其时那弁目正又同一个洗衣妇要好，想把洗衣妇讨做姨太太。司令官出门时，有人拦舆递状纸，知道其中有了些纠纷。告他这事不行，说是"我们在这里做客，这种事对军誉很不好"。那弁目心中不服。便向其他人说："这是文明自由的事情，司令官不许我这样做，我就请长假回家，拖队伍干我老把戏去。"他既不能娶那洗衣妇人，当真就去请假，司令官也即刻就准了他的假。那大王想与我一道结伴上船，在同一护照上便填了我和他两人的姓名。

把船看好，准备当天下午动身。吃过早饭，他在我房中正说到那个王幺妹被杀前的种种事情，忽然军需处有人来请他下去算饷，他十分快乐地跑下楼去。不到一分钟，楼下就吹集合哨子，且听到有值日副官喊"备马"。我心中纳闷，照情形看来好像要杀人似的。但杀谁呢？难道又要枪决逃兵吗？难道又要办一个土棍吗？随即听人大声嘶嚷，推开窗子看看，原来那弁目军装业已脱去，已被绑好，正站在院子中。卫队已集了合，成排报数，准备出发，值日官正在请令，看情形，大王一会儿就要推出去了。

被绑好了的大王，反背着手，耸起一副瘦瘦的肩膀，向两旁楼上人大声说话："参谋长，副官长，秘书长，军法长，请说句公道话，求求司令官的恩典，不要杀我吧。我跟了他多年，不做错一件事。我女人还在公馆里侍候司令太太。大家做点好事，说句好话吧。"

大家互相望着，一句话不说。那司令官穿了件白罗短褂，手执一支象牙烟管，从大堂客厅从从容容走出来，温文尔雅地站在滴水檐前，向两楼的高级官佐微笑着打招呼。

"司令官，来一分恩典，不要杀我吧。"

那司令官十分严肃地说："刘云亭，不要再说什么话丢你的丑。做男子的做错了事，应当死时就正正经经地死去，这是我们军队中的规矩。你应该早就知道，我们在这里做客，理应凡事格外谨慎才对得起地方人。你黑夜里到监牢里去奸淫女犯，这是十分丑恶行为，我念你跟我几年来做人的好处，为你记下一笔账，暂且不提。如今又想为非作歹，预备把良家妇女拐走，且想回家去拖队伍，上山落草，重理旧业，这是什么打算！我想与其放你回乡去做坏事，作孽一生，尽人怨恨你，不如杀了你，为地方除一害。现在不要再说空话，你女人和小孩子我会照料，自己勇敢一点做个男子吧。"

那大王听司令官说过一番话后，便不再喊"公道"了，就向两楼的人送了一个微笑，忽然显得从从容容了："好好，司令官，谢谢你老人家几年来特别照顾。兄弟们再见，兄弟们再见。"一会儿又压低嗓子说："司令官你真做梦，别人花六千块钱运动我刺你，我还不干！"司令官仿佛不听到，把头掉向一边，嘱咐值日副官要买副好点的棺木。

于是这大王一会儿就被簇拥出了大门，从此不再见了。

我当天下午依然上了船。我那护照上原有两个人的姓名，大王那一个临时用朱笔涂去，这护照一直随同我经过了无数恶滩，五天后到了保靖，方送到副官处去缴销。至于那帮会出身温文尔雅才智不凡的张司令官,同另外几个差弁,则三年后在湘西辰州地方,被一个姓田的部属旅长客客气气请去吃酒,进到辰州考棚二门里,当欢迎喇叭还未吹毕时,连同四个轿夫,一起被机关枪打死。所有尸身随即被浸渍在阴沟里,直到两月事平后,方清出尸骸葬埋。刺他的部属田旅长,很凑巧,一年后又依然在那地方,被湖南主席叶开鑫派另一个部队长官,用请客方法,在文庙前面夹道中刺死。

学历史的地方

从川东回湘西后,我的缮写能力得到了一方面的认识,我在那个治军有方的统领官身边做书记了。薪饷仍然每月九元,却住在一个山上高处单独的新房子里。那地方是本军的会议室,有什么会议需要记录时,机要秘书不在场,间或便应归我担任。这份生活实在是我一个转机,使我对于全个历史各时代各方面的光辉,得了一个从容机会去认识,去接近。原来这房中放了四五个大楠木橱柜,大橱里约有百来轴自宋及明清的旧画,与几十件铜器及古瓷,还有十来箱书籍,一大批碑帖,不多久且来了一部《四部丛刊》。这统领官既是个以王守仁、曾国藩自许的军人,每个日子治学的时间,似乎便同治事时间相等,每遇取书或抄录书中某一段时,必令我去替他做好。那些书籍既各得安置在一个固定地方,书籍外边又必须作一识别,故二十四个书箱的表面,书籍的秩序,全由我去安排。旧画与古董登记时,我又得知道这一幅画的人名、时代同他当时的地位,或器物名称同它的用处。由于应用,我同时就学会了许多知识。又由于习染,我成天翻来翻去,把那些旧书大部分也慢慢地看懂了。

我的事情那时已经比我在参谋处服务时忙了些,任何时节都有事做。我虽可随时离开那会议室,自由自在到别一个地方去玩,但正当玩得十分畅快时,也会为一个差弁找回去的。军队中既常有急电或别的公文,在半夜时送来,回文如须即刻抄写时,我就随时得起床做事。但正因为把我仿佛关闭到这一个房子里,不便自由离开,把我一部分玩的时间皆加入到生活中来,日子一长,我便显得过于清闲了。因此无事可做时,把那些旧画一轴一轴地取出,挂到壁间独自来鉴赏,或翻开《西清古鉴》《薛氏彝器钟鼎款识》这一类书,努力去从文字与形体上认识房中铜器的名称和价值,再去乱翻那些书籍。一部书若不知道作者是什么时代的人时,便去翻《四库提要》。这就是说,我从这方面对于这个民族在一段长长的年份中,用一片颜色,一把线,一块青铜或一堆泥土,以及一组文字,加上自己生命做成的种种艺术,皆得了一个初步普遍的认识。由于这点初步知识,使一个以鉴赏人类生活与自然现象为生的乡下人,进而对于人类智慧光辉的领会,发生了极宽泛而深切的兴味。若说这是个人的幸运,这点幸运是不得不感谢那个统领官的。

那军官的文稿,草字极不容易认识,我就从他那手稿上,望文会义地认识了不少新字。但使我很感动的,影响到一生工作的,却是他那种稀有的精神和人格。天未亮时起身,半夜里还不睡觉。任什么事他明白,任什么他懂。他自奉常常同个下级军官一样。在某一方面来说,他还天真烂漫,什么是好的他就去学习,去理解。处置一切他总敏捷稳重。由于他那份稀奇精力,篡军在湘西二十年来博取了最好的名誉,内部团结得如一片坚硬的铁,一束不可分离的丝。

到了这时我性格也似乎稍变了些,我表面生活的变更,还不如内部精神生活变动得剧烈。但在行为方面,我已经同一些老同事稍稍疏远了。有时我到屋后高山去玩玩,有时又走近那可爱的河水玩玩,总拿了一本线装书。我所读的一些旧书,差不多就完全是这段时间中奠基的。我常常躺在一片草场上看书,看厌倦时,便把视线从书本移开,看白云在空中移动,看河水中缓缓流去的菜叶。既多读了些书,把感情弄柔和了许多,接近自然时感觉也稍稍不同了。加之人又长大了一点,也间或有些不安于现实的打算,为一些过去了的或未来的东西所苦恼,因此生活虽在一种极有希望的情况中过着日子,我却觉得异常寂寞。

那时节我爸爸已从北方归来,正在那个前驻龙潭的张指挥部做军医。他们的军队虽有些还在川东,指挥部已移防下驻辰州。我的母亲和最小的九妹皆在辰州。家中人对我前事已毫无芥蒂。我的弟弟正同我在一个部中做书记,我们感情又非常好。

我需要几个朋友,那些老朋友却不能同我谈话。我要的是个听我陈述一份酝酿在心中十分混乱的感情。我要的是对于这种感情的启发与疏解,熟人中可没有这种人。可是不久却有个人来了,是我一个姨父。这人姓聂,与熊希龄同科的进士。上一次从桃源同我搭船上行的表弟便是他的儿子。这人是那统领官的先生,一来时被接待住在对河一个庙里,地名狮子洞。为人知识极博,而且非常有趣味,我便常常过河去听他谈"宋元哲学",谈"大乘",谈"因明",谈"进化论",谈一切我所不知道却愿意知道的种种问题。这种谈话显然也使他十分快乐，因此每次所谈时间总很长很久。但这么一来，我的幻想更宽，寂寞也就更大了。

我总仿佛不知道应怎么办就更适当一点。我总觉得有一个目的，一件事业，让我去做，这事情是合于我的个性，且合于我的生活的。但我不明白这是什么事业，又不知用什么方法即可得来。

当时的情形，在老朋友中只觉得我古怪一点，老朋友同我玩时也不大玩得起劲了。觉得我不古怪，且互相有很好的友谊的，只四个人：一个满振先，读过《曾文正公全集》，只想做模范军人。一个陆弢，侠客的崇拜者。一个田杰，就是我小时候在技术班的同学，第一次得过兵役名额的美术学校学生，心怀大志的角色。这三个人当年纪轻轻的时节，便一同徒步从黔省到过云南，又徒步过广东，又向西从宜昌徒步直抵成都。还有一个回教徒郑子参，从小便和我在小学里同学，我在参谋处办事时节，便同他在一个房子里住下。平常人说的多是幼有大志，投笔从戎，我们当时却多是从戎而无法投笔的人。我们总以为这目前一份生活不是我们的生活。目前太平凡，太平安。我们要冒点险去做一件事。不管所做的是一件如何小事，当我们未明白以前，总得让我们去挑选。不管到头来如何不幸，我们总不埋怨这命运。因此到后来姓陆的就因泗水淹毙在当地大河里。姓满的做了小军官，广西、江西各处打仗，民国十八年在桃源县被捷克式自动步枪打死了。姓郑的黄埔四期毕业，在东江作战以后，也消失了。姓田的从军官学校毕业做了连长，现在还是连长。我就成了如今的我。

我们部队既派遣了一个部队过川东做客，本军又多了一个税收局卡，给养就充足了些。那时候军阀间暂时休战，"联省自治"的口号喊得极响，"兵工筑路垦荒""办学校""兴实业"，几个题目正给许多人在京、沪及各省报纸上讨论。那个统领官既力图自强，想为地方做点事情，因此参考山西省的材料，亲手草了一个湘西各县自治的计划，召集了几度县长与乡绅会议，计划把所辖十三县划成一百余乡区，试行湘西乡自治。草案经过各县区代表商定后，一切照决议案着手办去。不久就在保靖地方设立了一个师范讲习所，一个联合模范中学，一个中级女学，一个职业女学，一个模范林场。另外还组织了六个工厂。本地又原有一个军官学校，一个学兵教练营。再加上六千左右的军农队。学校教师与工厂技师，全部由长沙聘来，因此地方就骤然有了一种崭新的气象。此外为促进乡治的实现与实施，还筹备了个定期刊物，置办了一部大印报机，设立了一个报馆。这报馆首先印行的便是《乡治条例》与各种规程。文件大部分由那统领官亲手草成，乡代表审定通过，由我在石印纸上用胶墨写过一次。现在既得用铅字印行，一个最合理想的校对，便应当是我了。我于是暂时调到新报馆做了校对。部中有文件抄写时，便又转回部中。从市街走，两地相距约两里，从后山走稍近，我为了方便时常从那埋葬小孩坟墓上蹲满野狗的山地走过，每次总携了一个大棒。

一个转机

调进报馆后,我同一个印刷工头住在一间房子里。房中只有一个窗口,门小小的。隔壁是两架手摇平板印刷机,终日叽叽格格大声响着。

这印刷工人倒是个有趣味的人物。脸庞眼睛全是圆的,身个儿长长的,具有一点青年挺拔的气度。虽只是个工人,却因为在长沙地方得风气之先,由于五四运动的影响,成了个进步工人。他买了好些新书新杂志,削了几块白木板子,用钉子钉到墙上去,就把这些古怪东西放在上面。我从司令部搬来的字帖同诗集,却把它们放到方桌上。我们同在一个房里睡觉,同在一盏灯下做事,他看他新书时我就看我的旧书。他把印刷纸稿拿去同几个别的工人排好印出样张时,我就好好地来校对。到后自然而然我们就熟悉了。我们一熟悉,我那好向人发问的乡巴佬脾气,有机会时,必不放过那点机会。我问那本封面上有一个打赤膊人像的书是什么,他告了我是《改造》以后,我又问他那《超人》是什么东西。我还记得他那时的样子,脸庞同眼睛皆圆圆的,简直同一匹猫儿一样:"唉,伢俐,怎么个末朽?一个天下闻名的女诗人……也不知道么?""我只知道唐朝女诗人鱼玄机是个道士。""新的呢?""我知道随园女弟子。""再新一点?"我把头摇摇,不说话了。我看他那神气,我觉得有点害羞,我实在什么也不知道。一会儿我可就知道了,因为我顺从他的指点,看了这本书中一篇小说。看完后我说:"这个我知道了。你那报纸是什么报纸?是老《申报》吗?"于是他一句话不说,又把刚清理好的一卷《创造周报》推到我面前来,意思好像只要我一看就会明白似的,若不看,他纵说也说不明白。看了一会儿,我记着了几个人的名字。又知道白话文与文言文不同的地方,其一落脚用"也"字同"焉"字,其一落脚却用"呀"字同"啊"字;其一写一件事情越说得少越好,其一写一件事情越说得多越好。我自己明白了这点区别以后,又去问那印刷工人,他告我的大体也差不多。当时他似乎对于我有点觉得好笑。在他眼中,我真如长沙话所谓有点"朽"。

不过他似乎也很寂寞,需要有人谈天,并且向这个人表现表现思想。就告我白话文最要紧处是"有思想",若无思想,不成文章。当时我不明白什么是思想,觉得十分忸怩。若猜得着十年后我写了些文章,被一些连看我文章上所说的话语意思也不懂的批评家,胡乱来批评我文章"没有思想"时,我即不懂"思想"是什么意思,当时似乎也就不必怎样惭愧了。

这印刷工人我很感谢他,因为若没有他的一些新书,我虽时时刻刻为人生现象自然现象所神往倾心,却不知道为新的人生智慧光辉而倾心。我从他那儿知道了些新的,正在另一片土地同一日头所照及的地方的人,如何去用他们的脑子,对于目前社会做反复检讨与批判,又如何幻想一个未来社会的标准与轮廓。他们那么热心地在人类行为上找寻错误处，发现合理处，我初初注意到时，真发生不少反感！可是，为时不久，我便被这些大小书本征服了。我对于新书投了降，不再看《花间集》，不再写《曹娥碑》，却欢喜看《新潮》《改造》了。

我记下了许多新人物的名字，好像这些人同我都非常熟悉。我崇拜他们，觉得比任何人还值得崇拜。我总觉得稀奇，他们为什么知道的事情那么多，一动起手来就写了那么多，并且写得那么好。

为了读过些新书，知识同权力相比，我愿意得到智慧，放下权力。我明白人活到社会里，应当有许多事情可做，应当为现在的别人去设想，为未来的人类去设想，应当如何去思索生活，且应当如何去为大多数人牺牲，为自己一点点理想受苦，不能随便马虎过日子，不能委屈地过日子。

我常常看到报纸上普通新闻栏说的卖报童子读书、补锅匠捐款兴学等记载，便想，自己读书既毫无机会，捐款兴学倒必须做到。有一次得了十天的薪饷就全部买了邮票，封进一个信封里，另外又写了一张信笺，说明自己捐款兴学的意思。末尾署名"隐名兵士"，悄悄把信寄到上海《民国日报·觉悟》编辑处去，请求转交"工读团"。做过这件事情后，心中有说不出的秘密愉快。

那时皮工厂、帽工厂、被服厂、修械厂组织就绪已多日，各部分皆有了大规模的标准出品。师范讲习所第一班已将近毕业，中学校、女学校、模范学校，全已在极有条理情形中上课。我一面在校对职务上做我的事情，一面向那印刷工人问些下面的情形，一面就常常到各处去欣赏那些我从不见到过的东西。修械处的长大车床与各种大小轮轴，被一条在空中的皮带拖着飞跃活动，从我眼中看来实在是一种壮观。其他各个工厂亦无不触目惊人。还有学校，那些从各处派来的青年学生，在一般年轻教师指导下，在无事无物不新的情形中，那份活动实在使我十分羡慕。我无事情可做时，总常常去看他们上课，看他们打球。学生中有些原来和我在小学时节一堆玩过闹过的，把我请到他们宿舍去，看看他们那样过日子，我便有点难受。我能聊以自解的只一件事，就是我正在为国家服务，却已把服务所得，做了一次捐资兴学的伟大事业。

本军既多了一些税收，乡长会议复决定了发行钞票的议案，金融集中到本市，因此本地顿呈现空前的繁荣。为了乡自治的决议案，各县皆摊款筹办各种学校，同时造就师资，又决定了派送学生出省或本省学习的办法。凡学棉业、蚕桑、机械、师范以及其他适于建设的学生，在相当考试下，皆可由公家补助外出就学。若愿入本省军官学校，人既在本部任职，只要有意思前去，即可临时改委一少尉衔送去。我想想，我也得学一样切实的技能，好来为本军服务。可是我应当学什么能够学什么，完全不知道。

因为部中的文件缮写，需要我处似乎比报纸较多，我不久又被调了回去，仍然做我的书记。过了不久，一场热病袭到了身上，在高热糊涂中任何食物不入口，头痛得像斧劈，鼻血一碗一摊地流。我支持了四十天。感谢一切过去的生活，造就我这个结实的体魄，没有被这场大病把生命取去。但危险期刚过不久，平时结实得同一只猛虎一样的老同学陆弢，为了同一个朋友争口气，泅过宽约一里的河中，却在小小疏忽中被洄流卷下淹死了。第四天后把他尸体从水面拖起，我去收拾他的尸骸掩埋，看见那个臃肿样子时，我发生了对自己的疑问。我病死或淹死或到外边去饿死，有什么不同？若前些日子病死了，连许多没有看过的东西都不能见到，许多不曾到过的地方也无从走去，真无意思。我知道见到的实在太少，应知道应见到的可太多，怎么办？

我想我得进一个学校，去学些我不明白的问题，得向些新地方，去看些听些使我耳目一新的世界。我闷闷沉沉地躺在床上，在水边，在山头，在大厨房同马房，我痴呆想了整四天，谁也不商量，自己很秘密地想了四天。到后得到一个结论了，那么打量着："好坏我总有一天得死去，多见几个新鲜日头，多过几个新鲜的桥，在一些危险中使尽最后一点气力，咽下最后一口气，比较在这儿病死或无意中为流弹打死，似乎应当有意思些。"到后，我便这样决定了："尽管向更远处走去，向一个生疏世界走去，把自己生命押上去，赌一注看看，看看我自己来支配一下自己，比让命运来处置得更合理一点呢还是更糟糕一点？若好，一切有办法，一切今天不能解决的明天可望解决，那我赢了；若不好，向一个陌生地方跑去，我终于有一时节肚子瘪瘪地倒在人家空房下阴沟边，那我输了。"

我准备过北京读书，读书不成便做一个警察，做警察也不成，那就认了输，不再做别的好打算了。

当我把这点意见，这样打算，怯怯地同我的上司说及时，感谢他,尽我拿了三个月的薪水以外,还给了我一种鼓励。临走时他说:"你到那儿去看看,能进什么学校,一年两年可以毕业,这里给你寄钱来。情形不合,你想回来,这里仍然有你吃饭的地方。"我于是就拿了他写给我的一个手谕,向军需处取了二十七块钱,连同他给我的一份勇气,离开了我那个学校,从湖南到汉口,从汉口到郑州,从郑州转徐州,从徐州又转天津,十九天后,提了一卷行李,出了北京前门的车站,呆头呆脑地在车站前面广坪中站了一会儿。走来一个拉排车的,高个子,一看情形知道我是乡巴佬,就告给我可以坐他的排车到我所要到的地方去。我相信了他的建议,把自己那点简单行李,同一个瘦小的身体,搁到那排车上去,很可笑地让这运货排车把我拖进了北京西河沿一家小客店,在旅客簿上写下:

沈从文,年二十岁,学生,湖南凤凰县人。

便开始进到一个使我永远无从毕业的学校,来学那课永远学不尽的人生了。

一九三一年八月在青岛作
一九四〇年十月十日在昆明校改
一九四一年一月七日校毕

福 生

《福生》

　　新编集。集名为编者所拟。

　　本集收入作者 1925—1926 年间发表的小说作品 17 篇,包括《三贝先生家训》《福生》《第二个狒狒》《崖下诗人》等。

三贝先生家训

年高有德的三贝先生不幸于今年正月初四日"遽返道山"了!这在C城是一种惊人的骚动,重大的损失。当三声落气炮响过后不到五分钟,全县城人便都在纷纷议论他的"平生大节"了。大凡贤者身后,总有一部分不能了解他伟大人格的人,常常立于反对方面加以攻讦诋毁。三贝先生自然也不是例外。也许是他太好——不然,便是C县的舆论太不公允了:你无论走到什么地方,见了一个卖豆腐或卖落花生的小贩,问他:"三贝先生如何?"他答复了你所问以外,必定还附带地加一句奚落三贝的话,如"那个啬刻鬼"或"那老怪物"一类言辞。

据说三贝是无疾而终的。这正是一般"积德厚福"人应有的事。不过,从田大伯妈处得来的消息,则又明明是因问他做校长的那个儿子索退抚育费不得而气死的。田大伯妈是与三贝有瓜葛的人。她女婿曾拜寄过三贝隔房堂弟做干崽,大概这话总不是全无把柄!

总之,三贝先生是今年正月初四日午时死去了。是"无疾而终"还是"气伤肚肠"而死的,不是我们应措意的事,很可以不必再过问。倘若是真有那种好揽闲事的人寻根究底,只指示讣文给看就得了——讣文明明载着"享年七十有八……无疾而终"。

三贝是有钱有势的人，丧事自然是非常之热闹。他第五儿子是现在县署第二科的科员，第六儿子——就是有气死老子嫌疑的那个——又是中学的校长，儿孙又多，因之出殡那一天竟有许多人执绋。有用松柏枝扎成的香亭，有用白布缠就的灵轿，有十来个敲法器的大师父，有各种无字的脚牌，有朱红绫子的铭旌，有写上"典型犹存"或"里失贤者"的挽联和祭幛，有两堂锣鼓及一队细乐，有一队制服整齐的学生，而且，知事大人也屈尊到送丧。此外，典狱官张四老爷，地方财产保管处田老爷，宋连长，复查局刘局长，初从上海毕业转来的九二先生……都莫不大襟上佩了一朵白纸花，沉肃谨敬地在鼻涕眼泪一把抓的孝子前头走着。警察所长呢，另外又专派了四名着号衣的年轻警兵，随同灵柩左右照料，免得那些打高脚牌、扛祭幛的小孩子，沿途吵嘴滋事。

"好热闹阔绰的丧事！"

当灵柩从道门口菜市过身时，许多妇人、老头子、卖白菜的老孀和担水卖的哑爷，都带了羡慕神气这样说。

三贝先生的生活就是这样结束了，也可谓"生荣死哀"。

不过，人虽死去，但其"嘉言懿行"流传于C城老一辈人口中的却很多很多。大体都极有关于"世道人心"。因此谨就我所知者，摘录一二；至其"出处大节"，则已有C县宿儒方梧庐先生为之作传，兹均不述及。

节抄家训：

过大桥时，应将脚步加速——但亦不必如驰如奔免撞损徐元记之窑货担子——不然，设于此时桥忽圮下，岂不危极险极？桥久不修，年代渊远，适于此时圮下，实亦"事所必至理有固然"者也！

进城时，到城洞下亦应加快一脚，尤其是曾经失火之东门。并需用双手将脑壳掩护，如此，既可防意外之虞，即或万一猛不知道于彼时从上面掉落一砖头瓦片，亦可因手在上而不至于伤脑。至于到城门洞卖羊肉、卖粉条、卖布那种要钱不要命之事情，千万莫去做。最好连买也莫买，即或东西再好，价钱再贱。

有客久坐未动时，应不俟呼唤时时将茶献客。冲茶之水不必顶沸——不沸之水则尤好。若然，客即不知趣硬赖到吃饭后方去，其食量因喝水过多亦必大减。

逢年过节用大荤祀祖——其实不用亦可，不见"采藻明其洁"之训乎？实在万不得已，最好是用零买法为佳。譬如称肉一斤，则分为四处称，每处四两。如此办法，既可选择皮薄骨少心所欲得之肉，而斤两上亦占便宜不少。

院中厕房粪坑到夏天粪过稀不能售出时，可加以草灰斗许；但应切记将草灰之价同时算入。

……

三贝先生家训多至百余则，而每则均有独到之见解，此处但选其一小部分耳。其行为尤崎岖不同于流俗,容当汇次编出,以介绍于"未获亲炙"三贝先生诸读者前。

  C县大概是湖南一县,究竟在湖南哪一处,我也不大清白了。至其家训,除为代加标点外,初未敢易去一字。

一九二五年二月中旬作

福　生

哈，看看背书轮到最小的福生来了，大家都高兴。

虽说师母已在灶房烧了夜火，然而太阳还刚转黄色，爬到院中那木屏风头上不动，这可证明无论如何，放学后，还有两个时辰以上足供傩傩他们玩耍。

"呀，呀，呀，呀，昔——昔——"

"昔孟——"

"昔孟——呀，呀，呀，呀，昔孟——呀，呀……"

"昔孟母！"先生拈了一下福生的耳朵，生着照例对于这几个不能背书的孩子应有的那种气。

求放学的心思，先生当然不及学生那么来得诚恳而热烈。

然而他自己似乎也有一点儿发急，因背夜书还不到第二个时，师母就已进来向先生讨过烧火的纸煤子了。

"昔孟母，择——呀，呀，呀，择，择邻……"

"择邻处！"这声音是这样地严重，一个两个正预备夹书包离开这牢狱的小孩，给那最后一个"处"字，都震得屁股重贴上板凳！

大家怔怔地望着先生那只手——是第四个指头与小手指都

长有两寸多长灰指甲的左手。这时的手已与福生的耳朵相接触了，福生的头便自然而然歪起来。他腿弯子也在筛颤，可是却无一个人去注意。

"蠢东西！怎么这大半天，念四句书也念不下呢？"先生上牙齿又咬着下口唇了，大家都明了先生是气愤。至于先生究竟为什么而气愤，孩子们都还小，似乎谁也不能知道。也许这是先生对于学生太热心了的缘故吧！不然，为甚先生的气总像放在喉管边一样，一遇学生咿唔了三次以上脸就绯红。

"你看人家云云比你才大过好远，一天就读那么多书。你呢，连这样四句好念的书，读了半天，一句整的也记不到。同人吵嘴——哼！都为我规矩坐到！就慌到散学了吧？——同人吵嘴就算得头一个，只听见一个人镇天吱吱喳喳，声气同山麻雀似的伶脆，读书又这样不行！"福生耳朵内听到的只是嗡嗡隆隆，但从先生音调顿挫中知道是在教训自己。

先生的手，依然恢复原状，在他嘴巴边上那五七根黄须上抹着了。歪过头来许久的福生，脸已涨得绯红，若先生当真忘了手的疲倦，再这样继续拈下去，则福生左眼的眼泪会流到右眼——连同右眼所酿汇的又一同流到右颊上去，这是不用说的事。先生手虽暂时脱离了福生的耳朵，然而生书一句背诵不得的福生，难道处罚就是这么轻快容易，拈一阵就算了？哪有这种松活事？若果光拈一阵耳朵完事，那么，我们都不消念书，让先生各拈一阵耳朵就得了！根据过去的经验，福生在受处罚之先，依然就先把眼里所有的热泪吓得一齐跑眼眶外来。此外七八个书包业已整理好了的学生，各注意到福生刚被拈着的那只大耳朵紫红紫红,觉得好笑。但经先生森然的目光一瞥,目光过处都像有冰一般冷的东西洒过,大家脸上聚集着的笑纹也早又吓得不知去向了。大家都怔怔地没有作声。

大家既怔怔地没有作声,相互各看了近座的同学一眼后,便又不约而同地把视线集中到先生正在脸上抓动的那两个有趣的长指甲上。这指甲之价值,从先生那种小心保护中已可知道。

然而当日有听到先生讲这指甲的德行的,便又知道除美丽,把人弄得斯斯文文以外,还可刮末治百毒,比洋参高丽参还可贵。

"今天不准回家吃饭!"

大家心里原来都正是为这件事情悬住了。自从这死刑由先生严重有威还夹了点余怒的口中说出后,各人都似乎感觉这一件东西忽然便落到心上。但是,大家接着便又起了第二个疑虑:觉得先生不准吃饭的意思,是把福生单独留到这里,还是像从前罚桂林一样,要他跪在孔夫子面前把书念熟——而大家都坐在位上陪等,到背了后再一齐放学?消息的好丑,在先生第二道命令没有宣布以前,还是无法知道。

若果不幸先生第一道命令的含义与处置的方法是根据桂林那次办去,这影响于另外这几个人玩耍的兴致就严重得说不出口,因此,大家在这刹那中,又都有点恨尽自"昔昔昔昔"连"昔孟母"三字也背不下去的福生。

"宋祥钧!"

云云听到先生叫他的名字,忙把书包夹到胁下窝,走到孔夫子牌位前恭恭敬敬将腰勾一下,回转身来,向先生又照样勾了一下，出去了。

"周思茂！"先生在云云出去后一阵子又点到第二个名字。

那高高长长的周莽子，在先生"茂"字还未出口时已离了座位——他也照样地勾了两次腰，若不措意，但实在略略带了点骄矜意思，觑了还在方桌边低头站着的福生一眼。

先生是这样一个一个地发放这些小学生回去。他的意思是，若不这么一个一个放出，让他们一伙儿出去，则在学堂中已有了皮绊，曾斗过口的学生，一出大门就会寻衅相打动起手来了。如今既可免去他们在街上打架，并且这方法好处又能使学生知道发愤，都想早把书背完则放学也可占第一，兼寓奖励之意。其实这一帮小顽皮孩子，老早就约了放学后各在学堂外坐候，一齐往北门外河滩上去玩的；就是打架也是这么约等，先生还不是在梦中嘛！

凡是出去的向孔夫子与先生行礼外，都莫不照样用那双小而狡猾的眼睛把那位桌子边竖蠹蠹站着觳觫不安的福生刷一下。这不待福生抬头也能知道。可怜的福生，从湿润蒙眬的斜视里，见到过门限时每一个同学那双脚一起一落地运载着身子出去，心里便像这个同学又把他心或身上的某一部分也同时带去了！直到先生声音停顿中吹起水烟袋来，他自己才忽地醒转来认清自己还是整个——也只有这整个身子留到这冷落怕人的书房中。

遵命把那本《三字经》刚又经先生点过一遍的"昔孟母，择邻处。子不学，断机杼"四句书杂夹着些咿咿唔唔读着的福生，一个人坐到桌子上，觉得越读下去房子也越宽大起来了。

周莽子这时好不快活！他必是撸起裤脚筒，在那浅不过膝清幽幽的河水里翻捉螃蟹了！那螃蟹比钱还小，死后就变成红色……云云正同傩傩他们在挖沙子滚沙宝，做泥巴炮，或者又是在捡瓦片儿打水漂也说不定。要是洗澡，那就更有趣！"来，来，来，莽子嗳，我打个氽子吧。"行看兆祥腰一弓就不见了，哈哈！那边水里钻出一个兆祥的头了，你看他扑通扑通又汆了过来……这样地玩着，不知道谁一个刻薄的忽然闹起玩笑来，喊一声"贵生——（或是莽子！）你屋的妈来找你了"。那么，正在凫着水的贵贵会大吓一跳，赶忙把整个身子浸进水中去，单露一个面孔到水面上来，免得让他妈在岸上发现他。"我贵贵在这里吗？""伯娘，他不在这里，早回家去了。"于是，贵贵的妈，就给别一个孩子的谎语骗去了！而贵贵又高高兴兴地在那里汆来汆去。若是贵贵的妈并没有来呢，这使刻薄的准要受贵贵浇一阵水才了事……这使刻薄的倘说的是"先生来了！"则行见一个两个都忙把身子浸进水里去，只剩下八九个面孔翻天地如像几个瓜浮在水面上——这必须到后又经另一个证明这是闹玩笑后，大家才恢复原状，一阵狂笑……

"读！读！不熟今天就不准转去！"先生的话像炸雷在耳边一响，才把正在迷神于洗澡时那种情景中的福生唤回。这书房里便又有一阵初急促暂迟缓单调无意思的读书声跑出墙去。

这嫩脆而略带了点哭音的读书声，是否还能吸引到每一个打墙外过身时行人的注意，这事无人知道。但我相信，这时正在道门口哪哪哪哪敲着叫卖荞面的柝声，无论如何总比书声动听。

当福生两次勾腰向孔夫子与先生行过礼后，抬起头来，木屏风上的太阳早爬到柚子树尖顶上去了。耳朵虽不愿接收先生唠叨的教训，但从灶房方面送来的白菜类落锅爆炸声却很听得清楚。这炒菜声使他记起肚子的空虚，以及吃夜饭时把苋菜汤泡成红饭的愿望来。

　　大概是因眼眶子红肿的原因吧，过道门口时，平素见狗打架也必流连一阵的福生，明明看到许多小孩，正在围着那个头包红帕子，当街乱打筋斗竖蜻蜓的代宝说笑，他竟毅然行过，不愿意把脚步放得稍慢一点，听几声从代宝口中哼出会把人笑得要不得的怪调子！栅栏前当路摆着那一盆活黄鳝，在盆内拥拥挤挤，也正是极有趣的事！他也竟忍心不去多看一眼。

一九二五年五月作

第二个狒狒

他如今堕入一个武库窖中了。

这正如达哈士孔狒狒家武库一样，是用砖石相间建筑成的一间平房子，窗子外，也满是些青绿不知名的草木藤萝。别人把他安置在这样一个陌生地方来，他虽然觉到事事物物都显得陌生，但同时也以为事事物物都有趣。墙壁上，除了满是些致人死命，给人流血，败坏人幸福的东西外，找不出一件和气物件来。颈脖上一大串红缨的宝剑计有四把，这都是白铜什件，把鲨皮染成绿色为鞘的长剑，很威严地贴在墙上。悬在床头壁钉上的，是一把红木为鞘的短剑。架子上立着长枪、大刀、矛子、红缨梭标。大关刀与八戒传下来的钉耙，各占据了屋之一角，昂然不动。杀猪刀发光的黑鞘，极自然使人生出刑场上嚓的一声圆脑瓜落地时的联想……总之，这地方所有的东西，都是森森然，带一种冰冷样子。不过因为布置得法，他又是新从尘嚣中逃来，一举目，一种新鲜趣味就扑拢来了。所以他睡了一阵午觉，醒来时，似乎梦中也还安宁。

武库中，十八般武艺用的家伙似乎都全了！只是没有实弹的短铳与敷有毒药的箭头；这是因为这位狒狒在此原是做拳术武技教师的缘故。

大家大概是都愿意认识这位狒狒的!不过他所能介绍给大家的,还很少很少。因为他是初来。过几天,若是狒狒的故事在他时有机会知道,他自然极乐于报告给你们。

狒狒是有趣的人,这有趣从狒狒嘴巴上那一撇短短胡子就可以知道。自然我们从狒狒桌上墙上那些东西中,亦可认定狒狒是一个趣人。

当初见狒狒时,他是藏在一个瘦长子办事员身后。那是昨天,这瘦长子一直把他引到狒狒武库中来。狒狒面上有了很可爱的笑容,对这年少生客,显然是很欢迎了。

"贵姓?"

"休。"他答时,正望到那壁上一些怪模怪样的兵器。

"是湖南人吧?"

"督办同乡。现时上山来帮点忙,一时找不到妥当住处;今天客太多,因此——"瘦长子找到说话机会了。

"好,好,好,欢迎。"狒狒两只手送过一杯茶来。这是两只强健的爪子,有凸起的筋络与黄色的毫毛。

"若是到这里长久,还来同先生学学,练练身体。"他从那一对筋络蜷屈的腕子上想起这么一句应酬话来。

"好,好,好,大家研究,大家——"两个膀子搁了一下的狒狒坐下后,把脚又翘起来。

呵呀,腿肚子又不大!这么一个结实东西,怕饿他半个月也不会……他眼睛从研究墙上虎头钩移过来落在狒狒腿上。

瘦长子把桌上一个半边红的苹果抬到手中,摩玩着,便不再放下。大致他事也很多,说了句再见,便出去了。请想:对面大椅上端端正正坐着吸烟的便是一位狒狒,四面墙壁上,一些兵器都张牙舞爪地如即将离开它原位扑过来的样子……并且他把第一句学学拳的应酬话说完以后,搜寻了半天也再搜寻不出一句话了,不走还待何时?于是他也出了这奇怪的武库。

第二次见到狒狒,在武库外一个小桥边。

夕阳爬过西山背后时,东边的天成了粉红色的霞片。好一个地方呵!可惜住了些浑浑噩噩的原始动物与一些狡黠愚诈的蛇外,便只有几个木乃伊。

他慢慢地沿着这一条花石子路走去,左手夹了一本《圣经》,到了桥边,便不动了。

耶路撒冷的众女子呵!我虽然黑,却是秀美,如同基达的帐篷,好像所罗门的幔子;不要因日头把我晒黑了,就看轻我!

他刚念到《雅歌》第一章"新妇之言"一段时,一群裹在粉红水绿丝绸里的美丽肉体从桥上过去了。

呵呵,你妖艳的肉体啊!为甚如此美丽?你用你像鸽子的眼睛来宰割一切不幸的人,你因你的美丽而骄傲了世界……呵呵,时间!快转吧,快转动!过了十年后,看你们这些女人还能用你靥上如花如霞的青春给我伤心不？

"怎不到会场上去看戏？"一个有力的声音突然起自他身后。

"哦，曹先生！曹先生刚从会上看戏来的？"他回头问。

"是，是，好戏，好戏，只是人太多了，太热……"

"今天怕不有了三千人吧？"

"嗯嗯，差不多，差不多。我坐在——"这里狒狒比先前用了点力，或者是恐怕我耳聋听不清。"我坐在大少爷——他今天很高兴。说到大少爷，真是——那年，老太太喜事时，我还抱到他在老太太床边送终呢……"

他，狒狒，似乎还说到老太太当年到天津时，他曾由新站一直扶着轿杆到家一段话。这些是增加身上某一部分（或竟是全体）荣耀的事，狒狒先生自然是愿意常有机会告给别人的！不过这却使他为了难，他本想找一句若带有羡企的适当应酬话塞进狒狒耳朵去，可是半天也找不出。

也幸而他不找到！不然，狒狒先生会又从这一句话中引证出若干表示与老爷家中亲近的唠叨来了。

"去看看戏吧，听巴掌声的响亮，可知戏还不错。"他提个议想支开这不愉快的接谈。

"好，好。"

于是，他们俩进了门，挤上前去。

今天人的确太多了。老爷太太皇亲国戚坐中间，男女来宾坐两旁，男女学生坐后面，再后面是丁役站着，闲杂人等立在门外把眼睛贴到窗棂上，真可谓之大同乐了。

当他不知不觉被一个少爷推送到前面第五排正中一个座上时，回过头来，却只见我们的狒狒先生正在极左靠边处拣到一个空座位。怎么狒狒不进来呢？这里空座还多呀！不久，他就明白了，原来前面一排是老爷，而他是充混在国戚与皇亲之中的人！狒狒资格却不够。这只使他不幸，因为得到这么一个好位子。夜里九点钟后，当老爷引着两个小玩物再挪上前一排时，空座上即刻就填上了两个奇丽的肉体。他不久就在心中念起《雅歌》第七章来——

女王呵，你的脚在鞋中何其美好！你的大腿，圆润好像美玉，是巧匠的手做成的。

你的颈项如象牙塔。你的眼目像希实本巴特拉并门旁的水池。

你的鼻子仿佛朝大马士革的黎巴嫩塔。

你头上的发是紫黑色。王的心，因这下垂的发绺系住了！我所爱的，你何其美好，何其可悦，使人欢畅喜乐！

迦密山只在他面前不过三寸间隔，但给了他欢喜也给了他忧愁：因巴特拉并门旁的水池时时回过来，牵引他几回想伸过手去摩抚一次那莹然如玉的象牙塔。苹果的香味，使他昏迷如痴……

这位不幸的少年，终于犯了许多心的罪孽，在巴特拉并水池的鉴照下，也成了一个卑劣东西了！

关于这些与狒狒不相干的事，他另写一篇故事，记述他的不幸，这里不用多说了。

一九二五年八月十六日作于香山慈幼院

崖下诗人
——摘自一个庙老儿杂记

这几天雨不落下,真好极了!天阴时当家的脸也阴起来,而且也如同天空一样,加了一层为往天所没有的灰雾,真正难看。

太阳一天一天地暖和下来,竟晒来好多逛庙的老爷。这些人真奇怪,你不叫他一声老爷,他出去时,必定少送你几个香钱。其实他们有许多都是年纪轻轻的,脸也嫩,长不出胡子来,论理喊"先生"是很合适相称了……老爷,老爷,管他妈都喊他两声老爷吧。只要老爷能多把我几个钱,好让我在这个月月底把毛崽妈的那件蓝斗绸衫子赎出,不然五月小宋接亲,她无好看衣服去吃喜酒,会又同我吵架。毛崽那小宝贝也怪可怜,能进城为他买一顶小草帽,使他能用帽子去骄傲人,不再为院子里张四宝的孩子欺负也好。

这些老爷真有个意思!昨天有个嘴巴上已长了胡须的,说是来逛庙,还带着那些墨盒儿,笔管儿,同一个白粉刷子呢。一个人在崖下低了一回头,发了一阵子呆,就忙把粉刷子取出来刷除墙上那些将消失泯灭了的字迹,走笔写了许多字在上头。末了,又坐到石凳子上去，望望对面山坡点点头，又回过来瞧着刚刷新的那块地方发笑。

明明是民国十四年，这老爷却写宣统十七年，不知其故。

——喂，你懂诗吧？

我的天，这一问可不真窘死我了！什么东西叫作诗呢？就是我小时念的那些七个字"云淡风轻近午天"、五个字"白毛浮绿水"的玩意儿吧？且让我想想：第二句是什么……然而这个如今是想不起来了，我自不算得懂诗！于是，我答说："禀老爷，小的粗人，不知诗是什么。"

这可糟了！

老爷的脸色难看得很，吓得我连赏钱也不敢望，托故赶忙往外跑，只听得老爷嗟叹中夹话，话中夹嗟叹——

"噫嘻！如此风雅地，乃不能找一个不食人间烟火之人……"

幸好只有两三句话赶进我耳中，这应说是跑得快的缘故。然而不食人间烟火之人究竟是个什么样子，也很值得注意一下，或者老爷就是这么一种人。

以后我只敢从窗眼里望到当家的送老爷出门，幸得傅伙计还忠厚老实，到夜里仍把白天老爷给的一元钱分我一半。据傅伙计说，这老爷才真是老爷，前清是什么尚书，革了命依然是尚书。

当家的脾气很怪，前日我说把灰墙重新刷一道粉，他骂我村。今天不知如何，又叫我趁夜里打一桶泉水去浇那块白灰墙，说是好把日前那些老爷题的字冲淡一点，便于后来到此的风雅人题诗。当真我就去做了。许多风雅人从此不会见这地方无墙可以题诗便一口气跑下山去了,真可喜!当家的主意实在不错!

这地方论热闹不及正月里的白云观,论清寂不及天台山,论树多不及万寿山,论石头大好像也敌不过一片石……然而老爷们为甚源源而来?大概这已被傅伙计猜中了,来此的一到这石头下发一会子呆,就能写一首诗来,所以……傅伙计真会说笑话,以为我是认得字的人,到此一久,天天看到石头,将来会也同他们老爷子一样:只要对石头发呆,诗一首一首——无数首就会从肚内跑出来,塞也塞不住。

好家伙,一天到夜对到这块大石头,如果有诗,那我一天不消再引他们老爷四处逛,只低头去写诗就有了!……那我莫非也就成了一个风(雅的人)——不过毛崽的妈那件衫子终是要赎,草帽子也不能不买,五月十七算来只有一个月又二十天了,还是风雅吧。

我恨傅伙计口太不好,得不到一点儿事就去报当家的;虽说是对我一番好意。其实我又不是说我会做诗,他不应该把我同他闹着玩写的四十个字给当家的看,害得当家的还来再三盘问我骂我。

真幸事,我不信他话去写到墙上去!不然当家的知道会又要……

好大一片石,下有诗千首。

新诗挤旧诗，旧诗还不朽。

新诗压旧诗，旧诗也不吼。

一天石头碎，新旧都没有。

当家的是爱面子的人，大致不会把我做的这东西送给老爷们看；因为这不但出我的丑！但我仍应请傅伙计把它找来烧掉，不然我终放不下心。

今天来的两个学堂的，自己又不像其他先生们带有铅笔，却来问我要笔墨。回他说没有，竟把那支手杖头子到处墙上乱画。墙画坏了不要紧，可恨的是坐了半天，我也照例叫了四五声"老爷"，谁知临起身时，却说改日带茶钱来吧。

学堂人真也奇怪，一个大钱没有，也来逛庙题诗。

毛崽的妈，今天穿起那件蓝斗绸衫子到骆驼庄去看赵亲家，一只手拖着毛崽，当出门时我叫了一声："你妈！"她回过头来对我望，这件衫子似乎把她失去的年纪找回十年来了！倘若是那条水红洋绸裤子不卖掉，我想她仍能像一个新嫁娘——哈哈，毛崽七月满九岁，再过九年，新嫁娘儿子不是又有新嫁娘了嘛！哈哈，我的乖毛崽，我的乖毛崽的妈。

这是我游八大处时找到的几页日记，至于怎么个找法，我不愿宣布。也许我一说出这是某一个庙里的用人所做，就有好揽闲事的朋友跑去麻烦人家了。

所记原比此多四五倍，但多系家务之言，如讨论他太太去吃酒时应戴玉簪花还是野菊，如批评当家的坏处，如记赎衣之经过等等，虽笔墨还精彩，但非重要，故不备录。兹仅摘出一脔，俾读者得赏鉴文章又不费许多精神。

所谓毛崽的妈，就是他屋里人，至于毛崽，想不要我再说是谁的儿子！

其诗在如今白话诗中论来，似乎算得风雅人作品了，不过那当家和尚是不懂潮流的人，所以结果只"胡闹"两个字奖励我们这位朋友。

然而这也值不得诸君为之呼冤，照他记中所说，他似乎对于雅人的名号也不很愿意领受的样子。这大概是我们这位朋友生活没得像一般雅人之充裕，故不适宜于这好名字吧。

我在这里还得请求拥护艺术的先生们一点事，就是：请高抬贵手，莫写骂人文章（因为你们太会写文章了，同诗人一样），说这庙老儿竟轻视了艺术而看重妇人一件颜色衣！

一九二五年八月二十二日作

画师家兄

如今的哥哥,对我简直是一个温煦慈爱的母亲了。至于把时间倒拖转去七八年的样子,则我们竟可以说是一对仇人!不错,一对仇人!当哥哥从图画学校归来,吵散我同六弟正做得高兴的玩意事,而且有理无理把手掌掷到我们脸上时,母亲在厨房炒菜,见我们哭哭啼啼去诉冤,常说我们是一对仇人呢。

这时想来,原多是我们的不对。因当时的顽劣行为,本来也非一个一个耳刮子不能打去的。这明明是哥哥爱我同六弟处,但当时的我们,为了他专扫我们的兴,打我们的嘴,对他的不平,竟至于时时刻刻在暗地里诅咒他耳朵益发失聪,眼睛益发失明。

一到哥哥从本地图画学校毕了业,到长沙去升学后,哈哈,从此不再见仇人了。请想啊!我们是怎样地高兴。在哥哥出门三天以后,在家中,我居然就称王作霸起来。妈的溺爱,任她在麻篮里找也找不出处置我的方法来;我的精密谎骗又能瞒过一星期才返家一次的二姐,于是得来许多机会使我去接近那些恶习。仇人出门没有一个月,我就学会六颗骰子的什么"底经""皮经",镇天早上到赌摊子上去同人抓六颗骰子玩。安安静静地喝着那些下流腔……三你掷颗六呀!五四顺来了!枪打苗崽崽！六红快来了！……一喝一掷，一掷一喝，竟不必再回头去，防那一只突如其来揪我耳朵的手了，好不快活！

若非妈气无可气忍痛把我送到一个同乡团长老爷处去充小兵，让我在家中再堕落下去，我准定把赌摊上跛子麻三的掌头事业赚上了。

……

几年来环境把我们分得远远的远远的，总寻不到一个相见机会。然而再不会在床上诅咒仇人眼瞎耳聋了。每一次得到哥哥来信，提到过去的孩子时事，总使我流泪。哥哥因接近艺术的缘故，已成一个职业画师。我呢？一事无成，军队中这里那里转着圈子，但张起眼睛，看那些同道朋友，一个两个在尖头子弹下丧失了生命，在别人的呐喊声里就让自己逃下来；在我的呐喊声里又看到别人一样地做出可笑的神气逃去。自己跑，看人家跑，两者的循环，使我对人生感到极端的疲倦，然而还是转，还是转！

第一次见到哥哥，是去年秋天。我从湖南转到北京，他也从关外转到北京。在时间的碾轮下，我们的样子都变了。往年的仇人，已瘦成了一束稻秆儿相似，若非他那一双特有的眼睛为我证明，在车站几乎当面错过。我背过身去流了些泪，才回头笑着问他路上情形。研究他的身子，手，脚，声音，颜色，都已不像当年的大哥。就是那只手，以前常刮着我耳朵罚我跪在桌子脚边的那只手，也似乎瘦了许多。

"哈哈，有胡子了！"

"七年了，老了，胡子（以手摸下巴），哈哈，真长起来了！"

我想我们不会见面了……去年你那场大病,听说,狂咧!谁知——"他眼也红了,就不再说,末后只问我在北京是怎么过活。
……

最近重往关外过他浪漫生活的哥哥,来了一个信——

老弟老弟,你是年轻人,太少阅历了,虽然你有许多地方都比我聪明能干,足以使我佩服。人也变了,不像往年那么顽劣,但你实在还是不懂事。

你不懂什么叫作生活,你不懂什么叫作人生,一个人在北京城里孤孤单单地流浪,但这里那里厮混,我很担心。我到这里,每日没有多少事可做,仅教有几个女孩子,给她们画点范本,寂寞了,就想到你。夜里睡觉,竟有几回梦到你被那些不良女人欺侮了,在我面前大哭而惊醒的。

你已是个二十岁以上的人了,不比孩子时代,也应当竖起脊梁骨来生活!虽说你独自一个人在外面漂泊已经有好几年,但从我去年同你一起观察所得,不知何故,你的生活,总不能使我十分放心。若无一个人来照料你,你终究是生活不下去的。社会上会有许多难堪,要你恭敬地领受,趁你不措意的时候就早爬上了你的背上。我想在此把事业弄得稍松动一点,还是把你找来在我身边,我好时时照料你,免得你在外面吃亏。

你要你哥哥做杰克母亲,这是很相称的。你的不懂人情事理处，简直无异于那个小物件。但是，老弟老弟，你的希望，应比那个达利弟弟大一点才对！我有了钱，很可以为你把你所写的那些文章印出来，行看还无所能的杰克母亲，也将为他（她）达利孩子分得许多荣辉！

做文章也太累人了，你也应顾到你那不很健康的身子——就算是为了我的期望吧。

在你没有到我身边以前，我还要嘱咐你的是：自己应当小心。尤其是对女人，不应把忧戚遗给爱你的杰克母亲！

你的哥哥
七月二十九日奉天

哥哥的信，给了我些愉快同时也就给了我些忧愁：他老是不放心我由于无知上人的当。固然达利孩子的确遇事也太不济了，然而哪会就到这个样子呢？他的话有些还使我不平，他怕我一不小心会在不知不觉间为一个白鹧鸪抢了去。其实这只是哥哥过分的担心，事实是不会如此的。大城市里白鹧鸪虽然非常之多，但这个时代的鹧鸪，谁个还来抢你那么一个弟弟呢？她们早飞到舒服的安适的窝巢去了！

我还是莫到哥哥身边去吧！预言告给我，若我果信了哥哥的话，那时会有一个什么黑眼睛给我母亲带来痛苦。

•

一九二五年八月二十五日作于静宜园西大楼

棉　鞋

我一提起我脚下这一双破棉鞋,就自己可怜起自己来。有个时候,还摩抚着那半磨没的皮底,脱了组织的毛线,前前后后的缝缀处,滴三两颗自吊的眼泪。

但往时还只是见棉鞋而可怜自己,新来为这棉鞋受了些不合理的侮辱,使我可怜自己外,还十分为它伤心!

棉鞋是去年十二月村弟弟为我买的。那时快到送灶的日子了,我住公寓,无所措其手足。村弟弟见我脚冻得不成样子了,行慷慨夹一套秋季夹洋服,走到平则门西肇恒去,在胖伙计的蔑视下接了三块钱,才跑到大栅栏什么铺去换得一双这么样深灰绒线为面单皮为底的尖头棉鞋。当他左胁下夹了一只,右胁下夹了一只,高高兴兴撞进我窄而霉斋房门时,我正因冷风吹打我脸,吹打我胸,吹打我的一切而无可奈何,逃进破被中去蜷卧着,摩挲我为风欺侮而红肿的双脚。

"好了好了,起来看看吧,试一试——我费了许多神才为你把这暖脚的找来!"村弟弟以为我睡了,大声大气。我第一次用手去与那毛绒面接触时,眼就湿润了。

村弟弟知道我的意思:"怎么,不行吗?"又故意说笑,"这东西可不能像女人谈什么自由恋爱与恋爱自由了。但你有钱，仍可以任你意去拣选认朋友，不过这时且将就吧……有钱有势的人，找个把女人算啥事？就是中等人家，做小生意过活的那些人，花个三百两百，娶一门黄花亲，也容易多了！然而我们这双鞋，却费尽了九牛二虎之力——"我不愿再听他那些话了，把头藏到被里。

他似乎在做文章似的，不问我听不听，仍然说了一大篇，才搭搭讪讪回转他的农业大学。

这两只棉鞋，第一夜就贴在我的枕头边，我记不清我曾用手去摩抚过若干次！

正月，二月，三月，以至到如今，我不曾与它有一日分离。就是那次私逃出关到锦州时，它也同在身边。

虽说是乘到村弟弟第二次大氅进西肇恒时，我又得到一双单呢鞋，然那只能出门穿穿，至于一进窄而霉斋，我便仍然彳亍丁丁跛起那个老朋友来。谁一个来见到，问说："怎么怎么，这几天还舍不得你脚下那双老棉鞋？"就忙说地下潮湿，怕足疾。这对答是再好没有了，又冠冕，又真实。所以第二第三以至于任何人问到，或进房对我脚下注意时，我必老起脸把这足疾的道理重复一番。

"怎么呢，棉——"我便接过口来，"不知道吧，地下湿咧！"

我的住处的确也太湿了，也许是命里所招吧，我把房子换来换去，换到最后，砖地上还是滑漉漉的，绿色浸润于四角，常如南方雨后的回廊。半年来幸而不听到脚肿脚疼，地上湿气竟爬不上脚杆者，棉鞋之力实多。

　　磨来磨去，底子与鞋面分家了，用四个子叫声伙计。终年对我烂起脸做出不耐烦样子的伙计，于是把两个手指拈着鞋后跟，出去了，不到半点钟，就可以看见他把鞋从门罅里摔进来。这时我便又可彳亍彳亍，到柜房去接电话，上厕屋去小解，不怕再在人面前露出大踇指了。

　　起先，是左边那只开的端，不久，右边那只沿起例来；又不久，左边一只又从别一个地方生出毛病……直到我出公寓为止，总计起来，左边一只，补鞋匠得了我十二个子，右边也得了我八枚，伙计被我麻烦，算来一总已是五次了，他那烂嘴烂脸的神气，这时我还可以从鞋面上去寻捉。

　　右边一只，我大前天又自己借得个针缝了两针。

　　如今的住处，脚下是光生生的红漆板，似乎是不必对足疾生害怕了，但我有什么法术去找一双候补者呢？村弟弟去年当的洋服还不能赎出来，秋风又在吹了。此地冷落，来来往往，终不过几个现熟人！若像以前住到城中，每日里还可到马路上去逡巡，侥幸可拾得一个小皮夹，只要夹里有一张五元钞票，同时秋天的袜子也就有了。在这乡下，谁个能掉一个皮夹来让我拾呢？真可怜！希望也无从希望。

　　但几日来天气还好，游山之人还多，我的希望还没有死尽，我要在半山亭，或阆风亭，或见心斋，或……不拘哪一处，找到我的需要。为使这希望能在日光下证实，我是以每天这里那里满山乱窜。

彳亍彳亍，我拖起我的棉鞋出了住房。先生学生，都为这特异声音注了意，同时眼睛放光，有奇异色。弟兄们哪，这是不雅的事吧？不要笑我，不要批评，我本来不是雅人，假使我出去能捡到了我的运气，转身就可以像你们了！

我彳亍彳亍到了图书馆。这是一个拿来让人参观的大图书馆，一座白色德国式的房子，放了上千本的老版本古书。单看外面，就令人高兴！房子建筑出众，外面又有油漆染红的木栏杆。

"想来借几本书。"

"好吧。"管事先生口上说着，眼睛一下就盯在我脚上。

哈哈，你眼力不错，看到我脚上了——我心里想起好笑。

我有点恨眼睛，就故意把底子擦到楼板上，使它发出些足以使管事不舒服，打饱嗝，发恶心的声气来。他，他，他，不但脸上露出难看的憎嫌意思，甚至于身子也拘挛起来了……你们帮他想想，看除了赶紧为我把书检出外，有什么办法驱逐我赶快出图书馆吗？见心斋的泉水清澈极了，流动的玻璃，只是流动。我希望是不在"见心"的，故水声在我听来，只像个乡下老婆子半夜絮语唠叨。也许是我耳朵太不行了，许多人又说这泉声是音乐。

泉声虽无味，但不讨人嫌恶；比起我住房隔壁那些先生们每夜谈文论艺，似乎这老婆子的唠叨又还彻底一点。因此我在证明皮夹无望以后仍然坐下来。

我把右腿翘起，敲动我的膝盖骨，摇摇摇摇，念刚借来的《白氏长庆集》。

蠢蠢水族中，无用者虾蟆。
形秽肌肉腥，出没于泥沙。
六月七月交，时雨正滂沱。
虾蟆得其志，快乐无以加！
地既蕃其生，使之族类多。
天又与其声，得以相喧哗。

白翁这首和张十六《虾蟆》诗，摘记下来，如今还有很多用处。想不到那个时候，就有这么许多讨人厌烦聒人耳朵的小东西了！

如今的北京城，大致是六月雨吧，虾蟆也真不少！必是爱听"鼓吹雨部"的人太多；而许多诗人又自己混进了虾蟆队伍里，所以就不见到谁一个再来和《虾蟆》诗了。

……

来了两个游客，到泉边来见他自己的心。一老一少。少的有二十多岁，老的有两个二十多岁。虽然我全身在我自己估价，简直是比脚下一只棉鞋还不如；但无意思的骄矜使我伟大起来。而且老的面孔竟如一个熟桃子般和气可爱，故当他近身时，我把脸弄成柔和样子，表示一个亲善的微笑。

"喔，这里看书，好极了！"

老者误会我了，我哪里是来看书呢？心里好笑，然而我不能打哈哈。

他又说："《长庆集》，四部丛刊本吧？"是四川人口气。

"对了。"

"版本很好。"他把左胁的文明杖移到右手,左手挪出来翻看我的书。

"也不很好。有些还可以,有些极糟。"这时我可用得着湖南腔了。

于是,他坐下,我坐下,攀谈起来。天上地下,我的话似乎略略引起了点在旁边的少年的诧异。不幸的是我脚翘起时,两只大棉鞋同时入到老少两人的眼里。富有诗意的潇洒少年,很小心地走到池的那旁去问老者,老者也太老实了,便乱为我估价!我若当时只说自己是个导游人,少年对于我的棉鞋就不会看出什么文章了。也许那么充一次导游人,一双新鞋会从少年衣袋中跃出来。

我有点后悔,竟眼看着他们慢步踱出门去。

到了夜里,日头刚沉过山后去,天上罩了些灰色的云。远山还亮着,又没有风,总不会有雨吧!

我追赶我的命运,无聊无赖地又从旅馆这面大路一歪一拐上到半山亭。路上只碰到三个短衣汉子,肩扛锄头,腰悬烟袋,口上哼哼唧唧唱些不知名的歌曲。这是回家休息的工人,并非赏玩西山晚景的先生。其无意于天上的云,远村的烟,同我一样。

到了,不差三丈远近。在那边,门洞旁,有件东西,使我脚步停顿。这是两个约略相等的影子,像贴拢去的样子并行着。这不是鬼,分明有唧哝声音。然而我有点怕。半为夜神吞噬的朦胧下,阴阴沉沉的门洞前,两支有热无光的火炬在燃烧,在混合,我平生怕看的东西,也没有比这更为可怕的了!

那一个，稀微可以从草帽的白轮廓看出是男的那一个，头更逼近了另一个。"呵哈，你们亲起嘴来了呀！"我鞋底在脚下响起来。

毕竟是姑娘家耳朵好，当第二次戴白草帽那个下颏送过去时，她忙拒开，且回过头来。

落到我眼中的东西，像沙子、蒺藜，痒在眼里，痛在心里。我不久就明了了我的义务，是应当立刻退开。

一对有福的人啊！放心吧，再不会有人来打搅你们了！先前是我不经意，冲撞了你们，请不要多心！今天月亮不会即刻出来的，除了星光就只是萤火。在这样温柔静寂的地方，尽管搂抱，尽管亲吻，到磨尽你们的狂热为止。尽管搂抱，做你们所应做的事，任其最撼动你们的身躯，到磨尽你们的狂热为止。

我悄悄地逃下来了。

棉鞋还未脱去的人，当然不应去羡慕别人。

天是更黑下来了。眼睛昏瞀的我，五步外，分不出对面来人是谁。看看挨身了，暂时都不走动。

"唔哈，是沈，你怎么——"是我们的上司，教育股股长先生。

他用手上那支小打狗棒敲打我的鞋子，我以为他是问我这夜里到山上做什么，或是脸上颜色怎么……但接着他又打了我鞋子一下："怎么，鞋子——"意思是怎么不扎上，不雅观。我领会了。

"烂通底了。没有买鞋的能力，所以——"

他不让我说完，笑了笑，就走了。至于我为什么要把这些话说给上司听呢，过后我自己也想不出第二个较好的回答，因为对上司不能说俏皮话，也开不得玩笑，所以才——是天做的戏谑吧，太黑暗了，分不出我脚上穿的究竟是什么一种鞋，使我上司但从鞋的彳亍彳亍怪声音上断定我的罪过，不但不原谅我的苦衷，临行给我那个微笑，竟以为我有意不雅观。不雅是不对的。但是，上司！你要我怎么个雅法呢？我固然样子还年轻，很能充斯文人，摇摇摆摆来走路；然而我是个不中用的人，没有富有的父亲，把钱来使我受教育。不读过书的人，要想像其他先生们那么文明儒雅，怎么做得到呢？

　　上司的黑影消失在烟雾里，只剩下橐橐的皮靴声，我就为我的棉鞋伤心起来……怎么如今还要上司拿打狗棒来吓你打你呢？你抛头露面，出非其时，让昨天女校门口那两个年轻姑娘眼睛的褒贬，我心里就难受极了！昨日阆风亭上那女人，不是见到你就走开，若不屑为伍地忙走开了？上司的打狗棒，若当作文明杖用，能代表他自己的文明就够了；若当作教鞭用，那么挨打的只是那些不安分于圈牢里的公母绵羊；若是防狗咬，也只能在啃他脚杆以后才挨那么几下……无论如何，你都不该受他那两三次无端的敲击。呵呵，我的可怜的鞋子啊！你命运也太差了！为甚当日陈列在体面发光的玻璃橱柜时，几多人拣选，却不把你买去，偏偏跑到我这穷人身边来，教你受许多不应受的辛苦，吃几多不应吃的泥浆，尽女人们无端侮辱，还要被别人屡次来敲打？呵呵，可怜的鞋子啊！我的同命运的鞋子啊！

一九二五年九月五日于西山静宜园西楼

副 官

这时房里只有他一个人。

一间大办公室里,靠里面那堵壁,有个长方形办公桌,桌面蒙有四方图案花的白漆布,桌上除"文房四宝"外还摆了一座大钟。两壁挂了些图表、记事册。一张红色图旁,还有个挂衣钩,钩着一顶金边套银边的军帽。

今天轮到他值日,他正靠到桌旁,对着那大钟的下一截,借钟上玻璃的反光,用两个双铜圆很巧妙地扯取他嘴上的胡子。这是无聊时的玩意儿,其实副官还只是二十来岁的人,胡子纵有也很细咧。

他把头稍微一抬,看到钟的白瓷面,看到十二个罗马字,看到一长一短两根尖而瘦的针。这时两针的尖端,正合并拢去朝上指。他知道时候到了,忙把钱掷到桌上,走出办公室。

"号兵,号兵,吹号!"

号兵大概正玩得热闹,站在门限上的值日官,气得快要骂出娘来了,听到二堂上"嗒嗒啦,嗒嗒啦,嘀嘀嗒嗒!"一阵轻快急促的号音。到第二拍初段将完时,又才听到衙门前"嗵"的一声,响了午炮。

他忙回到办公桌边去，把点名册攫到手，又借助大钟的玻璃反光处，照了照自己的仪容，见到帽子也很正，肩章也不歪，一切都整饬了，才橐橐地走出办公室。

这时的护兵，听到了号音，集合来到二堂下大坪坝内，经护目把他们高的在前矮的在后编成一根带子一样，成双行立在院中了。护兵们身上，是一色灰线布新夹军服，半腰上又各束了一条皮带。各人下巴间红绫领章上，钉有两个金色字，左边是"总"，右边是"护"。领子的金，帽花的金，肩上的金，以及当胸的黄铜扣子，都在太阳下耀眼睛地闪光。

护目见到副官出来时，发了个口号，于是一个两个立时就笔直起来。

喊了"稍息"后，似乎有几个新补的，腰肩不由己地就曲了，然而像笔管儿直的，到底还居多数。护目走进队去，把一个正在用手擦眼睛还未大清醒的打了两个嘴巴，又轻轻地啄了那个领扣未扣的小护兵一下，才昂然走过副官身边来。

"报告副官，一共四十六名。两名病假，七名出外采买，实到三十七名——完了。"

护目报告完毕，在退下之先，霍地又把手举起来，行了个军礼。但副官却皱起眉毛，只略把头点了一下。这似乎是副官一个绝好的复仇机会，因为通常副官回公事到总座跟前时，几多回数，总座却连正眼也不瞧呢！

于是副官把名册打开，一支短铅笔在口角上一舔一画地点起名来。

副官轻轻地喊着，喊到谁时，谁便重新立一个正，吸足气大叫一声："到！"

"周天元——"不见回答，副官加了点力又叫一声"周天元"。好久不见回答。

"怎么！你不刚说七名采买两名病假吗？"

护目见到那一双皱到几乎并拢去的眉毛，脸就红了。"报告副官，秘书长才喊他去送公事。"这时护目两手下垂，两眼平视，如像上操时被处罚立正的兵一样。

"护目拿来做什么的？"副官抬头看了一下天空，适有一队白叫鸽打着哨子飞过去，他想起了适间吹号的事。"叫号目察看今天是哪两个号兵值日，喊他来！"

"是，是。"护目去了。

把名点完，副官回到他那办公桌前，屁股贴上挨得发光的座椅后，看桌上的钟，那长针已移过Ⅴ字，快要到Ⅵ的地方了。

"报告！"声音起自室外。

"进来！"

随副官"进来"两字，进办公室的是三位，三位之中有一个是护目。三个人脸部都绯红，副官明明见到三个人站在桌前，却故意若无其事似的写他的值日日记册。

他昂起头来："喔！你俩今天值日？"

"是。"两人同声答应，声音很小。

"怎么十二点钟不吹响午号？"

"棚里钟慢了。"这声音怯弱得几乎要哭。

"慢了，天天对到就慢了？扯你妈的谎！晓得又是到哪里去睡午觉了。连职务都疏忽！"副官又看了看钟，见那颗长针已竖竖地倒立,"为我到外面太阳下去站三十分钟,响一点时才准走!"

两个年轻的号兵出去了,剩了一个护目。

"你也把你那些护兵老爷——出外时,一点礼节不懂,比老爷架子还大——管教一下,并不是伤天理的事!几多鞋子趿起,肩章只有一边,扣子不扣,像个什么样子!别人将会说'哪哪,这是司令部的副兵哩!'你看丑不丑?……你也应当放恶一点,当打是打,当骂是骂,若是一天到晚,但同到他们嘻嘻哈哈,恐怕——"恐怕什么?因为副官一时想不出适当字眼,就不再作声。

领了教训的护目,立个正,一步一步走出去。日记也记无可记了,无所抓弄的值日副官,只好把桌上两个双铜子拾起来,将头偏过去,继续对着钟上的返影扯他的细胡子。

一九二五年九月二十八日作于北京西山

一天是这样过的

有时我常觉得自己为人行事,有许多地方太不长进了,每当一切佳节或自己生辰时,总像小孩子遇到过年般情景,未来而快要来临时,则有许多期待;等待日子一到,又毫无意思地让它过去了;过去之后,则又对这已逝去的一切追恋,怅惘。

这回候了许久的中秋,终于被我在山上候来了。我预备用沙果葡萄代替这日粮食;我预备挟三瓶啤酒,到半山亭,把啤酒朝腹内一灌,再把酒瓶子掷到石墙上去,好使亭边正在高兴狂吟的蝈蝈儿大惊一下……到时又不高兴去做了。我预备到那无人居住的森玉笏去大哭一阵,我预备买一点礼物去送给六间房那可怜的乡下女人,虽然我还记到她那可怜样子,心中悲哀怫郁无处可泄,然而我只在昏昏蒙蒙的黄色灯光下,把头埋到两个手掌上,消磨了上半夜。听到别院中箫鼓竞奏,繁音越过墙来,继之以掌声,笑语嘈杂,痴痴地想起些往事,记出些过去与中秋相关联的人来,觉得都不过一个当时受用而事一过去即难追寻的幻梦罢了!四年前这夜,洪江船上,把脑袋钻进一个五十斤的大西瓜中演笑话的小孩,怎么就变成满头白发感伤憔悴的人了?

中秋过了，我第二个所期待的双十节又到了眼前。

听大家说，今年北京城真有太平景象。执政府门前的灯，不但比去年冷落的总统府门前热闹了许多，就是往年无论哪一次庆祝盛会，也不能比此次的阔绰。今年据说不比往时穷，有许多待执政解决的国际账，账上找出很多盈余来，热闹自是当然的事。街上呢，谅来庆贺那么多回的商人，挂旗子加电灯总不必再劳动警察厅的传令人了！且这也可以说是一些绸缎铺、洋货店、糖食店一个赚钱的好机会，哪个又愿轻易放过？各铺子除了电灯红绿其色外，门前瓦斯灯总由一个进而为两个或三个。小点的铺子呢，那日账上，支出项下，必还记有一笔：

"庆祝双十节付话匣子租金洋一元二角。"

街上喊老爷喊太太讨钱的穷女人，靠求乞为生的穷朋友，今夜必也要叨了点革命纪念日的光。平时让你卑躬屈膝置之不理的老爷太太们，会因佳节而慷慨了许多，在第三声请求哀矜以前，即掏摸个把铜子掷到地上了……

我若能进城去，到不怕汽车恐吓的路段上去闲蹓，把西单牌楼蹓完时，再搭电车到东单——两处都有灯可看。亮亮煌煌的灯光下，必还可见到许多生长得好看的年轻女人们，花花绿绿，出进于稻香村、丰祥益一类铺号中。虽说天气已到了深秋，我这单菲菲的羽纱衫子，到大街上飘飘乎风中，即不怕人笑，但为风一吹，自己也会不大受用，也许到时就咳起嗽来，鼻子不通，见寒作热；然而我所以不进城者，倒另有一个原因。倘若进城，我是先有一种很周到的计划的。我想大白天里，有太阳能帮助我肩背暖和，在太阳下走动，或许穿单衫倒比较反为适宜一点，热时不至于出汗，走路也轻快得多。一到夜里，铺子上电灯发光时，我就专朝人多的地方走去，用力气去挤别人，也尽别人用气力来挤我；相互挤挨，于这中会生出多量的热来，寒气侵袭，就无恐惧之必要了。实在西单东单都到了无可挤时，我再搭乘二等电车到前门，跑向大栅栏一带去发汗，大栅栏不到深夜万万不会无人可挤的。并且二等电车中，就是一个顶好的驱寒气的地方。譬如我在西单一家馒头铺听话匣子，死盡盡站了半个钟头，受了点微寒，打了几个冷战，待一上电车，那寒气马上会跑去无余。

这原因要说是留恋山上吧？山上又无可足恋。看到山上的一切，都同大厨房的大师傅一样：腻人而已。也不是无钱，我荷包还剩两块钱。就算把那张懋业银行的票子做来往车费，到城中也还有一张交通一元票送我花费：坐电车，买滨来香的可可糖，吃一天春的鲍鱼鸡丝面，随便抓三两堆两个子儿一堆的新落花生，塞到衣袋子里去，慢慢地尽我到马路上一颗一颗去剥，也做得到……

说来似乎可笑！我一面觉得北京城今夜的灯光实在亮得可以，有去玩玩、吃可可糖、吃鲍鱼面、剥落花生的需要，但另一方面不去的原因，却只是忿懒。

"好，不用进城了，我就是这么到这里厮混一天吧。"墙壁上，映着从房门上头那小窗口射进来的一片红灯光。朝外面这个窗口，已经成灰白色了。我醒来的第一个思想，即自己不否认这思想是无聊，所以我重新将薄棉被蒙起我的头，一直到外面敲打集会钟时才起身。这时已到了八点钟，我才想再勉强睡下去,做渺茫空虚半梦迷的遐想,也是不可能的事了。

太阳已从窗口爬到我床上了。在那一片狭狭的光带中,见到有无数本身有光的小微尘很活泼地在游行着。

大楼屋顶上那个检瓦的小泥水匠,每日上上下下的那架木梯,还很寂寞地搁到我窗前不远的墙上,本身晒着太阳,全身灰色,表明它的老成。昨天前天,那小身个儿的泥水匠,还时时刻刻在屋顶角上,听到他的甜蜜口哨声时,我一抬头就看到他。因为提取灰泥,不能时上时下,到下面一个小工把灰泥拌和好时,他就站近檐口边来,一只脚蹋到接近白铁溜水筒的旁边,一只脚还时常移动。大楼离地三四丈高,一不小心,从上面掉到地上,就得跌坏,可不是闹着玩的!他竟能从容不迫,在上面若无其事似的,且有余裕用嘴巴来打哨子,嘘出反二簧的起板来,使我佩服他比佩服我所喜爱的文人还甚。这时只有梯子在太阳下取暖,却不见他一头吹哨子一头用绳子放到地下,拉取那挂在绳钩上的水泥袋子了!大概他也叨了点国庆日的光,取得休息一天到别处玩去了。

这时会场的巴掌时起时落。且于极庄严的国歌后,有许多欢呼继起。这小身个儿匠人,也许正在会场外窗子旁看热闹吧!也许于情不自禁时,亦搭到别人热闹着,拍两下巴掌吧!若在窗子边找不到这位朋友,我想他必定是在陶工厂那窑室前了。我有许多次吃了晚饭散步从陶工厂过身时,都见到他跨坐在一个石碌碡上磨东西,磨治的大致是些荡刀之类的铁器。大概他还是一个学徒,所以职务于普通工作之外还在身边。但这没有余裕的人,随时仍找得出打哨子的余裕来。听他哨子,就知道工作的烦琐枯燥,还不能给这朋友多少烦恼。幸福同这人一块儿,所以不必问他此时是在会场窗子边露出牙齿打哈哈,还是仍然跨据着那个石碌碡上磨铁器。今天午饭时,照例小工有一顿白馒头,幸福的人,总会比往常分外高兴了!

这是我到院来第二次见到的热闹事。第一次昏头昏脑在各不相识的男女人群中混了一个整夜,为一个伸手可掴的座前女人嫩脸伤心了一礼拜。今天谅来不会碰到同类的事了,因为今天是外边,座前挡住我的,两株距离三尺远近的杨柳而已。

凡是办事人,各都在左襟上挂一朵红纸花;纸花下面,用一个小别针扣上个红绫子写有职分的条条。人人长袍马褂,面有春色,初初看来,恰似办喜事娶新娘子的傧相一般。这是一个运动会,场上有不少男男女女,打扮得干干净净,男的衣衫比通常多不同,女的身上很香;不过大家要看的还只是跳舞、赛跑、丢皮球玩、学绕圈子,等等。

我不曾见过什么大热闹的运动会,如像远东运动会,小点如华北运动会,不知是怎样一些热闹,怎样一种精神。但我想,这会场同别个会场,大致也不差许多。大家看哪个会跑脚步踹得快点,大家比赛看谁有力气丢铅球远点,大家看谁能像机械般坚定整齐团体操时受支配点,大家学狮儿戏看谁跳加官跳得好一点——比赛之中,旁人拍巴掌来增加疲倦欲死的运动员以新的力气;以后发奖。

拍巴掌对于演者所得,确是一种精神酬报,只要听见噼噼啪啪,演者无有不更卖力气给大家赏鉴的。至于拍手的人,则除了自己觉得好玩好笑时,不由自已地表现出看傀儡的游戏或紧张心情,更无其他意味了。

我不知是什么兴致,两个手掌,似乎也狠狠接触了几阵。

我见到五十码决赛时,六个跑趟子的姑娘家,听枪声砰地响了后,鸭子就食似的把十二个小脚板翻来翻去,一直向优胜点流过去。对于她们的跑,我看用"流"字来形容是再好没有了。

她们正如同一堆碎散的潮头,鱼肚白的上衣散乱飘动如潮花,而下面衬着深蓝。不过这是一堆来得不猛的慢潮,见不到汹汹然的气势。哈哈,六个人竟一崭齐排一字地流!虽然我同大家一样,都相信这不是那一个本可上前却故意延挨下来候她的干姐姐,但我却能断定,那两个胖点的为怕羞是下蛮劲赶着的。

你看,一共六个人,两个瘦而伶精的,两个不肥不瘦的,两个胖墩墩的。身个儿原不一样,流过那头去时一共有五十码远,竟一崭齐到地,像她们身上绊了一根索子,又如同上了夹板,看起来怎不好笑呢?

于是我就拍掌,别人拍够了我一个人还在拍。本来这太有意思了。若是无论什么一种竞争,都能这样同时进行所希望到的地方,谁也不感到落伍的难堪,看来"竞争"两字的意义,就不见得像一般人所谓的危险吧。

第二次我又拍掌,那是因另一群中一个女运动员,不幸为自己身上积存过多的脂肪所累,想赶上前,竟在地下打了一个滚。一滚之后,起身略略拍振灰土后,前面五个已快到终点了。在别个,这时就会放弃了比赛权利,从岔道上折归队中去,但她却用操体操时那种好看姿势，两手曲肱，脚板很匀调地翻转，走到终点。我佩服她那种毅力，又佩服她那种从容不迫的神态。在别人不顾命地奋进中，她既落了伍，不失望而中途退却，已很难了，而她竟能在继续进行中记得到衣服肮脏了不好看，记到平时体育教员教给那跑步时的正确姿势；于是我又拍手了。

假若要老老实实去谈恋爱，便应找这种人。能有这种不屈不挠求达目的的决心，又能在别人胜利后不气馁从从容容向前的锐气，才是可以共同生活的伴侣！

若我有这样一个女人，来为我将生活改善，鞭策我向前，我何尝不可以在这世界上做一番事业？我们相互厮守着穷困，来消磨这行将毁灭无余的青春。我们各人用力去做工做事，用我们的手为同伴揩抹眼泪。若不愿在这些虫豸们喧嚣的世界中同人争夺食物，我们就一同逃到革命恩惠宪法恩惠所未及的苗乡中去，做个村塾师厮守一生。我虽无能力使你像那种颈脖上挂珠串的有福太太的享用，但我们相互得了另一个的心，也很可以安慰了……

看这女人不过十七八岁。一个略无花样朴朴实实的头，说明她是孤儿寡女一般命运的人。

这是一个平常女子，在相貌上除了忠厚外没有什么出色处。脸上不施脂粉，虽不很活泼娇媚，却有一种成熟的少女风味，像三月间清晨田野中的空气，新鲜甜净。看来也是个苦命女子。然而别人再不遇，将来总还能寻一个年龄相仿足以养活她的丈夫，为甚要来同我这样穷无聊赖的人来相爱呢？自己饿死不为奇，难道还要再邀一个女人来一同挨饿吗？

关于女人的事，我不敢再想了。

接着一队肉红色衣裙的幼稚生打圈子的，又是一件令人发笑的事情。大家看到装扮得像新娘子似的女先生们，提裙理鬓地做提灯竞走，鸭子就食似的样子，还偏三倒四地将灯笼避到风，到后锦标却为会长老先生所得，惹得蒙幼园的一群小东小西也活动了。我手不拍，我脸还剩有适才为幽怨情怀而自伤的余寒，只从掌声间歇中留心隔座的谈话。

"……喔！令尊大人也到了长沙了！去年我见到他老人家仙健异常，八十多的人——会上了八十吧？"

"是，他呢，八十二了。五月子诞日。托福近来还好，每天听说总要走到八角亭去玩玩，酒也离不得；他那脾气是这样。"

"那怎么不到这儿来为他老人家做个九秩大庆呢？"

"我也这样想，好是蛮好的，不过……"

这是两个长沙伢俐很客气的寒暄，十分亲热。

"今天——"说今天的是个不甚陌生的声音，我把头掉转去，一个圆圆的笑脸就在眼前了。这是熟人，同桌吃过饭的熟人，但我因为不会去问人贵姓台甫，所以至今还不知如何称呼。至于这人，则常喊我为沈先生，有个时候，又把先生两字削掉，在我姓上加"密司忒"三字。他的笑脸，与其说对我特别表示亲善，不如说是生成的。笑时不能令人喜也不会给人以大不怿，故这个脸在我看来，还算是一个好脸。

"阁下又可以做一篇记录了。"

"噢，凉棚差一点儿吹去，柱子倒下来，可不把我们一起打死了！"我这种忍着笑故意岔过一边去的对答，荒唐处使他听来简直非打一个哈哈不可。

他把我的膀子轻轻地拍了一下，微笑中混合了点自己聪明而他人愚蠢的满足兴头，就跑过别一个座位后去找快活去了。

我目送他大步大步走去，"有福的人！能这样聪明不凡，在他的人生字典里，总不会镌有'忧愁''烦恼'一类使人瘦损的字眼啊！"

当我眼睛停在一个青背心小丑似的来宾身上时，耳朵同时就接收了许多有趣味的谈话。隔座一个人很肯定地说，跑趟子纵让你跑得快，也终不能跑出世界以外。附和这话，并由此证明跑趟子是无味的竟有五人以上之多。他们于一些小孩子争绕圈儿跑步走的玩意事，竟提出那么大那么深奥的一个问题来，这话真要说是哲学家的口吻了。这位先生必未曾想到人生终局是死亡，若能想到这死亡是事实，则每天必不再吃大米饭泡好味道的冬菜肉片汤了。

我的怪脾味，凡是到什么公共场所时，我所留意的不是大众注意的热闹中心，却只注意那些别人不爱注意的看客举动。

我喜欢看别人演剧式的应酬，很顽固的争论，以至于各不相下的相打相骂。这些解除我无聊抑郁的作用，比之花五角八角钱始能入场的电影场还更有效。见别人因应付环境，对常不相同的对方特别装一副脸嘴向之言笑，而对方也装着注意，了解，同情，亲密，热心，种种面目，以图达到诓骗目的；我以为人生的剧场，演剧的人，比台上背剧本的玩意事，不单是彻底许多，也艺术化许多了。

这时，第三个位子上，来宾席一个中年胖子先生说道："我打许多电话,没听见接。我想莫非电话坏了吧?以后又听到你柜上说,才知是早出来了。"

"是是,早就出门了。先本想早点来看看运动会、展览会,谁知道一出门就碰到一位同学,才知今天学校须把应考的课业理清,从十点一直搞到十二点,幸而完了,赶忙动身来——"

两个的话,都有点长沙、湘潭混合语气。若非长沙伢俐,说来也不会如此亲切的!说话的态度,能帮助人与人的相互亲近,真是至确之事。如果把这些话用镇箪苗子腔来说,不但失了原来婉柔的意味,或且莽撞到使人不耐了。

"那是十二点动身了。"胖子主人看看手表,"两点半,到此真算快!"

"今天是坐汽车来的,所以还不慢。"

我才想起,难怪只听到刚才官门那边,咯咯咯咯的号筒声!大概胖子也记起适间大众为咯咯咯咯一齐掉过头去,招待员赶即把礼帽端整迎上前去的情形了。

"喔,汽车,同谁?"这"同谁"的语气,其实对胖子已有了点不恭,正如看不起客人,料想客人不能单雇汽车,纵坐车也必搭顺水船而来。

"不,不,我坐电车到西直门,从西直门乘汽车到——"客的答语,使我失笑。

"到万寿山,从万寿山再坐洋车到此吧。"

主人为客补足了客所欲言而主人不必听的话。我以为两人无论如何总会有一阵沉默了,谁知年轻的客人又就此翻了一个面:"是,是,汽车到了万寿山就不再动了。说来奇怪,碰巧得很！我从西直门电车跳下，一出西直门一部汽车就正待跑路的样子，车子已在尾巴上冒了烟，我找了一个空位坐下后，不等在我后来的人上车，就噔噔噔噔开行了。路上也不停，一直就到万寿山。五十枚叫了一部洋车，很快地拉到这儿来——五十枚不贵吧？"

主人如何去答复这问话，可惜为群众巴掌声吞没了。

大家对于学生们用一根竹篙子跳高的本领称赞异常。有两人很有把握似的说，如此本领，跳院门的高墙已绰绰有余；那不知趣的另两个，则又说还差得，墙至少要比那竹篙高三尺。幸好大家对这事也不过于认真，不然，就非把学生喊来，要他扛一根竹竿试在院门前跳一下不可了。

说跳得过的就是那两位主客，客又说前次华东运动会时，所见跳高的选手也不过如斯。客的话从气派上看来，虽保留了点长沙人夸大风味，然这似乎也无害于宾主间友情。

"老刘，老刘，你客来了吧？"不知是谁个在后排问。

胖子姓刘是一定了。我见到他笑了一会儿，用手略指指客人，一面回过头去说："喏，喏，这不是吗？"所谓客者，听那边问询胖子，才记起把帽子从头上抓下来，同时将头略扭，预备介绍时问贵姓台甫。

光光的头发，向后梳去。有阵微风过时，我那一排坐的人，大概都能嗅到一点玫瑰油淡淡的香气。

实际上今天受恩惠的，是几个卖柿子的乡下人。他们比我们来得还早，八点钟以前就从门头村一带担柿子来做生意了。几个用筐子装柿的，比用青布包单提来的还多卖了点香蕉糖之类。卖落花生的，则分干湿两种。到晚上，他们的货物，多变成双铜圆躲进身边的麻布口袋里去了，他们希望每年能遇到院中多有那么几次会，似乎比普通看热闹的人也来得更恳切一点。货物卖完，不知什么时候就收拾担子回去了。

当落日沉到山后，日脚残影很快地从大操坪爬过卧佛寺山头了。天上已蒸出了些淡淡的桃红色云彩。我随到散乱的队伍挤进大门时，见到一个幼稚生为柿皮滑滚到地上，烂起脸牵着保姆的手挤到我的前面去了。我脚下的花生壳，踹来也软软的。

一九二五年十月十日作

宋代表

刚才在天安门前当国民大会主席，警兵赶人时，他一个人独露出英雄气概，昂昂藏藏地在后头慢慢地退下的密司忒宋，带队游行时又喊了两百多声"打倒帝国主义"，归来倦极了，这时正靠在一张藤靠椅上，用小手帕子揩抹耳朵后的汗水。手帕子原是塞在洋服当胸口袋里，是绸之类，白色，四角各有一朵淡蓝小花，抖开时，就有一阵淡淡的甜香入鼻。因为香气，又引起密司忒宋回忆到这手帕的主人来。遗赠人那白雀儿似的小小身材，只要略把眼睛一闭，就活灵活现地在眼前跳跃了，而抢手帕时那一幕也同时现出，多么有趣！于是密司忒宋赶忙把手帕又塞进口袋中去，如怕被谁看到一样。

房中，四壁挂有好多四四方方或长条子的油画。画的全是些女人，衣裤不穿，一个两个赤裸裸的，不知是照着谁家太太小姐原身描下来，凡诗人认为有诗意的部分都无忌惮地裸露。近床处，又贴了一幅虎斑宣的七言联，写的是：惟大英雄能本色，是真名士自风流。字学什么梅花道人体，用笔极其有劲，笔画蜷屈盘旋，磅礴郁勃，款署"痴君"二字。看样子，大致也是出于名手。房中除写字桌外，另有两个大书架，与床并排，左右各一。架上摆有数不清的洋书,大大小小,都是皮面布面,上烫金字,极其辉煌。书之间,又摆了些极美观的花露精之类的瓶子。从画上,从对联上,从布皮面烫金字的洋书上,从书架间那许多六角形各种颜色的玻璃瓶子上,以至于床上那两个水红色鸭绒枕,无处不可以看出房主人的爱美心来。至于学问,有那么多的洋文外国书作证,自然是不消说了。

他又把手帕取出,揩了一阵。脸上,鼻子上,眼角,耳朵尖端,似乎都擦到了,还擦不出个所以然来。忽然又像记起了什么事情一样,忙立起身来,走近书桌边,此时外面门上,有个什么人用手指格格格敲了几下。

"哪一位,进来!"

推门进来了一个少年小伙子,深灰色哔叽长褂上套了一件青花缎背心,收拾得标标致致,脚下那双尖头子鞋,又瘦又尖,尤其是黑色鞋面衬配着是蓝丝袜,极为相称。看那副嫩嫩的白脸,年纪总不上二十岁。这是密司忒宋的相好,同学而又同在文学系,且同时被大众推举出席于爱国联合会的,所以用不着什么客气,主人只喊声坐,两个就坐下了。

两支烟慢慢放出烟子来。

主人据坐在书桌边那张无背木几上,客把身子搁到那靠椅上,两副嫩脸相对,于是乎两人心有所会地都微笑了。

"怎么,改了!爱国吧?"客的声音如脸一样嫩。

"当然!我们一天到外头去宣传,打倒强盗,自己又再来吸三炮台,那还是人吗?"

"我看不在乎。"

"不在乎，我要（捏拳举起科）打倒你这帝国主义者的走——"看样子，密司忒宋不像是认真发怒的，所以虽捏拢拳头，而又举起，却并不打。

两个又笑，但只脸上有笑意，因为各人嘴巴里衔了一支烟，不便开口了。

"苕哥，今天有味吧？"来客问密司忒宋。

"有味？莫提起还好！说来肋巴骨都是气！代表们一个两个半点不中用，警察们口上吃吃喝喝说是先生先生，这里站不住了，他们一点反抗心都没有，深怕枪头子到脑壳上来，老老实实就走出天安门。要不是我在那里督队，大声喊叫'不要怕！不要怕！不是老虎，吃不了我们！'壮一壮他们的胆，这个溜，那个溜，就是这样散场，传单也发不出去了。"

所谓苕哥者，想起适间那帮代表的懦怯情形，不由得余气涌上心来，很重地捶了一下桌子。桌上那小胆瓶内的粉色四季菊，都被震吓得颤动了好久。

"又不是要命的事，就那么怕！纵要命我们也应为爱国而牺牲！我们的血不拿来爱国流去还留做什么？"于是又一拍，瓶菊又一颤。

客的意思，原是来讨论另外一桩更有趣味的事情的，见苕哥却说到大会的情形，故不参一言。末后，见到苕哥的手帕子，才想起自己的手帕来，也摸出条浅碧色耳巴子大的一方手巾来擦鼻子。

"以后怎么？"问得很懒。

"你不见到？"

"不，我因催法大队伍，故而——"

"故而不被赶了。以后会依然还是开不成，我看到他们那样子，气不过了，招集也招集不拢来，才大大子骂了他们警察几句……帝国主义者的走狗！政府的狗！四脚爬的兽物！冷血的蛇！……当我站到天安门前昂然不动，大骂其警察时，好几百人都拍掌叫好。末后我才慢慢地走出，又赶上一伙小队伍同向打磨厂大街方面游行，喊口号，散我们校中的传单……"

两支烟又在吸了。谈话稍停时，隔壁有个话匣子沙沙沙沙地响，接着又是咍地一声，依约还可以听出《惊梦》的腔调来。苕哥刚举起那只手摩到鼻子上，把头上一个苍蝇就吓走了。脚尖在地下一下一下，为话匣子敲打拍子。

"苕哥，这么多瓶子，用空的把我两个吧。"

"啊，你没有瓶子？你们姐姐妹妹到哪里去了呢？'锅子莫讨讨碗里'，这叫花子！"

"哥，你今天见到小刘吧？"客把瓶子事撇了开去。

"只有你看见，是吗？……第三排那个小红上衣，玉色裙，蓝袜配黑皮鞋——比你脚可差多了——举红旗子的女人可不知是谁呢？"苕哥偏说不看见，反而故问。

"好眼睛！一等拇指章。"客夸奖了一句且翘起个大拇指，两人心有所会，又都笑了。

"老弟老弟，你说小刘比你的朱小姐如何？"

"小刘当然好得多——我的朱小姐？你还在睡里梦里！别人这个月十五就要同一个老陕结婚了。结了婚两口子就到西湖去过新生活……"

"怎么，那么快？"

"不快，再不快小家伙就不客气出来了！听密司忒郑说，她同那老陕到协和去检查，医生说，至多三个月。与其到那时慌张，何如——"

"有个人会有点不安吧？"苕哥含有讽刺。

"有个人指谁？我其实并不同她有什么感情，因为略略有点亲戚关系，常常走动，你们这些神经过敏的就乱造起谣言来。"客吸了一口烟，把烟使劲地从鼻子嘘出。"唉，对我说，哥，小刘近来怎么样？"

"这才问得巧啦！别人我知道近来怎么样？我又不是她亲不是她戚——"

"然而相好，程度到烧点。"客说了，打了个哈哈。

"我把你——"苕哥拳头虽又捏拢举起了，但仍然是不忍心真敲到客的头上去，所以客反而把头挺着摆了两下，表示要打就请的意思。

"老弟老弟，听说'豆渣'近来特别同你亲热，有其事不？"

"哪里哪里。这不要我猜就知道是张流氓南瓜脸造的谣。他曾向'豆渣'大姐写了三封长信，肉麻话不知有多少，'豆渣'一字不回答，只一个不理。流氓心中不平，以为是我在中间做了什么手脚，就到处造我的谣言，不说是某天看到信，就又说是到公园相遇啦，其实'豆渣'那样子——"

"老弟那么个年轻的小白脸，我想也不至于——"

客又笑了，笑的意思，也许为的是苕哥说他是小白脸。隔壁话匣子似乎换了块片子，只听到咤叱，如一个人发气的样子，大概是谭什么的《打渔杀家》吧。

苕哥脚尖依然在敲打着,客又把谈话的方向转到昨天出席三院的事上去。

"苕哥,师大那个鸽子如何?"

"我的考语是:性格温存,身材适中。昨天讨论游行时,那鸽儿恰在我上首。说话时,口一开,一串小颗小颗的白牙齿都露出来了。头发老实地光生生贴到头上;那不驯服的鬓角,飘飘飞飞,益发显得娇媚。眼角眉底那种风情,使你把捉不住,是三月间的风筝吧。"

"苕哥,你猜是谁的——"

"那怎么晓得。"

"我告诉你——"客要苕哥弯下腰来,把耳朵凑到他嘴边。

"哈哈,好一张黑漆板凳!配这么一个瓦夜壶!"

"哈哈,天造地设!"

苕哥把笑忍住了:"咱们也赶即改入政治学系吧,毕了业做官去!"

"有了钱讨他妈这样五个。"

两人一路打起哈哈接着谈下去。

把许多知心话都说完了,客人才把一本《五卅痛史》借去,说是要做一篇帝国主义在中国之暴虐的文章,拿去参考。

于时密司忒宋,一个人在房里,又把客未来时的无聊恢复了。隔壁的话匣子,已不知在什么时候休息了,板也无从再敲。

"这么一着,这么一着,只要她脸上颜色不十分使人绝望,又这么一着,这么一着,有时会有许多机会送我去把玩这小鸽子!"

"……不过第一着就费事。

"然而,从昨天那种情形想来,头一关已通过了。自己既如此大大方方、遇事公开、胸怀磊落地去同她讨论,那也无不可处。

"纵或——又不落有什么把柄,还怕笑话?……可惜小胡那卅块钱又还人去,稍为慢一手就好办了!"

"宋先生电话,宋先生!"伙计在外面大院中喊叫。"谁个来的?"把莙哥正高兴的计划打断,故不即出。

"他不说——是姓彭的。"

"就来就来!"他几乎用了跳跃的姿势蹿到电话处去,果不其然,说到机会,机会就到了!

……不久,就看到密司忒宋脸上笑嘻嘻地在北河沿路上了。一根文明杖的尖端,在空气中画了好多圈子,一直画到真光电影场售包厢票处。

一九二五年十月十六日作

瑞　龙

在我家附近道台衙门口那个大坪坝上，一天要变上好几个样子。来到这坪坝内的人，虽说是镇日连连牵牵分不出哪时多哪时少，然而从坪坝内摆的东西上看去，就很可清查出并不是一样的情形来了。

这里早上是个菜市。有大篮大篮只见鳞甲闪动着，新从河下担来，买回家还可以放到盆内养活的鲤鱼，有大的生着长胡子的活虾子，有一担一担湿漉漉（水翻水天）的红的萝卜绿的青菜。扛着大的南瓜到肩膀上叫卖的苗代狗满坪走着；而最著名的何三霉豆豉也是在辕门口那废灶上发卖。一到吃过早饭，这里便又变成一个柴草场！热闹还是同样。只见大担小担的油松金块子柴平平顺顺排对子列着。它们行列的整齐，你一看便会想到正在衙门里大操场上太阳下操练的兵士们。并且，它们黄的色也正同兵士的黄布军衣一样。所不同的是兵士们中间只有几个教练官来回走着，喊着；而这柴草场上，却有许多槽坊老板们，学徒们，各扛了一根比我家大门闩还壮大，油得光溜溜的秤杆子，这边那边走着，把那秤杆端大铁钩钩着柴担过秤。兵士们会向后转向左转以及开步走，柴担子却只老老实实让太阳烘焙着一点不动。

灰色黄色的干草，也很不少。草担是这样地大，日头儿不在中天时，则草担子背日那一头，就挪出一块比方桌还大的阴影来了。虽说是如今到了白露天气，但太阳毕竟还不易招架！谁不怕热？因此，这阴处便自自然然成了卖柴卖草的人的休息处。

天气既是这么闷闷的，假若你这担柴不很干爽，老板们不来过问，你光光子在这四围焦枯的秋阳下阴凉处坐着，瞌睡就会乘虚而来，自然不是什么奇怪事！所以每一担草后，我们总可以看见个把人张开着死鲈鱼口打着大鼾。这鼾声听来也并不十分讨人嫌，且似乎还有点催眠并排蹲着的别个老庚们的力量。若是你爱去注意那些小部分事事物物，还会见到那些正长鼾着的老庚们，为太阳炙得油光水滑的褐色背脯上，也总停着几个正在打瞌睡的饭蚊子——那真是有趣！

草是这么干，又一个两个接接连连那么地摆着：倘若有个把平素爱闹玩笑的人，嚓地划根火柴一点，不到五秒钟，不知坪内那些卖草卖柴的人要乱成个什么样子了！本来这样的事我曾见到一次，弄这玩事的人据说是瑞龙和几个朋友。这里坪子是这么大，房子自然是无妨，眼看着柴草哗哗啵啵，我觉得比无论什么还有味。后来许多时候从这里过身，便希望这玩意儿能够再见到——不消说总令我失望！

晚上来了，萤火般的淡黄色灯光各在小摊子上微漾——这里已成了一个卖小吃食的场所了。

在晕黄漾动的灯光下，小孩们各围着他所需要的小摊面前。这些摊子都是各在上灯以前就按照各人习惯像赛会般一列一列排着，看时季变换着陈列货色。这里有包家娘的腌萝卜，有光德的洋冬梨，有麻阳方面来的高村红肉柚子，有溆浦的金钱橘，有弄得香喷香喷了的曹金山牛肉巴子，有落花生，有甘蔗，有生红薯……

大概这也是根据镇筸人好吃精细的心理吧，凡是到了道门口来的东西，总都分外漂亮，洁净，逗人心爱。至于价格呢，也不很贵。在别处买来二十文落花生，论量总比这里三十文还多，然你要我从这两者中加以选择时，我必买这贵的。这里的花生既特别酥脆，而颗颗尤落实可靠——从花生中我们便可证明此外的一切了。

若身上不带几个钱，哪个又敢到这足够使人肚子叽叽咕咕的地方来玩？但说固然那么说，然而单为来此玩耍（不用花一个钱），一边用眼睛向那架上衬着松毛的金橘，用小簸箩叠罗汉似的堆起的雪梨……任意观看，一边把口水尽咽着走来走去的穷孩子，似乎也还很多。

小的白色（画有四季花）的瓷罐内那种朱红色辣子酱，单只望见，也就能使清口水朝喉里流了。从那五香牛肉摊子前过时，又是如何令人醉倒于那种浓酽味道中！金橘的香，梨的香，以及朝阳花的香，都会把人吸引得脚步不知不觉变迟缓了。酥饺儿才从油锅中到盘上来，像不好意思似的在盘之一角。红薯白薯相间的大片小片叠着，卖丁丁糖的小铜锣在尖起声子乱喊……嗯，这些真不消提及，说来令人胃口发痒。

他们的销路怎样？请你看那箩筐里那些大的小的铜钱吧。

矮胖矮胖的瑞龙，是在我隔壁住家的梅村伯唯一的儿子。

也许这叫作物以稀为贵吧，梅村伯两口子一天无事总赶着他瑞龙叫"乖宝贝"。其实瑞龙除了那一个圆而褐像一个大铜圆的盘盘脸来得有味外，有什么值得可宝？我们见瑞龙应得那么净，也就时时同他开玩笑喊他作"乖宝贝"。这"乖宝贝"在自己妈喊来是好的，在别个喊来就是一种侮辱，瑞龙对这个不久就知道了。因此，这不使他高兴的名字，若从一个躲点的弟弟们口中说出，他就会很勇敢地伸出他那小肥手掌来封脸送你个耳刮子。这耳刮子的意思就是报酬你的称谓，制止你的第二次恭维。至于大点的不是他所能降伏得住的，那他又会赶忙变计，脸笑笑地说"哥！我怕你点，好吧？你又不是我爸爸，怎么开口闭口乖宝贝？"

因这三个字破坏了瑞龙对他同伴们的友谊，以至于约到进衙门大操场去摔跤的事，已不知有过许多次了。可是大家对于这并不算得一回什么事。"乖宝贝！""乖宝贝来了！"凡是瑞龙到处，还是随时可以听到。

梅村伯两口子嘴上的心上的乖宝贝，自然是来得甜蜜而又亲热的，其实论到这位乖宝贝到这街上的顽皮行为，也就很有一个样子了！

但瑞龙顽皮以外究竟也还有些好处。

他家里开着一个潮丝烟铺子，年纪还只十一二岁的他，便能够帮助他妈包烟。五文一包的与四文一包的上净丝，在我们看来，分量上是很不容易分出差异的，但他的能干处竟不必用天秤（但用手拈）也能适如其量地包出两种烟来。他白天一早上就同我们一起到老铜锤（这也是他为我们先生取的好名字）那里去念书；放夜学归来，吃了饭，又扛着簸箩到道门口去卖甘蔗。他读书不很行，而顽皮的本领有时竟使老铜锤先生红漆桌子上那块木界方也无所用其力。但当他到摊子边站着，腰上围了一条短围裙，衣袖口卷到肘弯子以上，一手把块布用力擦那甘蔗上的泥巴，一手拿着那小镰刀使着极敏捷的手法刮削，见了一个熟人过身时，口上便做出那怪和气亲热的声气：

"吃甘蔗吧，哥！"或是："伯伯，这甘蔗又甜又脆，您呢，吃得动——拿吧，拿吧！怎么要伯伯的钱呢。"你如看到，竟会以为这必另是一个瑞龙了！

我们常常说笑，以为当到这个时候，若老铜锤先生刚刚打这过身，见到瑞龙那副怪和气的样子——而瑞龙又很知趣，随手就把簸箩内那大节的肥甘蔗塞两节到先生怀中去，我敢同无论何人打个赌，明天进学堂时，不怕瑞龙再闹得凶一点，也不会再被先生罚跪到桌子下那么久了。我有我的理由。我深信最懂礼的先生绝不会做出"投以甘蔗报之界方"的事！

瑞龙的甘蔗大概是比别人摊子上的货又好吃又价廉吧，每夜里他的生意似乎总比并排那几个人格外销行。据我想，这怕是因他年小，好同到他们同学窗友（这也从老铜锤处听来的）做生意。而且胆子大，敢赊账给这些小将——不然时，那他左手边那位生意比他做得并不差，为甚生意就远比不上瑞龙？包家娘说的也是，她说瑞龙原是得人缘呢。

一个圆圆儿篾簸箩，横上两根削得四四方方的木条子，成个十字，把簸箩划分成了四区。照通常易于认识的尊卑秩序排列，当面一格，每节十文；左边，值五个躺钱；右边，三文——前面便单放了些像笋子尖尖一般的尾巴。这尾巴嫩白得同玉一样，很是好看，若是甘蔗不拿来放口里嚼，但同佛手木瓜一样仅拿来看：那我就不愿意花去多钱买那正格内的货了。这尾巴本来不是卖钱的，遇到我们熟人，则可以随便取吃。但瑞龙做生意并不是笨狗，生码子问到前格时，他当然会说："这你把两个钱，一总都拿去吧。"或是："好，减价了，一个钱两节！随你选。"不过多半还是他拿来交结朋友。

  咱们几个会寻找快乐的人又围着瑞龙摊子在赌劈甘蔗了。打赌劈甘蔗的玩意儿，真是再好不过的有趣事！谁个手法好点的谁就可不用花一个钱而得到最好的部分甘蔗吃，小孩子哪个又不愿意打这种赌？我，兆祥，云弟，乔乔（似乎陈家焕焕也在场），把甘蔗选定后，各人抽签定先后的秩序：人人心中都想到莫抽得那最短之末签——但最长的也不是哪一个人所愿意。

  裁判人不用说自然而然就落到了瑞龙头上。

  这是把一根甘蔗，头子那一边削尖，尾上尽剥到尽顶端极尖处，各人轮流用刀来劈，手法不高明便成了输家。为调甘蔗与本身同长，第一个总须站到那张小凳上去才好下手；最后呢，多半又把甘蔗搁到凳上去。只要一反手间，便证明了自己希望的死活。在那弯弯儿小镰刀一反一复间，各人的心都为那刀尖子钩着了。

  "悉——"的那锋利的薄刀通过蔗身时，大家的心，立时便给这声音引得紧张到最高的地方去——终于，哈哈嘻嘻声从口中发出了，他们的心，才又渐渐地渐渐地松弛下来。

"哈，云弟又输了！脸儿红怎的？再来吧。"瑞龙逗着云弟，又做着狡猾快意的微笑。

"来又来，哪个还怕那个吗？拣大点的劈就干……好吧，好吧，就是这样。"输得脸上发烧了的云弟，锐气未馁，还希望在最后这次洗掉了他过去连败两次的耻辱。大凡傲性的人，都有这么一种脾味：明知不是别人的对手，但他把失败的成绩却总委之于命运。

"那么，这准是'事不过三'——不，不，这正是'一跌三窜'的云弟底账！……喂，我们算算吧，云弟。五十三加刚才十六，共五十九——不，不，六十九了。……这根就打二十四（他屈着一个一个指头在数这总和）一起九十三，是不是？"

"难道劈也不曾劈你就又算到我的账上吗"？

"唔，这可靠得住——你那刀法！我愿放你反反刀；不然，过五关也行。你不信邪，下次我俩来试一根躲点的。"

这次侥幸云弟抽的是第二签，本来一点没有把握的他，一刀下去竟得了尺多长一节——输家却轮到乔乔了。

大家都没有料到，是以觉得这意外事好笑。

"乔哥，怎么！老螃蟹的脚也会被人折，真怪事！"瑞龙毫不迟疑地把揶揄又挪移到乔乔方面来。

"折老螃蟹的脚，哈哈，真的！"大家和着。

"乖宝贝，为你乔大爷算一算，一共多少。"

"这有什么算呢！四十加二十四，六十四整巴巴的——刚够称一斤烂牛肉的数目。"

"好，乖宝贝，明天见吧。"

"莫太输不起吧！别个云弟一连几次杀败下来，都不像你这般邋遢。"第一声的乖宝贝瑞龙不是不听见，因自己力量不如，却从耳朵咽下了。第二声乖宝贝跑到他耳边时，毕竟也有些气愤不过，然而声音还是很轻。

"怎么？怎么输不起？你说哪个邋遢？"将要走去了的乔乔又掉转身来。

"不知是谁输不起，不知是谁邋遢，才输一根甘蔗就——"

"就怎么？我不认账吗？"

"那你怎么口是那么野，开口闭口'乖宝贝乖宝贝'叫着呢？人家不是你养的，你又不是人家老子——"据着凳歪身在整理甘蔗的瑞龙眼睛湿了。

"我喜欢叫，我高兴叫……乖宝贝，乖宝贝，乖乖宝贝唉……我愿意，谁也不能捡坨马屎把我口封住！反正你又不是乖宝贝，来认什么账？"

这话未免太厉害了！但瑞龙是知彼知此的人，乔乔的力量他也领教过——自己明知不是对手，只有忍着。其实只要再忍口把气，乔乔稍走远点，天大的事也熨帖了！不幸他口里喃喃呐呐的詈语，又落到业已隔开摊子好几步远了的乔乔耳尖上。

"怎么，你骂谁？"

"哪个喊我作乖宝贝——欺到我点的我肏他的娘！"他不假思索地回答出来。

你们不要着急！你们会以为凡是两个到骂娘的时候，其决裂已定，行见扑拢来就扭股儿糖两个人朝泥巴渣滓寨乱滚了吧？这事今天是不会有的。乔乔虽说打架时异常勇猛，然对瑞龙是不至于就动手！

"你是乖宝贝？莫不要脸！你是谁的乖宝贝？（他又掉头过来，对着正怔怔不知所以但也有点希望看热闹的我们。）怎么，你们哪个要个乖宝贝？这儿有一个！我是不要，难得照拂。"乔乔还打着哈哈，为他俏皮话钻进瑞龙耳朵十分得意。

眼看到瑞龙把那块擦甘蔗的抹布用力擦着手，黄豆般大的眼泪两颗两颗地落到簸箩边上，乔乔还在狞笑。瑞龙今天是被人欺侮了。

"只敢欺侮人家躺一点的。"

"那让一只手。"

"同杨家麻子打啰！"

"我怕人家——我专吃得着你！"乔乔还故意地撩逗。

"好，算了。都是好朋友，何必为眼屎大点的事情也相吵——就算我是你们哪一个的乖宝贝吧。（大家都笑了）各人忍一句难道就不算角色？……去，去，我们去吧。"幸得知趣的兆祥出来做了和事人。

大家拖拖扯扯把乔乔推去了，又来安慰瑞龙，为他收拾摊子，劝他转去。这场事是这么了结，觉得无味的，怕要算那最爱逗小孩子相打的杨喜喜。他这时正在另一个摊子边喝苞谷子酒，曾一度留意到这边甘蔗摊子上来。

不知道情形的，会以为转身时还流着泪的瑞龙，今夜同乔乔结下了这一场仇，至少总有个十天八天不见面了！其实这些闲口角，仅仅还只到口上骂两句，又算个什么呢？第二天摊子边，还不是依然是那几个现人在那里胡闹。

"喂，云弟输得脸红了！哈哈，你怎么啦？再来过，再来过！"

也许是云弟为人过于老实了一点吧，大家都爱同他开玩笑；而瑞龙嘴上的挖苦话，尤其单对着时常输得脸庞儿绯红的云弟。

可是，自从那次瑞龙哭脸后，云弟也就找出几句能使瑞龙红脸的话了，这话是："能嘛，莫要同我来逗，有气概还是同乔哥哥去过劲吧！"

这时的瑞龙，必是低下头去整理那些不必整理的甘蔗。

一九二五年十月作

赌　道

"齐天水"的寓言，会要快为镇筸人证实吧，到夜来雨且益发骁勇起来了。

虽说是枧筒里的水，响得人耳朵失了听觉能力，但一个人正在用拳头捶打大门的板子，单二哥却是听得很清白的。他并且听出是罗罗的嗓子。

然而他故意装聋。

"二贤弟咿，在河下，相劝于我……"把唱声故意提高，不怕站在门外大雨下的罗罗急坏。

"开门吧，开门吧，二哥，别再开玩笑了！你不看这屋檐水欺负人像一桶桶倒下来一样啊！"罗罗这时已淋成一个氽鸡儿了。

这告饶的声音二哥并不是听不见，然而还是一个人尽唱下去。

"快点吧，二哥，我实在招架不来了！"

"来了，来了，可莫把我门捶破！"

使人发气，于心总不安呀，因此，二哥总算接应过来了，但还是装成初醒觉的样子。

"是谁？半夜三更……"像是伏在一个大瓮中的声音。

"这时还有谁来打门呢？我的哥，实在不开我就——"

"啊嚛！老弟老弟，莫生气！近来耳朵背将起来了。"这声音，显然已是爬在瓮口边了。

如今还故意把开门的时间延迟下来，这在二哥，虽无何种恶意，但如此的恶作剧，已够使人难堪。就是二哥给罗罗那样，也不知有过许多次了。

听他跋起那两片鞋子的声音，可知他还能保住平时不慌不忙的态度。

"哥，莫'杜师傅娘吃鸡脖子，恁一丝一丝儿'吧。"

"慌什么呢，你不是拿的有伞？"

"要有伞就好了。起先又不下，到半路才——全身都淋透了，这鬼雨落到一夜，会又要'坐柴船进城门洞！'"

"已经打透了，那要什么紧——"二哥把门闩拔去了时，还满不在意悠悠闲闲的。

举起左手那盏美孚灯时，灯光从门开处射出去，就照到罗罗。这时正有两股大檐溜很凶猛地泻在罗罗背后。头上身上真的全湿透了，眉毛边也挂了一些水珠，身上的青布短褂都贴在身上紧紧的。在二哥眼中的罗罗，似乎比平常更小了一点，和个落水鸡相差不多。

"哈哈，老鼠子今天成了水老鼠了。"二哥惯于这一手嘲弄人的话，要禁止他时，除了捡坨干马屎塞住了他的嘴，无别的办法。

罗罗不理会他，站在门外用手在身上赶抹衣上的水。

"请吧！"二哥把手一摊，做个欢迎样子，罗罗就塞进门来。

二哥凭了经验,换手拿灯后又伸过左手去。

"哥,把这混老官拿去吧。"瓷壶的铁丝提绊就钩在二哥手指上了。

"怎么喜喜那里放的一个大斗篷又不拿?总是贪便宜,心想半年来没洗澡,腻垢已不止三斤半了,就势让这屋檐水冲一下吧,这样,就一直淋转来,是吗?"

"哥,你又来了!其实先前又不落雨。"罗罗小衣还未换好,从椅上立起来,忽然行了一个军人的举手礼:"哥,我并不有什么地方得罪了你哪,怎么偏不开门,一个人在房里唱《打渔杀家》?"

二哥只是笑,显然十分开心。

罗罗重又坐下把袜子脱去。

"哥,我本来是怕把你等得太久,不能过瘾就睡不着,所以才下蛮劲跑着回来。不然,宋瞎子再三留我过夜,我不答应他吗?"

"宋瞎子屋里人留你不留?"

"哥,你又来了!别人是同你正经讲话,你涎起那两块脸只乱扯。瞎子屋里人还不是瞎子的女人,关我哪一样?今夜先头一场后,瞎子家还有好多角色不走,大家都愿过夜。(屈指计数)有三神庙的蒋裁缝——哥,我同他打过许多次扑克,还不知道他尊姓大名咧。宋老么也在那里。王满少爷和司令部两个副官。瞎子自己又答应也打一角。议定一毛资格,汇司一块打两块,输赢现过现,要钱上桌子才看牌。哥,你想,这种场合我还惧怯不成？煞后这个梁副官又嫌太小，要挢汇五块打五块，其实再大点我都不怕，不过哥你晓得（声音忽然小了），宋老幺见过大阵仗来的人，那无妨。万一输家落在瞎子自己头上同裁缝身上，又怎么办？你身上光打光，纵然起上手四个皮匠鞋夹板（Ａ），别人说'把钱摆上桌子再调牌'！结果，最多亦不过捞几家资格而已。因为荷包中光打光，让你好牌也不能同人来碰钉子，哥，你看，怄气不怄气？……裁缝这日来进了几个，什么都不怕，抱了个抢机关枪的野心；输了呢，他家里只有一个针袋，不送你你能奈他何？但若是赢家是副官，他又放得过你吗？所以我托故说你有病，就溜来了。"

罗罗在床上把衣裤换好后，放在单二哥身旁桌上那把瓷壶，已被二哥抱起来亲过四五次嘴！

"哥，你看这酒好吗？瞎子同他们都说这酒好。"

"嗨——"二哥的眼睛，正为罗罗从腰边解下那个胀鼓鼓的皮抱肚吸引得动弹不得，故只"嗨"了一声。

"哥你说还将就吗？"

"嗨——"又是一个不置可否的"嗨"。

罗罗知道二哥是在对抱肚内的东西做遐想了。

"我原托瞎子多打点，壶太小了，勉勉强强还只装得下十四两。哥你不嫌它味薄，明日我就取壁上那葫芦打一满葫芦来吧。"

二哥揣想："话说得那么大方，更足证明今天是捞了几个了。"虽然急于想知道进入的确数，但又想不出问探的法子。因为对于这件事，二哥却很碰了几个钉子。许多时，你问：

"罗罗,捞了点吧?"他总答说:"保到本,保到本。"如果真是仅"保到本"时,那一天这样大吃大用,制三丈二的绉绸首巾,打金耳环送相好的女人,这钱从哪里来?别的且不说,就是二哥这每夜的四两半斤苞谷烧,若不是靠到扑克上弄几个,恐怕也不大容易继续下去吧。

"只要有酒喝管他三七二十四……"每回问询都得不到一个结果,所以二哥的人生观也不得不如此了。

说到壁上的葫芦,才使人想起二哥屋中的一切来。其实光是同葫芦样贴在壁上为二哥房中点缀的,就很够要人弯曲手指头了!且从葫芦数起,在那黄黄的大胖汉肚子似的葫芦左边,就挂了一面猛然看来恰像一个大棕丝斗篷的藤牌,藤牌左边又是一把木壳子的大腰刀,腰刀下首又是一副铜马镫,掉过头来看吧,这边上可就来得更威武哟!这边壁上东西并不多,仅只是两支红色前膛来复枪。枪的形式看来,大概是"广抓子"吧。来复枪的随员——子弹盒,牛角火药瓶,一件不缺。藤牌腰刀,虽说近来已不能吓得倒人马,但从这上面,又加以两支配件齐全的火器,已就可见二哥在二十年前是怎么样一个人了。还有床顶上一个大圆木盒子里面一顶蓝翎大帽子,是我们不能见到的;还有本地方除三品兵备道,此外都是大小奴才……

但是这时的二哥是怎么样一种生活?

每月领八块四毛钱、三斗六升米,也不该班,也不上操,被上司派到这荒凉的教场来守汛,名目仍是十年前就用过的"把总"。

若照省宪把这残余制度绿营撤去,二哥就连这八块多钱同三斗六升米的生活费也被剥夺了。要是如今还是宣统皇帝登基不反正过来呢？那二哥不早是千总、守备……一节一节升上去，享福也享得不耐烦。

二哥的命运，说起来，全是为一些革命党把来革掉了。真命天子之出现，固然有一日是必会如二哥所望而实现的。

真命天子一出，于是二哥"升官发财"，被革命党革去的运气那时必也都回转来。但在这期待中，有什么法子可以使二哥用苞谷烧酒来安置自己？

幸好，同住的罗罗，是那么一个人：会到赌博场上捞两个来让酒壶不空。不然，只凭八块四毛钱同三斗多米，恐怕想把酒来安置自己也不大容易！

"我以为老弟不会来了，所以——"壶嘴又同自己的嘴碰在一起了，二哥眼睛还斜斜地为床上枕头边那个抱肚吸住。

罗罗像在算账似的低头寻思。

实在是忍不住了："老弟，今天会又捞了几个吧？"

照例的又是一个"保到本"。

"回回保到本？老弟那一手牌无有不——"

"今天当真是保到本。一上场还下个六七块，要不是后来一牌抓到那四个洋伞把把（J）同那年轻副官反了又反，扳了点本，几乎酒都喝不成——"

"洋伞把把万岁！"二哥听到四个太子同一个Ａ字虎碰头，一口猛酒呛得大嗽。

"慢点吧，哥，没有谁同你抢！"

因为罗罗的笑话，反而使二哥老实不客气把酒壶率性抱到怀中了。

"庆贺那四个太子！老弟，老弟，怎不该庆贺？若不是那个A字虎，你不是白抓了吗？"壶中已半空了，二哥把壶内空气喝得嘘了一声。"老弟，你也来一口吧。"壶虽然还是卧在二哥的怀里，但壶嘴却已对着床上的罗罗了。

盘腿坐在床上的罗罗，正低下头去用手指玩弄着那一双被水泡得苍白的脚板。也许是正在研究十个脚蹬指皱缩了的形式，故而不能分心来接受二哥的客气。

罗罗连唔也不唔，二哥只好又向壶嘴亲一个吻。

外面的雨还不休息。

一九二五年十二月二十七日作

堂　兄

不知怎样，或者是白天读到故乡的来信吧，夜里就梦到堂兄对我微笑。当时像是知道他是死了又似不知，我也对着他微笑。

是在六年前就卖去了的老屋院子中，这房子同堂兄，近来我似乎因为接近的人都很生疏的缘故，许久都不提起了。就是一个人单独处在寂寞环境中，偶然忆及很快又忘了。想不到梦中又寻到故乡同堂兄微笑一次！景哥时常说我还想家，眷恋到许多过去的事物，我不承认。过去的，远在天外的，我都当成死了的世界。我要抓住的是眼前的一切。然而我不能禁止梦不回转故乡去寻找堂兄。

他把那扇大门推开，光露一个头进来，像探望什么。

"喂，喂，万林大哥，你好！"

他不作声，只笑。这笑是表示听到我的问话了，像无须乎答这句话似的。

他走进来时，才看到他是穿起新蓝布大衫的。

"二弟，怎么转来了？"

"到外面饿不住了就——"

"我看你是肥了。"

他走过来摩我的脸,像我比他小好多,还是六七年前神气。我抬起头来,看见他的下巴了,四五根青胡子,有一分多长。他头稍偏,我又望到那耳下一条疤痕。

"这个,亏得吴老柔的药水。"他把摸抚我脸颊的那只手缩回去抚到自己颊上。

"当时很痛吧?"我问他。

"只热,一点也不痛!我倒在亭子前石凳上时,陈士英他还踹我一脚咧。"

当时不注意他的腰,听到杀他的仇人踹他一脚后,过细看看,果然那件蓝布大衫大襟上有一个草鞋泥印。

"哪一天捉到他时,我们也会一个一脚踹死他!"六弟趴在窗子口搭了一句话。

"巴鲁弟弟你下来,窗子要倒了!"

六弟太顽皮了,听到堂兄的话,反而把两只手扳着窗格横木,脚同打秋千似的摇起来了。

六弟在不知什么时候跌进鱼缸了,满院子都是鱼缸里泼出来的水。万林大哥不顾惜他那件新蓝布大衫,却用手拾那地下大大小小的红金鱼,用衣襟兜着。这成什么事呢!六弟间或又从鱼缸边上露出一个湿漉漉的头来,顽皮地喊一声"二哥"又缩下去。把我一双新呢鞋弄得透湿,我就气醒了。

醒来看看床前两只开了花的棉鞋并不湿透,还极浪漫地一横一竖地相离一尺来远卧在地上。

堂兄以前和我同在一个军队里生活过,约有一年半。我那时当副兵,他是司令部的弁目。他大我七岁,我那时还只十五岁。我们一同出门,又同在一个地方做事。他那时是我的堂兄又是我的妈,关于我生活上许多事情,睡眠、饮食以及一些琐琐碎碎的小事,都需要他的照料。我们一同在差弁棚住宿,每天五点钟左右,正做着好梦时,身边有一个人摇我的膀子:"老弟老弟,点名了,快快!你听号音!"

五点钟,不过天上露出一点曙色罢了,然而当时睡到五点钟还要人来摇醒,就已觉得是很可笑了。不单是我们,就是那位副官长,每夜从不在十二点以前上床的,他也从不到九点以后才起床。我们把名点完,略略休息就上操,七点下操。下操后回住处,从那副官长窗下轻轻地走过时,窗子里那一个漱口罐同牙刷总是搅得很响。

"副官长精神真好!"我那时知道,副官长精神之所以好,是每天燕窝同洋参补的,并且副官长是不吸烟的,任什么烟都不需要。关于副官长的为人,堂兄比我更知道许多,堂兄曾在他手下当过两个多月差。他说全司令部四十多个高级官佐中,找一个比副官长更为全才的人恐怕没有了。也是当兵出身,但公文据许多人说是比秘书长还熟悉还快捷。参谋长是士官生,但论起军事学问来未必及他。堂兄同我讲这些,当时另外有用意,但我却不注意,我佩服副官长,只不过"精神好"而已。

有一次,我靠在堂兄的床上,见到壁间那一套黄军服,军服旁还钩着一顶崭新的军帽,羡慕极了。

"万林大哥,我什么时候可以得这样一套衣服穿?"

说实话,我那时对那套军服,不光是羡慕,简直还有点妒忌！穿灰棉布兵士服的人出司令部时，必得先向那一连四道守卫的两个卫兵举手，他才随随便便地回你一个立正放你出去。到街上呢，见到同样服饰的同部人，相互行一个礼那是不费事的。但上街的官佐总比兵士多，这就麻烦了。他们穿起马靴高视阔步在街中心走着，你远远地就得预备，到近身时，向旁边一闪，霍地立一个正，把手举到帽檐边来，看他们的官章的差异，生出兴趣的不同来回你一个礼。遇到司务长、副官之类，他们知道见上司的悲哀，他们有些也是才从兵士爬上来的，一面引这个为足以夸耀路人铺子里徒弟的事，故他见到你对他示敬时，总高兴亲切地回你一个举手礼。若是"校"字号的，那你简直心中要骂娘了。他们骑在马上或步行，眼睛只看到前面虚空，若是你比他官阶更大点，他是知道跳下马来，或者站到路旁，恭敬灵便、姿势准确地行一个举手礼的。但你若是兵，身子又是那般小呢，这不能怪他！他对兵士向他致敬已感到厌烦了，只装成不看见，大踏步走过去。实在不得已要照样表示一下，手是那么卷成一个荞粑似的，挂到帽檐一秒钟。

若是穿黄衣像弁目服装出去时，那是不会有许多难堪的。弁目是少尉阶级，这阶级虽不能吓什么人，骑马的营长绝不会为你帽章肩章而下马，但从下面数起，已很可以把得来的敬礼与对人致敬的悲哀相抵除了。

当时堂兄却一本正经地说："你应当做到副官长或更像样点的官。一个弁目，只是不读过书当差事能勤的人做的事。"

堂兄对我说的话，太夸大了，我觉得好笑。然而堂兄的期望同我自己的期望，的确又是那样，以为将来是要把司令部中顶高那个位置设法取而代之的。

不过眼前的亏吃够时,还是不能忘情于堂兄少尉的黄色服装。

因为特殊的缘故,我每日除了上午五点半至七点二十分,下午两点半至四点二十分两次兵式操以外不必服什么勤务,所以我才有许多空暇来学写楷字。写字的导师自然就是堂兄。他是临过黄山谷的字帖的,我从他那里又才知道陆润庠、黄自元以外还有许多会写字的人。

"懋弟弟发狠写字,将来会成名家的,不但是卖钱,还有——"

他这话合了我的心意,从此我就发狠地学写字了,写字的结果,一年后我升了部中秘书处的录事。

我把灰衣脱下,穿起家中特为缝制的那件蓝大布"二马裾"齐膝衫子,去到差弁棚看他时,他把我搂住倒向床上去,高兴极了。

"弟弟,你看你这衣!一年工夫人就长了许多,衣服简直穿不得了。我们明天出外去买件料子来做一件合适的。如今不比从前了。衣衫也要像样一点,莫使同事看不起。你喜欢灰的也好,灰的爱国布可以不怕脏。"

身上的衣服,的确太短小了,还是去年出门时,家中为缝就的。一年来军服不能脱身,只像有一次,到一个姓印的家中看望由长沙上到辰州的七舅妈时,穿过一次,其余都是在竹箱中。

"事情会不多吧。每日做什么,说给我听。"

我就把到秘书处两天来所做的所见的一一说给他听了。我又说到一位书记官极可恶的事情时,他用手堵了我的口。他说:"弟弟,你自己发愤写字学公文,将来会要做书记官的,这时别人欺侮了你也要忍受!他是看到你才从副兵棚过来的,又不读什么书,才瞧不起你!你要学副官长,副官长他也是当兵,由兵升录事、副官才到这个地位的。每逢有公事要你写时,总要同人和气,提笔就写。倘若说'录事先生,你这写得不好,请费神再抄一通'时,你明知道是上司故意把稿中不妥处改了一下来麻烦你的,还是要写!军队中不单是当兵要讲服从,就是职员,不服从也不好!"

我信他的话,别人在烤火时,我写字;别人在谈笑时,我还在写;别人在另一张办公桌上大打其扑克,三个 A 同一个小顺在反来反去,铜圆跌落到地板上,书记官钩着腰肩去捡拾。秘书输了,口上骂出各种新鲜的野话,另一张桌上,我还是在写!大家玩累了,上床发出各样高低鼾声后,我伏在桌上煤油灯下抄月报的事,也是常有的。因为我的牛马精神,从前那位极看不起人的书记官,对我也稍稍和气一点了。堂兄虽说当日曾劝我凡事忍苦地做去,但听到我每晚总是很迟才睡,也极悯惜我。书记官对我的待遇,尤为他所置念,见面时,总问我:近来不感到烦恼吗?事情不累人吗?告诉他书记官近来不像从前那样磨人了,总仍然有所愤慨,对那个磨折过我的书记官十分切齿。这种神气,他虽极力想在我眼下掩饰,但我很明白的。

"弟弟自己要努力——"他虽不接着说下去,但我知道,意思是"免被别人欺凌"!

民国九年五月间,日子像是初二或初三,因为那天正发饷,我衣袋中的九块钱同三毛钱折下来的许多铜子，驼得很重。堂兄同我到中南门一家汤圆铺去吃汤圆。辰州地方只这家汤圆的馅子是玫瑰糖，这是堂兄同我所嗜好的。

一面喝汤一面说他要转去了，乘到有件差事，押送六百块军饷，转家去看看。

"大概是有点挂牵一个人。"

他知道我笑他的意思了："是的，看看你伯娘——"

"又看看嫂嫂。"说这句话时，我同时做了个讨嫌的油脸。

"嫂嫂当然也要看。"

到后他又告我近来得了几个月欠薪，换得副金戒子送姆妈戴，给嫂嫂也打了双金耳环。

我知道他的用意，告假转去，未尝不可以；但有这样一件差事，则路费可省下来。

"这一去最多半个月就可回来销差，那时我们再来吃这个吧。"出汤圆铺门时，是那么约下来的，听到这话的，或者还有那个驼子老板。说是半月，这半月不知要经过多少时间始能到他所预约的一日！此后我羁流在辰州那半年，却没有敢再进那小汤圆铺的勇气了，从他铺子前过身时，我就想到堂兄临出门时约的那两句话。

初五那天早上，堂兄同了个伴当动了身，很早很早地还跑到我住处来，像我做副兵时每早上来摇我的神气。

黄衣服脱去了，身上穿的是一身灰制服，但帽子还是那顶先前戴过的。

"怎么，大哥你要走了？"我想坐起来，又被他按下去了。

"弟弟不要起来。走了，半月后就见面。"他像知道同房几个人各自正在做着好梦似的，话说来特别轻。"弟弟，快快活活做事，到家时我去看婶妈，说是弟弟近来人极好，能吃饭，人人都喜欢他，不挂牵家里……"

堂兄说到不挂牵家，看我眼睛红了，知道我想念母亲了，忙改过口来："到八月中秋节，就可以告假转来看看婶娘同九妹。那时可以帮九妹买许多好玩的东西。"

"你为我问候伯妈同嫂嫂。"

"好，我为你问候，说是懋到中秋节左右就回来看望伯妈，嫂嫂也问候了……弟弟，不要起来，我就走了，他们等着。"

望着堂兄拿着我托他带回家去的那个小包袱（包袱中有一双套裤，同那件我不能再穿的蓝布大衫，另外有我每日临写《云麾碑》积下的四十多张大字），背影消失在门帘背后时，门帘子在晃动，我蒙着头哭了。

堂兄什么时候动身我不知道。走后第二天，我到差弁棚遇到一个姓杨的弁兵，问及时，才知道一共有五个人转家。五人中除堂兄外，我认得一个姓唐名叫仁怀的，因为我住副兵棚时很同他相熟。另外三个有两人是弟兄，先在万林大哥处做过许久客，似乎同堂兄极要好。另一个痞子副官，据许多人说全司令部就只这位痞子副官会赌钱，扑克每场总赢，麻雀牌两圈以后能认识至少七十张，如今是赢了四百块钱转家的。

若是我那时还在副兵棚，堂兄回去，也许更觉得惆怅吧。但到了秘书处，就同一个姓文的秘书官下象棋，对于堂兄，似乎就忘却了。

堂兄去后第四天一个晚上,译电处的译员同姓文的那个秘书官,在秘书处对垒,我在写一件最冗长的公函,传事兵送来一个电稿到他们棋桌边。

"将军!将军!动这一着再看吧。"

译员没有作声。

"有什么要紧事?"文秘书把一个棋子在桌上拍一下,取笑的样子。我有一个极奇怪的脾气,当我正在写不愿意写的公事时,总只是埋起头一直写下去。一行没有写完,纵旁边同事问询我什么,我总不理会。我斜眼看到那个传事兵手里持了个黄信封递到棋桌旁了,文秘书连喊两次"将军"我也听到,把公函某行末尾一个字写完后,我抬头望他们时,又听到文秘书后来那一句问话。

译员把手抚着自己的头,颜色全变了。那个黄信封搁到棋盘上,那张未译就的电稿落在地上。文秘书正钩下腰去拾。

"什么事?什么事?译译吧!"

文秘书把纸拾起,看不出一个所以然。

从译员的脸上,他看出不是译员被刚才士角上那匹马将了一军想脱无从地故意做神做鬼了。

"都完了!三个,五个,一齐都完了!"

听到说五个,虽不知是指怎样一种事情,但我忽然想起堂兄的同伴来了。

门帘启处,副官长手里拿了一根短短的光漆棍子很活泼地进来了。

"副官长,他们死了!"译员的话,突如其来,副官长愣着在房子正中不再走动。

接着译员走近副官长身边,把那张电报用类乎口吃的念法念完了。

电报是:

辰州司令鉴:五日来差……万林等行至马鞍山为匪杀毙,一人死,一重伤,匪即其同伴陈士英弟兄,已请防军缉。特闻。波叩

当时是怎样一种扰乱情形,自副官长至伙夫讨论着这事,我不会如何记得了。我自己呢,扯住译员问明电稿内容后,就伏到桌上去大哭,且出气似的把我刚刚写成的公函也撕碎了。当时许多人都猜想,或者重伤的是堂兄。

第二天专差来时,得到的消息更确切了,堂兄同姓唐的当时就断了气。重伤的是痞子副官。从他断断续续的语句中,知道凶手确是同伴陈士英兄弟……

想起堂兄,从来人的探询中又知道死者的伤创是如何地多,来人又谈到家中得闻这消息后,他母亲如何地晕死到大门前。我在吃饭的桌上,曾大哭着要请司令官立刻为我捉凶手报仇。

为什么堂兄会被他招待过的客人砍杀呢?到后从重伤获救的痞子副官口中,才知是他们原同痞子副官有仇,行至马鞍山砍了副官,又怕他们告诉别人,因此把从前的朋友也一并砍掉,斩草除根。谁知结果仇人却得救再生,作陪的倒长此终古了。

虽说是六百元的赏格第二天就悬了出去,凶手纵能缉获,

伯妈四十岁未满就守下来的这块肉,已无从向何人去追赔这损失了。

是年中秋节转家一次,伯妈的头上约略加了点白的发,嫂嫂的头上多了一幅白孝帕。不敢把堂兄临走时那些事那些话说给她们听。回家同母亲谈及,才知堂兄存心为伯妈打就的一点金饰,居然做了殓他自己的费用。我托带的一个包袱,同他尸骸同时到家。母亲不忍,竟把我寄回的那四十多张字都烧掉了。

堂兄遇害又有了许多年了,我自那次回家以后,就不再见过伯妈同我自己家中一切的亲戚。经了多少次同堂兄一类的危险而我居然还活着,且一直漂流到北京来。许久不再做副官长的梦了,少尉黄制服的可爱也忘却许多年了。

倘或哪一天我能转到湖南故乡去,走进那家汤团铺子,堂兄的可爱的面容,必能在我的追忆中再生!

一九二六年元宵前一日西山

菌　子

他名字叫菌子，一个县公署的第一科一等科员，换了许多知事大人，他的事还是因他为人可靠，无别人那种野心，所以一直保全下来。那张办公桌，菌子伏到那上面已有了三年余；那张坐几，为菌子的后衣幅近股处挨擦得已极其光滑，同事们到无笑话可谈时，把这几子拿来讨论菌子的资格，也很有许多回数了。可是菌子自己，却满不在乎，对坐几也同别的一样，取的是无抵抗手段。

同事们都是这样，仿佛逗一只猫或哈巴狗似的玩，很亲昵地喊"菌子，菌子"，他有时也应，有时又不作声，看叫喊他的是什么样子一个人。遇到自己的上司，当然是很恭敬很爽利地答应着；平等同事则不理；至于下一级的录事，则菌子自有他外貌上的威严，压得住那些小职员了。

有时他也会学到抵制，但这抵制方法也全是近于自卫的，那是因为菌子这名字并不是他的本名。不过这名字用到他身上，实在又是极其适宜。所谓适宜，请各位不要误会，并不是因为他也能像三四月间、七八月间潮湿的松林中产生的那类菌子，可以拾回来炒或煮汤，作为晚饭时一味可口的菜的缘故，乃是形象。全县署对于他感到的趣味，也可以说是他同真的那类松菌一样，又柔滑，又浓，又……

他真像一朵菌子！头大而圆，顶略尖起，矮脚杆，腰成筒形，同股部找不出它们的分野来。颈项同下巴地方，常有许多襞褶……拿一朵初生出地面的松菌来形容这人，在他自己除了用"我是人，人是动物，不能用植物来打比"一类很勉强的话辩解外，似乎也很难找出一个有力的不承认比拟恰当的理由了。

菌子从什么地方来的，谁也不能知道。大家所知道的就是这个地方并不是菌子的出生地。虽说菌子学着Ａ地方的人说话能极其相像，但Ａ地人就说这人到县中还不满四年，且最明显的是Ａ地并无菌子一个熟人。想打听这个人的身世以及他的过去生活，实在是一桩很不容易的事！你遇到这人问问，答说大约是从湖北西边那里什么小县份来的吧。试去再问一个，第二个人又会说菌子大约是成都地方人了。三个，四个……你若不怕麻烦，一直问下去，回答的总没有两个人相同。实在说来，他们都不知道，近于捕风。各人但凭了菌子的各样不同的性格同身躯的模样，发抒各人的意见，使想打听他身世的人竟莫知所从。当然，我们认为可靠的，就是去问他自己。然而这个又会使你失望！平时人家问到这类事时，他总是不大愿意开口。慢慢地却你情不过，或迫不得已不得不说话时，他就答应你原籍是四川成都府小北街人——但对别一个，他便又把原籍改成湖北来凤县人了。或者又是河南信阳州前街或别的什么，总之，由他乱说罢了。菌子之所以不愿把自己生长地方说出的缘故，一半大概是自己对这事也无从确定了，另一半就是防御同事的嘲弄。因为问他这个的，有一半以上多是些坏透了想拿菌子来取笑的人。

菌子又似乎是有了什么隐匿事故，对于他的原籍，就是到许多正经事上，也还是依然保守着一种秘密。这种隐匿，我们当然不会疑到菌子是犯了什么罪所以如此。我们看看菌子的生活，就可保证他为人是在法以内的好百姓了。但也有点奇怪，片子上，菌子很明显地印着自己名号，旁边还加了一行Ａ县第一科员，把籍贯不提；至于到县署造报全署职员名册时，他竟索性填上Ａ地方人。县长对这个也曾问询过他，说是应把原籍填上。你们猜他是怎样回答的！照菌子平时那种期期艾艾的言谈，会以为这次菌子要受了窘吧？谁知当时菌子却很慷慨地说，到Ａ地有了整整三年，照现行省宪所定，把Ａ地的公民权早得到了，从前那个生长地似乎无写上之必要。职员录上关于履历一行他也不填。所以我们从县署职员名册上，想找到菌子以前的一点痕迹，也是无从找起。

有一天，办公室中，科长、科员、雇员各人在沉静地办他所应办的事件，教育科一个科员，正拿起一把极大的木板尺在长桌上画一张学校分区表。菌子把公事办完了，负着手站在桌边，看同事弯了腰在那里纵纵横横打线格。先还不为科员所注意，到科员抬起头放一口气时，见到菌子那牙齿略露微笑着的和气脸面了。菌子见同事望到他，忙好意地同情地说："太费事了，这个！"

"菌子事办完了吧，帮个忙为我画画！"其实这是一句玩笑话。

"这个——怕画坏了。"菌子就很认真地辞了,但心里却想,就帮一下忙也很好。

"画坏也不要紧。"那个科员,就把手中那三尺余长的木尺送到菌子肩上去。

远一点,一个科员听到这一方面的交涉,就插言了:"菌子大哥!到这儿来办吧,一件顶短顶容易的公函!"

菌子这时正想办一件什么公函之类,消磨这空余时间,就想走过去。然而教育科员把他拉住了,说:"他是朋友,我就不是朋友么?"

菌子忙分辩道:"都是朋友,都是朋友!"

那一边,还是大起嗓子喊着:"菌子老哥——"

这使菌子陷到困难中了。偷偷地瞅了一下这画表格同事的脸色,同事知道他在觑自己,就故意放下脸嘴,真像有一点生气的神气,且把牵着菌子袖子的那只手也缩回到自己嘴巴边抹着胡须。菌子并不很笨,知道果真是为那一边尽力,则未曾尽力的这一边就有了不平了,所以最后跑到自己座位上去,表示两人的忙都不帮。

他自问处置这事是非如此不行的,其实画表的这位同事,却并无借重菌子的真心。

不知是谁一个发起一句话,又讨论到菌子的来源上来了,第一科科长,菌子的上司,正在拟一个电稿,竟抽出空来说,从菌子肥肥的圆腰柱上,断定菌子是一个浦市地方的屠户的儿子。这话听来似乎很可笑,于是大家都笑了。其实这也很有道理。浦市地方,的确随时都可以遇到胖子,不单是屠户。然而一个司法书记官姓陆的又用菌子的鼻子去反证科长的错误,他说:"大家想想,浦市地方,可以找得出一个那么壮大那么肥厚的鼻子么?"

科长在心里忖度了一下,在浦市地方,似乎当真不容易找寻一个有点俄国人风味的鼻子,所以也不反驳司法书记官了。然而司法书记官把菌子定为河南人的话,也是极不可靠。据一个住过信阳四年的科员说,信阳地方人也就缺少这类鼻子。并且河南人不会那么矮圆,这是人人都知道的。

"那就算成都人吧,他自己说的!"先时把菌子喊作大哥的那位科员开了口。

"成都人是叫雀,不会那么讷讷。"画表格那位科员如报复似的证明前话的错。

"那就算麻阳人吧。"不知谁一个说。

"麻阳人会同人结干亲家,菌子这个就不行。"科长把前话又驳死了。

讨论的终结,还是无结果,于是付之保留。

同菌子同科的一个科员,看到科长电稿已完,对菌子的问题也有点疲倦了,想出了一句新鲜话,很庄严地从座位上站起来。

"朋友,莫那样吧!"菌子把头抬起说了,话中有哀求意思。

那同事走到菌子这边:"你不曾发过一个大誓同我说过么?你会自己忘记了!"又拍菌子的肩。

"我何尝……我们是朋友,应当少嘲弄一点。到夜间,我们可以去南街上那甜酒铺吃点什么。"菌子话说得很轻,想用请客去与同事商量。

然而结果却失败了,想不到同事却故意高声说:"大家听听，菌子夜里请我到南街上去吃甜酒、鸡子，你们谁愿去，可以一路！菌子都请，大家不必嫌弃。"

这同事极其聪明，又特别对科长做出谄媚的微笑："科长你晚上左右无事，也就去去吧。菌子是很大方的，同他客气了他反生气。"又回头向陆书记官："陆先生，我们都去，不然菌子会说诸位看不起他！"

这书记官，原是一个最馋嘴的，无事时，还到处去敲别人酒吃，如今是菌子的东道，忙说："去，去，菌子先生请哪有不去的道理。"其余同事有明知是那科员做的鬼，因为要戏弄菌子，也一齐哄然答应了。

菌子呢，这时想飞，可是飞是梦里才能够办得到的事。他又想这原是一个梦，胁下顿然生一对翅膀，想飞到别处去，却被同事把翅膀抢去，自己陷到手足无措的包围中了。到后看到科长都认真答应了，才喃喃呢呢说，手边此时无钱，过几天吧。陆书记官却立时命听差去请会计来，为菌子预支了三月份三分之一的薪水。

宣布菌子请客那位同事，待到会计取钱来时，取了一半拿在手中，扬手大声说这是五块，大概够了，暂时由兄弟保存，到了夜间八点钟，各人就请到甜酒铺去，不必再用帖子请了吧。说完，把一张五元票塞到衣袋中去了。

同事都望到菌子笑。菌子不敢对同事们望，视线斜落在桌上余下的那一张五元钞票上。票子上一角已略模糊了，褐色的花纹纸面上，有两颗小红印，菌子原是治过《说文》的人，认得一是"总理之印"，一是"中国银行"。印之下，略歪一点的地方，有一行横的红色号码是00735。菌子无意思地想着同事手中那一张号码末尾一字，不是6字就是4字……

我才说过，菌子是在A地方县公署，一个三年资格的一等科员，所谓A地方，也不是地图上没有的乌托邦，若是有人要寻这地方，向湖南省湘西区，沿到当年屈原溯江上行那一条大河，从驿路或者从拉船人的纤路，均无不可。你只一直往上走，由常德上桃源、辰州、泸溪、浦市、辰溪、洪江、黔阳，再上就到了。A地自然还有它县或府的旧名，不过我为省略起见，所以还是叫它作A地。

A地有些什么？它像中国的任何一省大点的或小点的都市一样，有许多人在一个专制时代造下来的坚固城里居住。

人与人关系中，有悲哀，有快乐，有诈骗与欺伪，有夸大同矫情，有假装的呻吟，有梦呓，有死亡。强者也是一样地迫害弱者，弱者也是一样并不对强者反抗，但把从强者得来的教训，又去对那类更弱者施以报复。各个生物的身上，都流着由祖先传下来的孱弱、虚伪、害痨病的民族的血，又都有小聪明，几乎可以说是本能地知避强项，攻打软地方。小绅士也会抖擞精神，装模作样，用法律或礼教，制服那些比职蜂还勤顺的农民。地方上也自有他十根或八根的小柱石，而这类柱石比现在国中那类柱石的无耻、虚伪、懦怯，想利用别人呐喊去吓退政敌，也并不两样。

A地还有一道大河，河两岸有居民，所以河上搭了一座很大的桥，桥上每日来往走上不计其数的人。河中两岸泊船，船上装货物，开行时，船上水手摇橹就"嚎，唉，夷来和喂"，随便地唱起橹歌来……这样说下去，似乎没有法子说完了，大家晓得Ａ地的确有，而且曾住了个名叫菌子的人物就是。以下我说菌子的生活。

东门城头午炮响后，衙门前警备队那号兵也哒哒啦啦吹起午时点名号了，不久，就有一个铃子，在听差手中，吃醉了酒似的乱喊着从窗下过去，到了休息吃午饭的时间了。同事们都把未办完的公文，放到纸夹里，用镇尺压着，陆陆续续出去。菌子一个人用了救火的匆忙脚步跑到家中去煮自己的饭。不过这也是很短暂的事，一个人去淘米切菜，似乎是太麻烦了，且煤油炉子使水沸腾，总得四十分钟，午间休息一共就只有一个半小时，到饭熟时，时间就快到了。虽菌子能用平常人所不及的麻利手腕把米弄成熟饭又塞下肚去，但终觉过于费事了，所以不久就把午餐包给署中厨房，同几个同事一起吃。晚时归家，才自己做饭。

下午归家，菌子已不会再为什么事迫着，用不上那样匆匆忙忙了。回家路上，他总不会忘记顺便买点晚饭所需的菜蔬。衙署前就是一个大露天菜市场，任什么新鲜小菜都有。菌子能知道何种菜在那一月为当时，且会用不很多的钱买到相宜的菜。或是四两猪肉，再加上一点油菜尖子，把油菜同辣子略炒，猪肉剁成饼在饭上蒸好，那就汤也有了，菜也有了，且可以匀为两餐。油呢，炉子同夜里看书的灯，自然是免不了要买，但菌子知道整桶比零买要强五六斤，所以三块六毛钱就要义记徒弟扛一桶送到家来了。至于炒菜的油，可以买也可以不买，到案桌边去称肉时，莫忘到同时要点肥的，或嘱搭一点花油，回家炒肉时把肉放到锅中略久一点，则要另外炒点芫荽、菠菜的油也有了。菌子的厨房，煤油炉子原有两个，这一个把淘好的米放下时，那一个就可以炒菜或烧吃完饭后待用的喝茶洗脸水。菌子同房东说过，这也非常方便，那么两个炉子，占地方又不大，简直可以抵一个两眼灶，就是同一个太太同住，这样也很够了。关于与太太同住的话，实际上菌子似乎并不曾想到过，不过同房东闲谈时无意中说及罢了。

一个人花两点多钟来治一餐晚饭，算来是不大合算吧。菌子的同事们，也曾劝过菌子，要他把晚饭这一餐也就包给了署中厨房，可以省许多麻烦。科长那么说过两回，但菌子却笑着不作声。一餐午饭，已就是不得已了，谁还耐烦省这点事来吃这样粗糙使人不放心的饭菜！他初来就不放心那厨房做的饭菜，常常一个人偷偷悄悄跑到厨房去看，见到那些洗菜的人，把才从肥料中取出的青菜，到水中略摇荡两下，提起来振一下水，就放到砧板上切碎丢进锅里了。从此遇到午饭桌上那碗青菜时，菌子竟连用筷子去拨动也不敢。

他并且还有两个不能把晚饭包到公署厨房的理由：其一，到公署吃饭时，同事把他也当成了一味下饭的菜，所以不去。其二，他把署中科里应办的事办完，除了上那几点钟办公室外，以后就没有什么事情可以抓弄了。到惯了衙门办事的人，积久就真成了一部机械，自己虽然还可以到家中治一点音韵学，但自己读书，哪里用得五点到六点的长时间呢。菌子又不是一个知道找寻娱乐的人，他也不需要娱乐。若是晚上还有两点钟上办公室，在别个同事，或会生出骂娘的心情来，但在他，则反而有了点着落了。对于晚上这几点钟的空闲,菌子还常苦于找不到一种工作来消磨,如果是把弄饭这两个钟头又缩短为三十分钟在署中吃那顿粗糙饭,时间又多出一点半来,那岂不是更使菌子为难么?

至于菌子把自己做成的饭吃过后,接着又做些什么,那当然第一是先刷牙齿。菌子本来极爱洁净,牙齿,则尤其照料得周到。"菌子,你牙齿非常之白呢。"或者说"菌子,阁下齿如瓠犀",或者说"东方朔齿如编贝"这类话,原出自刻薄的同事口中,含有些嘲笑的夸赞,但这很能使菌子受用。菌子总觉得这是一种足以骄傲的光荣,不论夸赞出于何等人口中,有无诚意,牙齿值得夸赞,却是事实。他愿意科长对于他拟成的公函呈文稿子,加以措辞得体的奖励,但尤其愿意科长对自己的牙齿也给以相当的赞美。有一次,一个同事像是猜中了他心思似的,告他"科长同县长讨论到你牙齿,县长说你懂卫生"。这是否出自县长的口中,菌子却不去研究他的真伪,从此以后,菌子与别一个人谈话或独自坐到时,有意无意地却把牙齿常常露着了。

菌子在Ａ地方,就是那么略无变动地过了三个整年生活,所谓"那么"三年生活,就是说菌子每日七点钟起床,热水洗脸,用无敌牌大铁筒牙粉刷牙齿,吃白煮鸡子,念关圣帝君的《明圣经》,再进到县公署去办事,每月到月底领三十块钱月薪,终日伏在办公桌上拟公函、呈文、训令、稿子,到午炮后,带着疑心去吃大厨房那种菜饭,下午回家时,转到家中就燃上煤油炉子,花两点多钟工夫去做那餐晚饭的生活。至于以前菌子在别一个地方的别种生活，当然是有好些不同的地方，但这个除了他自己知道外，别人要想知道一丝一毫也不可能。菌子说话又是像一个普通卖布的江西老表，说真话你听的人不懂，到你懂得时，那又是最不可信的话了。用归纳法来估计一个江西人是极其容易错误到相反的地位的，所以我们对于菌子的过去，简直是无讨论之必要了。菌子的年龄，据他自己说，是到今年六月初七满足三十六岁的。我们就暂且把他当成是三十六岁的人，除了以前三十三岁不算生到这世界上，拿他到 A 地的三年来说一下吧。

这三年来，在菌子周围一切的一切，当然多少都有一点不同了！就菌子所知来说，譬如北街上那个屠户，菌子曾在他手下称过一百多回四两猪肉，一个小店老板，如今是因为立了军功，做了团长了。房东家二小姐，菌子来时才出阁，如今是手边有了两个小孩子的守寡母亲了。公署中换了五个县长，这五个县长据说一个已做了省长，一个病死。以前署中的老同事，除了那两个管卷员外，如今换得一个也不剩了……还有许多许多，菌子都能觉到今昔的不同处来。间或想到这些时间上造成的不等情形时，菌子拿过去与现在来比较，总觉得过去一切是要安静一点，生活也平和一点。来日一天比一天差，不论社会或是人心。菌子还常常发着感慨，以为先两年，人心似乎淳厚许多了，如今真不成事！这些也是很有道理的，菌子在署中，在同事们中保有的尊严，一年就不能维持一年。菌子的名字，虽说初来一年就被同事喊出了名，但当时别人对菌子总还有多少畏惧，除了几个同事喊叫，此外无人知道。如今则这名字似乎竟传开去，同一个小石子丢到水面上所起的浪一样，跑到四面八方去了！地方财产保管处那胎毛不曾干实的小孩子也居然"菌子菌子"叫起来了。世界真是变了，从菌子方面所受的迫害，我们并且可以说世界当真变得一天比一天坏。

有人会怀疑，以为既说是菌子的同事都已全换了新的，为甚前一届同事为他取下来的这类坏名字还能传给于第五批以后的同事？这我得解释解释。你们不知，每当办交卸的时候，同事就同时把这位菌子的名字、性格、为人与乎对付方法，全当成一件正事，交卸给接手的新同事了。所以菌子的名就一直传下来。菌子因了这名字所得的一切不合理的迫害，也由旧同事传给新同事。

三年来，用日计，折合了一千一百多天，若是把那个由屠户而做匪，做匪后又上山落草，落草以后又攻城把A地东门外房子烧了三百多间示威，又……一直到招安、升官为止，要记述一下，怕非要预备两册很厚的书不能办到。但一说到菌子，好像用我前面所写的几千字，已算得够了。果真要延长下去再过三年，菌子没有迁居，事业也依然如故，换了个县长，换了批同事，他还是那个每月三十块薪水的第一科科员，想来还是没有什么变动的。要菌子在一定生活中发现自己新的不同处来，真是不会有的事。菌子根本上就像一个安分的人，没有要求；纵有，也就是希望另一批新同事少对他作弄一点而已。实际上，他是那么（一个人）：每一个眼前来到的一天，都如过去的任何一天，除开放假，寒暑无异，他都是规规矩矩到办公室办公，接受同事们各在家中就预备下来的各样新鲜取笑方法。

回到家后，做完我方才所说那种照例生活后，就躺在自己那具很精致洁净，荆州缎被面，花洋布新式扁枕头的床上去，做一点比较上使自己平静一点的梦。做的梦有时是对于同事的复仇，当然不免比普通时的菌子要激烈点了。不过大多数说来，在梦中的菌子，依然还是与白天我们所见到的菌子一个模样：怕生事，爱和平，极其忠厚老实，对暴力迫害，所守的还是无抵抗的消极主义。

　　他常常在梦中觉得到这是梦中，梦中是可以恣意同人打骂不怕上司处罚的，于是预备卷衣袖起身对同事用力施报复了，不幸的是最后还是被别人用一只破袜子或一个纸球，口喊"法宝来了"，把菌子惊倒在地，醒来心只是突突地跳。他有时又梦到在家中正煮鸡子，一只小小的灰色老鼠从脚下蹿过去，且停在对面那字纸篓旁观望自己。有时又梦到被几个同事包围，一个同事正扬起手喊打，打，自己急得无法逃脱，想变一只什么鸟雀飞上天去，或口中念念有词，纵不逃到别处，同事们为隐身法所蒙蔽，把自己所在地就藏过了。煮鸡子见到小小老鼠，那是事实的再现；被同事包围，也是事实的再现；其不同处，就是事实上为同事们坏言恶语所攻击时，想变一只鸟总无从变，在梦里，则居然胁下长了一对翅膀，一振动，就离开同事的攻击火线以外去了。或者虽仍然立在众同事身边，但同事肉眼已不能再见到。菌子又有两次梦到新升了科长，三年中只有两次做这类梦，自然不能说是菌子不应有的野心。又做了一次自杀的梦，梦到被同事逼迫不过，当到众人面前就用裁纸刀自刺死了，倒在地上，身边流了一摊血，且写了一封遗书给县长，说同事们怎样怎样地坏，直到县长把遗书读完，也流下泪，说这人可怜，登时就把凡是欺侮过菌子的同事都叫去为菌子执绋送丧，于是菌子就满意醒了……

菌子的梦，自己所能记起，而又很多的，就是梦中还不能逃出同事独在一地方去办公，总是那几个同事假装地捏起拳头喊打，事实上有些同事已早离了县署往别处去了，但梦里则凡是那几个顶刻薄的总在场。当到自己摇身一变，翅膀生出以后，刚要到飞去时，或又被一个同事扯到一只脚，落下地来，或身上虽有翅膀竟无从上飞，或翅膀被一个同事用力夺了去，想要念"借土遁"的咒，则地上先为同事念了"指地成钢符"，彷徨无所措手足。和事实一样，把自己围到一群疯狗样的同事中间，让几只疯狗扑拢来就咬，或又不咬，总之，逼得自己快要昏迷时才得救。

在 A 地方，如今大约还有个菌子存在着。

一九二六年三月作于北京西山

更夫阿韩

我们县城里,一般做买卖的,帮闲的,伕子们,够得上在他那姓下加上一个"伯"字的,这证明他是有了什么德行,一般人对他已起了尊敬心了。就如同门口那卖红薯的韩伯、做轿行生意的那宋伯等人便是。

这伯字固然与头发的颜色与胡子的长短很有关系,但若你是平素为人不端,或有点痞,或脾气古板,像卖水的那老杨、做包工的老赵,不怕你头发已全白,胡子起了纽纽,他们那娘女家、小孩子,还不是只赶着你背后"烂脚老杨唉!送我一担水""赵麻子师傅,我这衣三天就要的啦"那么不客气地叫喊!你既然没有法子强人来叫一声某伯,自然也只好尽他那些人带着不尊敬的鼻音叫那不好听的绰号了。

这可见镇筸人对于"名器不可滥假于人"这句话是如何地重视。

在南门土地堂那不需出佃钱的房子住身的阿韩,打更是他的职业。五十来岁的人了,然这并不算顶老。并且,头发不白,下巴也是光秃秃的。但也奇怪!凡是他梆子夜里所响到的几条街,白天他走到那些地方时,却只听见"韩伯,韩伯"那么极亲热的喊叫。他的受人尊视的德行,要说是在打更的职务方面,这话很觉靠不住。他老爱走到城门洞下那卖苞谷子酒的小摊前去喝一杯。喝了归来,便颠三倒四地睡倒在那土地座下。哪时醒来,哪时就将做枕头的那个梆取出来,比敲木鱼念经那大和尚还不经心,到街上去乱敲一趟。有时二更左右,他便糊里糊涂"哱,哱,哱,哱"连打四下;有时刚着敲三下走到道台衙门前时,砰地听到醒炮响声,而学吹喇叭的那些号兵便已在辕门前"嗒——嗒——"地鼓胀着嘴唇练音了。

这种不知早晚的人,若是别个,谁家还再要他来打更?但大家却知道韩伯的脾气,从不教训过他一次。要不有个把刻薄点的人,也不过只笑笑地骂一句"老忘晕了的韩伯"罢了。

那时,他必昂起头来,看看屋檐角上的阴白色天空:"哦!亮了!不放醒炮时倒看不出……"接着只好垂头丧气地扛着他那传家宝慢慢地踱转去睡觉。走过杨喜喜摊子前,若是杨喜喜两口子已开了门,在那里揉面炸油条了,见了他,定会又要揶揄他一句:"韩伯,怎么啦?才听到你打三更就放醒炮!晚上又同谁个喝了一杯吧?"

"噢,人老了。不中用了。一睡倒就像死——"他总笑笑地用自责的语气同喜喜两口子说话。

有时候,喜喜屋里人很随意地叫一声:"韩伯,喝碗热巴巴的猪血去!"他便不客气地在那脏方桌边一屁股坐了下去。客气,是虚伪。客气的所得是精神受苦与物质牺牲,何况喜喜屋里人又是那么慷慨大方。

然而他的好处究竟在什么地方呢?就是因他和气。

他的确太和气了。

他没有像守城的单二哥那样，每月月终可到中营衙门去领什么饷银：二两八钱三的银子，一张三斗六升的谷票。他的吃喝的来源，就是靠到他打更走过的各户人家——也可说听过他胡乱打更的人家去捐讨。南街这一段虽说不有很多户口，但捐讨来的却已够他每夜喝四两苞谷烧的白酒了。因为求便利的缘故，他不和收户捐的那样每月月终去取；但他今天这家取点明天那家取点来度日，估计到月底便打了一个圈子。当他来时，你送他两个铜圆，他接过手来，口上是"道谢，道谢"，一拐一瘸地走出大门。遇到我对门张公馆那么大方，一进屋就是几升白米，他口上也还只会说"道谢，道谢"。

要钱不论多少，而表示感谢则一例用"道谢"两字，单是这桩事，本来就很值得街坊上老老小小尊敬满意了。

我们这一段街上大概是过于接近了衙门的缘故吧，他既是这么不顾早晚地打更，别的地方大嚷捉贼的当儿，我们这一节却不听到谁家被盗过一次。虽说也常常有南门坨的妇人满街来骂鸡，但这明明是本街几个人吃了。有时，我们家里晚上忘了关门，他便哪哪地一直敲进到我家院子中来，把我们全家从梦中惊醒。

"呵呵！太太，少爷，张嫂，你们今夜又忘记闩门了！"

他的这种喊声起时，把我们一家人都弄得在被单中发笑了。这时妈必叫帮工的张嫂赶紧起来闩大门，或者要我起来做这事。

"照一下吧！"

"不消照，不消照，这里有什么贼？他有这种不要命的胆子来偷公馆？"

"谢谢你！难得你屡次来照看。"

"哪里，哪里——老爷不在屋，你们少爷们又躺，我不帮到照管一下，谁还来？"

"这时会有四更了？"

"嗯，嗯，大概差不多。我耳朵不大好，已听不到观景山传下来的柝声了。"

我那么同他说着掩上了门，他的梆声便又哪哪地响到街尾去。

直到第二天，早饭桌上，九妹同六弟他们，还记到夜来情形，用筷子敲着桌边，摹拟着韩伯那嘶哑声音："呵呵！太太，少爷，张嫂，你们今夜又忘记闩门了！"

这个"又"字，可想而知我家院子不知他敲着梆进来过几多次！

"韩伯，来做什么？前几天不是才到这儿要过钱！"顽皮的六弟，老爱同他开玩笑，见他一进门，就拦着他。

"不是，不是，不是来讨更钱。太太，今天不知道是哪里跑来一个瘦骨伶精的叫花子，倒在聂同仁铺子前那屠桌下坏掉了。可怜见，肚子凹下去好深，不知有几天不曾得饭吃了！一脑壳癞子，身上一根纱不有，翻天睡到那里——这少不然也是我们街坊上的事，不得不理……我才来化点钱，好买副匣子殓了他抬上山去。可怜，这也是人家儿女……"

韩伯的仁慈心，是街坊上无论哪个都深深相信的。他每遇到所打更的这一段街上发生了这么一类事情时,便立即把这责任放到自己肩上来,认真地一把鼻涕一把眼泪洒着走到几家大户人家来化棺木钱;而结实老靠,又从不想在这事上叨一点光,真亏他!但不懂事的弟妹们,见到妈拿二十多个铜子同一件旧衣衫递过去,他把擦着眼睛的那双手背上已润湿了的黑瘦手伸过来接钱时,都一齐哈哈大笑。

"你看韩伯那副怪样子!"

"他流老猫尿,做慈悲相。"

"又不是他小韩,怎么也伤心?"

弟妹们是这么油皮怪脸地各人用那两个小眼睛搜索着他的全身。他耳朵没有听这些小孩子说笑的闲工夫,又走到我家隔壁蔡邋巴家去募捐去了。

过年了。

小孩子们谁个不愿意过年呢。有人说中国许多美丽佳节,都是为小孩的,这话一点不错。但我想有许多佳节小孩子还不会领会,而过年则任何小孩都会承认是真有趣的事!端午可以吃雄黄酒,看龙船;中秋可以有月饼吃;清明可以到坡上去玩;接亲的可以见到许多红红绿绿的嫁妆,可以看那个吹唢呐的吹鼓手胀成一个小球的嘴巴,可以吃大四喜圆子;死人的可以包白帕子,可以在跪经当儿偷偷地去敲一下大师父那个油光水滑的木鱼,可以做梦也梦到吃黄花耳子;请客的可以逃一天学;还愿的可以看到光兴老师父穿起红缎子大法衣大打其觔斗,可以偷小炮仗放——但毕竟过年的趣味要来得浓一点且久一点。

眼看到大哥把那菜刀磨得亮晃晃的，二十四杀鸡敬神烧年纸时，大家争着为大哥扯鸡脚。霍地血一流到铺在地上的钱纸上面，那鸡用劲一抖，脚便脱了手。这时九妹也不怕鸡脚肮脏，只顾死劲捏着。不一会儿，刚刚还伸起颈子大喊大叫的鸡公，便老老实实地卧到地下了。它像伸懒腰似的，把那带有又长又尖同小牛角一般的悬蹄的脚，用劲地抖着，直秒秒地一直到煮熟后还不弯曲。

这一个月一直到元宵，学校不消说是不用进了。就是大年初一，妈必会勒到要去为先生拜年。但那时的先生，已异常和气，不像是坐在方桌前面，雄赳赳气呼呼拍着界方，要我们自己搬板凳打屁股的样子了。并且师母会又要拉到衣角，塞一串红绒绳穿就的白光制钱，只要你莫跑太快让她赶不上，这钱是一定到手的。

……

这时的韩伯呢，他不像别一个大人那么愁眉苦眼摆布不开的样子；也不必为怕讨债人上门，终日躲来躲去。他的愉快程度，简直同一个享福的小孩子一样了。

走到这家去，几个粑粑；走到那家去，一尾红鱼——而钱呀，米呀，肥的腊肉呀，竟无所不有。他的所费就是进人家大门时提高嗓子喊一声"贺喜"！

家家把大门都洗刷得干干净净，如今还不到二十七夜，许多铺板上方块块的红纸金字吉祥话就贴出来了。大街上跑着些卖喜钱门神的宝庆老，各家讨账的都背上挂一个毛蓝布裕裢……

阿韩看到这些一年一次的新鲜东西，觉得都极有意思。又想到所住的土地堂，过几日便也要镇日镇夜灯烛辉煌起来，那庄严热闹样子，不觉又高兴起来，拿了块肥腊肉到单二哥处去打平和喝酒去了。

土地堂前照例有陈乡约来贴一副大红对联。那对联左边是"烧酒水酒我不论"，右边便对"公鸡母鸡只要肥"。这对子虽然旧，但还俏皮；加之陈乡约那一笔好颜字，纸又极大，因此过路的无有不注意一下。阿韩虽不认到什么字，但听到别人念那对子多了，也能"烧酒水酒，汾酒苏酒……"地读着。他眉花眼笑地念，总觉得这对子有一半是为他而写的。至于乡约伯伯的意思，大概敬神的虔诚外，还希望时时有从他面前过身的陌生人"哦，土地堂门前那一笔好颜字"那种话跑进他耳朵。

这几天的韩伯连他自己都不晓得是一个什么人了。每日里提着一个罐子，放些鱼肉，一拐一瘸地颠到城头上去找单二哥对喝。喝得个晕晕沉沉，又跟跄地颠簸着归来。遇到过于高兴，不忍遏制自己的兴头时，也会用指头轻轻地敲着又可当枕头又是家业的竹梆，唱两句"沙陀国老英雄……"

"韩伯，过年了，好呀！"

"好，好，好，天天喝怎么不好。"

"你酒也喝不完吧？也应得请我们喝一杯！"

"好吧——咦！你们这几天难道不喝吗？老板家里，大块大块的肉，大缸大缸的酒，正好不顾命地朝嘴里送……"

每天早上，一些住在附近的铺子上遣学徒们来敬神时，这些小家伙总是一面插香燃烛,把篮子里热气蒸腾的三牲取出来,一面同韩伯闹着玩笑。学徒们口里是没事不惯休息的,为练习做买卖,似乎这档子非铺柜上的应酬也不妨多学一点。其实他们这几日不正像韩伯所说的为酒肉已胀晕了!

这半月来韩伯也不要什么人准可,便正式停了十多天工。

一九二六年五月四日作于窄而霉小斋

黎　明

江面上篷顶上听不到雨点打击声，以为是天晴了。

一夜的雨，虽不大，却是继续不息，河中水涨到了什么样子，是我们担心的事。船会冲去吧，似乎以前也有过那类事。系船的绳索稍不牢靠，船就随了水流下去。睡在船上的人，竟会安然地到平日起床时才醒。一睁眼就见到了所要到的地方，那太美了，近于神话样故事了。若是能冲，且能那么略无危险地流过许多大滩同转弯的急流，就在我们梦中冲去也很好哩。

我们正是下驶呢。只要平安，莫碰到大浪，莫同突到河中的石角相撞，莫随漩溜滑进山洞去，明早上我们一睁眼就望到辰州木关上那个大庙，至少我是很愿意这船在夜间会挣脱了绳索向下流去。

因了船的摇动，我们都时时醒来，醒转来就说着各样坐船的话。叔远是不消说比我醒得更多了。在迷蒙中似乎听到他常常咳嗽，又似乎在很低地抑着声音啜泣。看他样子，为他觉得可伤。他又像是不需要人安慰的样子。问他：要茶吧？说不。要把枕头多垫高一点吧？说不。"你那么很令人担心呢！"说是："那不要紧，咳一会儿就会好了。"看他那种凄然情形，听他那种喉咙喑着如在一个坛子里说话的声音，除了陪他流泪外真没办法！

他说到了常德，就可写信回去，告家中人，不然他们会又疑心在青浪滩把船翻了。我没有说什么。

"我们是不是半月或是二十天就可以抵北京呢？"

"那可不知道。大概总可以到吧。"

"到了以后我们可以到照相馆去合照一个相寄送我妈。"

"这非常好。"

"明年放了暑假又可以转家来。你若没有什么不得已的事，也可以陪我转来，一同又到我乡下去，碾子堰上的鲤鱼鲫鱼都多呢。"

"我们可以钓鱼，倘若我真能同你一道回来……我出了门就不想回头了，回头值不得我留恋。"后两句，似乎不为他所听到，或是他听说可以钓鱼，就想到在碾堰坝上钓鱼的情形去了，见我不作声后又说："我们堰坝上鱼是很多很大的，坏透了的是那个疤子三叔——你认得他呢，前次我们两人见过他到新场田坪中打拳玩着那一个。那是顶讨人嫌的一个人。豪爽是豪爽极了。到外面去充大哥，仁义到把家中分下来的三百多租子坛干水尽时，弟兄们一散也不理他了。于是剩下一个光棍，只有想方设法来勒我们，口口声声说是堰坝不应归五房一房独有，于是找到了卖鱼的机会，挑两担药把溪里的鱼全毒死了。我妈阿弥陀佛一句话也不说，我更其不好意思。他把鱼毒死了还好意思送十来尾大鱼给我家。"

"那你们碾子上近来是没有多少鱼了。"

"不,我妈接着又买小鲫鱼——二手指大的鲫鱼放了许多,前次我们钓得的不是又有半斤一个么?我妈说堰坝水深,鱼就不会逃到别处去。真是呢,那一条溪里只有我们堰坝水深……不到一丈吧。怕会过了一丈!热天洗澡一个氽子打下去,要好一阵才能落底。我大哥那小孩子都敢打氽子下去,他泅水比你我还溜刷在行。"

"我见到那水太阴沉,就不敢下水了。"

"那不用怕,从不闻淹坏过人。你将来可以去试试。就只那一处深。接近水磨闸口前一点不用担心,水还不能过你颈脖。"

可怜的叔远,离开故乡还不到三日,就对他那可爱的水碾子如此眷念,设若把路程时间去得更远一点,又将如何排遣呢?每日谈谈,或就可以减除多少寂寞吧。为时再久一点,也许就全然会忘却吧。我只能用简短的话去应付他。

虽然用简短的同情的话与他接谈,但我仍然于不知不觉中睡着了。

关心着河中的水,不到半夜我又醒转来了。昨天白日是太疲倦了,半夜又谈了许多话,这一醒来,似乎已睡了许多时。雨怕还在落吧。很静心去听,除河水汩汩啮着船旁的细碎声音外实一无所闻。前后舱篷又搭盖得那样紧密,不能见到一丝天光。不知究竟已到了天明没有。很匀称的鼾声在我附近出着气。叔远这时大概是已梦转家去到水碾子上钓鱼去了。我很轻地很轻地爬起来,越过叔远身上,又越过看船那人身上,在船梢上把那活动的篷推开了,大的水点打在脸上,使我微惊。天是全黑,看不出河身怎样变化来。水在船旁活活流着,像是很凶。

有令人舒畅的凉风从对岸吹来。一夜的雨把河身提高,那是无疑了。但听这水声,又不能使人相信涨了多少。似乎是昨夜也就那么响着吧,我无法断定,也不去估计了。

心想若是这时有一支洞箫在别一个地方吹,这样听来,使人感动。然而自己舱里就有两支箫。我可以吹着让别的船上人去领味。不是为怕吵醒他们,我是懒于进舱去寻找。少待一会儿,远远的,是对岸吧,有一种代替了箫的声音在湿空气中贴着河面飞过来了。是一个把嗓子提高几乎成了妇人般那样尖锐断断续续叫喊着的声音。这声音又像是在沿河岸走动。不久,又见一个萤火虫样闪烁摇动着的火把了。声音是从那火把处飘来的,因为声音同火把都是在动。火把忽而不见,又忽而见于另一个地方,像是为河边的柳树林子所遮蔽,是以虽暂时隐去,不久又很寂寞地在岸边摇动了。这是找谁的呢?是为了水上了堤呼救吧,是为了自己的空船为水漂去了吧,是船上人生了急病……或是有土匪到对岸吊人吧?都不可知。看那情形,又像是我所能猜想的几件事以外。

呼声同火把暂时都消灭了,我才又听到船旁活活流动的水的声音。除了水的声音以外一切都是死样的静寂,只微微的凉风在脸上吹过。

在叔远脚下蜷成一团睡着的看船人也起来了,爬出舱来站在那船舷上撒尿。一面说:"水涨了,真不得了!但不必怕。睡睡吧,早咧。还可以放心睡一觉。"

对河那个火把又在时明时灭地闪动了,我俩都注意对岸。

那火把,先时似乎还在我们下边,如今已在我们上边了。

接着又喊了两声，像遇到了什么，火把隐去，就不再听闻那种尖锐声音了。

"那是一个有公事在身边过渡赶路的。"火把熄后，他才重重地放了一口气说。

"怕真是呢。"

"我常常听到这种声音的，这几天每夜都有。喊的是'渡船呀，渡船呀'，半夜三更别人正好睡，他老人家却渡呀渡呀地沿河叫。水是那么大，若是船在这边，还得划两趟。公事这东西真不是儿戏！"

"还不是只有驾起桨来的一法。我若是做了这门鬼事业，听到喊，比他们还会更快一点……你敢不划么？慢一点他就会捶你。他是公事，误了事他们长官就得要他的命。是不是，就要他的命？"

"那也看事来，若是打仗……"

"怎么，涨了水么？"舱里的叔远，大概是为我们的谈话吵醒了，似乎是在起身。

"莫出来吧，外面空气十分潮湿，风很凉，你咳嗽怕不好呢。"因为久立在微微的凉风中，我身上也觉得有点冷起来了。

"不怕，我稍站一会儿。"

"我们也要进舱了！天还没亮。"

但是叔远还是披了他那一件短短的青布夹袄爬了出来。

离天亮不知还有多久，空中又无星子同月，但在暗中久站一会儿，我们的脸相是互相可以分得出来了。叔远立在我身旁，沉默地望着天空。初吸着湿的空气，不咳嗽了，只听到他略略在喘。看船的那人仍然立在船舷上，一只手扶着湿的船篷，一只手叉在腰间。远远地听到一只鸡叫，像是在对岸山上，又像是在比对岸山顶还要远的一个地方。不久，又另有一只小鸡在应和。接着是离我们大船不远的一只空船上大鸡公和下去。又接着岸边人家也有鸡在拖长起喉咙争鸣了。渐渐地看见东方的天把山头的轮廓分出来了。去我们船不到几丈远近的另一只大船上也有个人推篷，依稀见到那人是穿了白色的汗衣。他大约也望到这一只船上的人了，关照着说："水怕是涨了颇大。"

"大哥，不会的，上头并不听说落雨。"看船的那人，同那白汗衣的人说。

"听船上人说是上头昨天也落了一整天。"白汗衣显然是比他来得小心得多了。"再大一点，我们船会要移进港里去吧。"

"落了也不怕，一只空船，移动又不费事。我们系船的绳子很新，不移也不要紧。"

虽说是系船的绳子很新，自己像也是有点放心不过的样子，就沿到船舷，用手扶着湿漉漉的篷架，螃蟹样走到船头去了。

叔远还是默默地立在我身边。我们之间，因了各自的缄默，各人把思想放在眼前事物以外的一个地方去了，两人就像距离得很远很远的样子。把距离缩短一点，我们两人——或者是我个人，觉得实在是一种需要。但是不能。两人都不愿说话，都不能说话。少年人对家乡的眷恋，叔远是正同许多家境颇好不忍离开母亲的朋友们一样。看到他白日在船上那种忧愁与上半夜的谈话，就很可知了。且在还未离开家以前就想到下一次转家的一切，如此孩子般心肠，怎能离开母亲几年去到外面读书呢！此时或正想到他的水碾子，想到在碾房石磨旁用花布包了头发满身是糠灰的母亲吧。或又想到侄儿文汉一个人到碾子堰坝上去钓鱼也很寂寞……小小的年纪，骤然丢开那几乎可以说是娇态放肆的幸福小孩子的生活，把身子嵌进一个新的陌生的世界中去，未来不可知的恐吓包围了小小的心，少年人的乡愁，呵，少年人不能载的乡愁！

见他把头昂着把心思去沉到一种凄然的梦中去，我想到我自己。我比他多有了一个父亲，还多有了一个姐同妹，为甚一出门来，怎么样也惹不起我对于家乡的深切怀念呢？十四岁初初地出门那一年，是比此时的叔远还要小的，穿了妈为我仿到营小学校技术班学生的衣样缝就的短短灰色宁绸军服，缠了裹腿的脚杆还只像一枚玉蜀黍。脚上用白布袜子套了新的三耳的水草鞋，背上自己负着小的花包袱，随到一批扛了刀刀枪枪比我强健年长的同乡们向外就食时，头一晚宿到高村店里，见到为泥污成黄色的袜包着起了泡的脚，不正是很伤心地哭过么？下到辰州，孤孤独独地终日站到文庙石狮子前去看贵州号兵吹喇叭，或是一个人跑到上南门码头上去看从辰河上游下驶的大船，听船上摇橹人唱那"咦来合吓！哟合吓！到了辰州不怕三洲险，哟呀！到了桃源不见滩，咦合呀"悠悠扬扬的橹歌。或是另一时，从码头上横到走去，到那停泊不动了的木排上去，瞧那巍然可钦的大筏，或是坐到空船上去数点那过往的扯足了帆向上借风移动的大小麻阳船。我只好从那些上面找出足以使我忘却眼前生活苦恼的趣味。虽然有时玩到厌倦时，也会想起扶了九妹送我出大门时还装着笑脸的妈，但那竟是很短暂的事！很快我就习惯了新的生活。也许是我从小爱玩的脾气所养成吧。从此每到一新地方则把过去忘却，过去在我，像极力去寻检也找不出一件足以系念的了。即使最近才离开的地方，一个古旧的苗王殿，我是又有过三年将近的友谊了，但我希望在我离开它以后还记到它就不可能。为一种新的生活的期待，我是把感情全部都系在上面去了。此时的叔远，却正像我第一日宿到客店，把黄泥污了的袜子从脚上卸下时同样情感。到离开他的水碾子一年以后，或许也会发现一种新的事物，把碾子旁满是糠灰的母亲的脑袋忘却吧。见到别人的心情却正是我数年前的心情，我又觉得自己的可哀。

　　东方是已渐渐成了灰色的黎明了，叔远的脸也看得更清楚一点。一个苍白得像尸样的瘦脸上安置着那一对毫不相称的长眉，头又是那样祈祷的囚人般昂着，本来想同他说一句话，见到那副庄严凄惨的样子，再不敢去惊动他了。因了自己的变化，见到别人这种情形，对他同情外自己是还觉得自己木然是可哀的。把船驶回去吧，船纵能驶回，逆水上溯，返到昨日起身那地方去，仍然不是他可以钓鱼那个有水碾子的故乡，对他究有何益？即使没有一种希望所驱使，能够长期不定地变换，时时使我置身于一新的与一切若毫无相关联的世界中去，在我是更其适宜，也是很明白的事。且我的碾子是只在我的未来很渺茫的希望中，他呢，亦未尝不是因为要追寻较碾子更有意义的一种东西才离开了他的碾子，就是把船驶回，于我们又究有何意义？

　　大的眼泪正沿着叔远的两颊缓缓流下，一瞥中见到，并不怎样给我惊奇。他这时正想着碾子又想着碾子以外的一种东西，不能大声地哭，或者是碾子太可爱了。

他也会想到把船驶回的事情吧，那是从脸色上可以知道的。

我知道我这时不必理他，让他多发一会儿痴。若这时用安慰的话去摇动他的悲哀，反而是颇大的罪过了。

不知什么时候看船的人已跳上了岸，似乎是另外又解了一条绳把船重新缚好了。他从码头石磴上跳过船头时，两只脚板啪地拍着舱板，船是骤然地在摇动了，给了我们以些微惊吓。

"太冷了，我们进舱去吧。"在看船的那人螃蟹样扶了篷架又开始横过来时，看着凄然说着就先爬进舱去的叔远的后影，我怎么也不能再忍住我的眼泪了。

如今的叔远，欲望的固执是不会再给他以多少痛苦，宁帖地睡在他故乡的土中已有了三月，距同我住在空船上看水涨将近三年了。墓土或者去他那碾子正不很远，水车还是每夜每夜为他唱着粗糙的歌吧。只是碾子旁那位用印花布首巾裹着头的老太太，是不是还满身糠灰地在那旋转着的磨石旁？真是可念的事！我也不敢再写信去问近来堰坝上的鱼了。大概以后老太太也不必再去买那二手指大的鲫鱼吧。在最近，把淡淡的影子保留在我心上，倏而辞此人世向那渺茫不可知的道路上走去的，还有我一个曾同在一个军营中做过四年同事的小表弟。我只能在此用诚肃的静默表示我对这些伴侣们的哀悼与怀念。

端节前三日在西山得到莽弟死的消息之日作

哨 兵

嘿嘿，当军人难道怕鬼么？真是！

鬼这东西，据大家说，又像是有，虽然都不曾见过。

仍然是据说，在黑的不光明的地方，庙宇类茅房类荒凉肮脏少有人去的地方，鬼就很多很多。它们借此筑了营盘，所谈的是国家主义。倘若什么一个外路人来临，这人火焰又低，样子萎靡，就想方法去逼迫、恐吓。或藉此勒索酒食，不同人间两样。

若另一据说是可信的，则鬼多的地方，怕也再没有比我们道尹衙门为更多的了！在白日，太阳挂在天上还是黄黄的时候，就听到鬼叫，类乎喊人。这不是鬼么？倘若是有了疑心，许许多多人都愿意费了颇大的力量来证明的，他们且敢发誓。这我们可以不必更疑心这类证明人是受了鬼之类若干津贴，这类人为鬼的暗影占据了全心，是苦够了。

"军队中人怕鬼，那不是很可耻的笑话么？"然而在沙坝地方却并不能从这事上，为那滑稽的估定，说军队是懦怯来。这也是沙坝人一个顶特别的地方。他们当兵，不怕死，不怕血，不怕一切残酷的事。谁都能够如看戏一样，平心静气地站到北门外土阜上看刽子手把匪人开腔破腹，欣赏那临刑前的苦闷、微嘶、长叹。倘若是运气坏的话，让山上大王捉去，"如法炮制"，绑在柱子上取肝取心，刀尖子陷进胸脯时，脸上颜色都不必变，也成了他们的义务。

但为鬼之类占据了心的人呢，从老爷到伙夫，随手抓一个都可为这话的证明。

他们怕鬼，比任何地方都凶。刽子手很自然地把人头砍下，把赏钱得到，到了夜里出门，恐怕遇到日间那位在自己手下做成的新鬼寻事，又很自然地匀出赏钱之一部分，买纸钱焚化。而鬼呢，像得了这钱后也就慨然放过对他行凶的人，安分地又到阴间游荡去了。

怎么样就成了这样一个民族？那是不可知的。大概在许多年以前，鬼神的种子，就放在沙坝人儿孙们遗传着的血中了。庙宇的发达同巫师的富有，都能给外路人一个颇大的惊愕。地方通俗教育，就全是鬼话：大人们在孩子还很小的时候，就带进庙去拜菩萨，喊观音为干妈，又回头为干爹老和尚磕头。家中还愿，得勒小孩子在大红法衣的大师父身后伏着上表，在上表中准许他穿家中极好的衣裳，增加他对神的虔敬。县里遇到天旱，知事大人就斋戒沐浴，把太太放到一边，自身率子民到城隍庙大坪内去晒太阳求雨，仰祈鬼神。人民的娱乐，是看打黄教时的"牛头马面""大小无常"。应当出兵与否，赶忙去问天王庙那泥像。普通一般人治病方法，得赖灵鬼指示，医生才敢下药。

还有，你到副官处去——就是我们驻道台衙门的军部副官处去，就很容易听到像下面一类对话：

"是呢，报告副官，那真是鬼！"

"你真见么？"

"难道还是假么？"

于是副官再说一句话，就是"快去买一点纸钱"了。

另一件事呢，是关于副兵偷钱的事。

"禀告大人，我并不偷！"

"不偷吗？那很好。但你得到天王庙去明明心！"

结果是，即或是不曾把副官大人荷包里钞票用过买什么的副兵，也只好委屈承认了。因为如果你再辩下去，当真就得到天王爷前去，拿一只公鸡，咬下头来喝了鸡血，且大大地赌一个咒！即使这事不怕赌咒吧，但在神面前，发觉了另一件不名誉的事情，这很难说。这副兵把"一面是去神前冒险，一面是承认后在存饷下扣还两串，加上一点钟太阳下立正受晒的惩罚"，取了后面的一种。

要断一种案，对犯人又实在指不出他是应在法律下生或死时，遇到聪明一点的法官，于是主意就有了。牵到神前去，凭竹筊，判他的刑罚。掷下地去的是一覆一仰，或双双仰卧，则这人为神所救同时也为法律所保护，生下来了！若地上的竹筊是双覆，那就用不着迟疑，牵去杀了完事！

在这地方竹筊的权威是如此之大，也是大家应知道的。

或者问：道尹衙门里，什么地方鬼之类最多？则都会说是那两个长长的阴暗狭隘的走廊。一端是可以到达军法处，一端是可到达副官处。长廊就是连接这两处的一个捷径。廊之下，就是在白日，也点那么一盏长明灯，摇曳着它的灰焰的。军法处那一边设了临时监狱，关了不少待决的囚人；这一面，副官处，则因了囚人的关系，与军法处接洽的事极多，因此这甬道成了更其有意义的道路。还可以称为颇热闹的道路，当囚人们成串押赴副官处时。

廊是既暗且长，还得上下若干石磴，从那端到这端，那种无法排除的冷气，逼人背脊发寒。一到夜里，从这里过身的，总像在冒一个颇大的危险。因此一来，在廊中段，添了一灯同一个岗卫了。

以后，又从一个卫兵改为两个，那缘由就是因为守卫的就时常见神见鬼，更其胆怯。

有了两人，自然就有恃无恐了！但廊道内鬼物的传说，还是一天一天保存下来。

这也是该因，这样一个坏地方，今天轮到我们中最胆小的寿了。

平日又爱谈鬼，又极怕鬼。什么大手呵，大眼睛呵，以及一切一切怪模怪样的大东西呵……大手多在茅房，趁人大便卸裤时，拍人的臀，讨小便宜；大眼睛则随处可见，尤其是长廊的墙上，睁得许多大老老实实觑人，且发冷光，使人战栗。关于鬼之类的描写，又是沙坝地方人所擅长。单是长廊一处所显的灵异，在长廊还没有添设岗卫时，他就早知道许多了。

连副像有意与他为难似的，支配给他的放哨的时间偏偏是四更。

三更，不睡的还多，也还好。五更，天快亮了。只有这四更，据说鬼出现的最多！无可奈何，只希望得到一个好一点的同伴。当十六个人为一个连副带领到廊道中换班，先在廊道中站了两点钟的弟兄，见到了换班的人来，欣然能把扛在肩上的卸下，连副喊着口令，照例地互相立正举枪，交代的手续办清后，于是连副就带着那一批弟兄们向别处换班去了。留下给我们寿做伴的是一个新从教练营送来的人，这还是第二次见面，第一次伴着夜程。

在这里，外面什么声音都无从听到，清静极了。他知道这时还才一点多钟，距天亮还有大半天。这地狱里两个钟头得想方法来消磨，不然灵魂会为寒气冰瘪，鬼物会真要出现了！于是就去撩拨那位正沉默着把枪扛在肩上大步走着的同伴。

"弟兄，你是教练营才过来的么？"

"嗯。"

"合到你，一共不正是一百人么？"

"嗯。"

"这里比较教练营舒服自由得多吧？"

"不错。"

"这里可以偷偷打点小牌，譬如扑克之类，你——会不？"

"会是会，不大爱。"

"会就好了，我们在什么时候可以打一场。莫太大，输赢三五元就很有了。若是高兴，我可以邀你。"接着又像是对自己说："董家冲好，还是周妈那里？"

同伴对他笑。

"我这个是蛮溜刷咧,朋友你莫看我小!"

同伴又笑。

"你们到教练营时放哨据说是通夜在山上呢?"

"是的。"

"那不怕么?"

"哗——"地正如一个人手上捏了把沙子撒在瓦上似的。

想着:莫不是鬼么?背上从腰部,就像有两条蛇爬上肩头,怪物爬过处就都发起麻来。他立时把背靠到那潮湿的砖墙上去,这样,背后那一面是无妨于事,不必再防骤然由背后袭来的鬼物了。面前那高高身个儿的同伴,正若无其事地来回走着。

"你听见么,是什么响?"

"老鸹。"

"怕不是吧?"

"或者又是别的。"

"必不是老鸹。夜鸹子不会如此!"

"也许有猫。"

猫,难道会打沙子么?这同伴随意的简短的答话,只增加我们小心的寿的怀疑。

哗——又是一把。

第二次,是更其清白地知道是在去军法处的那一端的廊尽头了。同伴似乎也略略注了意。

"朋友,你听,是什么?"

"让他去吧。"停了步,仍然是一个短劲的回答。

他想把这个坏地方过去的一切不光荣的传闻,提出来与同伴讨论一下,或者可以把寂寞同恐怖驱除一点吧。然而同伴竟是个准哑子,说话总那么悭吝,一问一答,且像有意把答语缩得极短,真无办法地急人!

沙子是不听到第三次了,心上适才不可知的颇重的负担,无形中卸去一半。

"朋友,你不怕么?"

"……"像是不曾听到寿在说什么,没有答复。

"我说你怕么?听说是这里有鬼——很多呢。"

"什么地方?"

"就是这长廊下!"说着,便用眼睛去小心地搜索那廊子黑暗的两端。

"你见过么?"

"虽然没见过,但别人却说闹得凶!适才那个怕不就会是那东西!"

"嗤——"

同伴是用一声笑来表示这话的无稽,接着又来回走着他的正步了。

"我说鬼这东西是有,别人就亲眼……"

"算了吧。"

同伴显然是厌烦着这样的谈话,寿也了然了。

但是,怎么能放心?这时两点一刻还不到!更多的沙子劈面撒来,是可能的吧。比沙子更凶的更大的鹅卵石,从廊的那端掷来,也会可能吧。万一什么鬼怪之类挨了拢来,用大而有毛蛇样冷的手伸过来,搭在肩头,或是捞着膀子,这同伴,也许仍然还是那样从容不迫,稳稳重重地立在一旁,看水鸭子打架似的暇裕吧。

这样想着,又去细察同伴脸上的表情,这使他更怯了。那种不声不息,又还是那么永久扁着嘴漾了微笑在嘴角一个幽灵样的脸相,在那惨然的黄色灯光下移动着,长廊尽头又是无边的黑暗,这小伙子就疑心,同伴原就不是一个人。

在头上,是一条长的绳子,悬了那一盏比佛座前长命灯略明亮一点的方形玻璃灯,摇晃着的淡淡的黄光,把同伴的影子映到那长廊的墙上,加了一倍地长大,又如一个巨灵,正陪到同伴身躯移动。

"两点了吧。"

"嗯。"望着自己腕上的表答着的同伴,同是靠到墙的一面立着了。但这是因了久久走动的结果。莫名其妙地怯着,在同伴强毅沉默的表情上观察,是无从配合得拢去的一件事。在这一类人身上,也许已是脱了沙坝地方人的习惯,找寻不到什么恐怖懦怯了吧。

两人死样沉寂下来,在廊下,便异常清静起来。同伴的在廊下两端响着的单调脚步声音停止后,长廊像是更其长了。

两人大约都相互可以听到出气,因了恐怖,他的微喘的呼吸到后来自己也察觉了。

当军人死都不怕!难道——

稳住自己的结果,是当到同伴面前,首先应把呼吸调理匀称,显出至少是纵无同伴也并不怎样可怕的模样来。

橐橐橐橐，清脆的皮鞋的声音响得越近迫了，去副官处的廊的一端，正跑来了一个人。

"是谁？"

"我呢。秉志。"一个小孩子的稚嫩口音。

"喔。"同伴像是知道这人是为与自己做伴而来的样子。

自称是秉志的已到面前了，他认得他是副官处小副兵。

"不睡么？"同伴像哥哥样问那小副兵。

"还不到两点咧。"秉志又开始对同伴的同伴注意起来："喔，你们两个人在此，我道是谁！"

"是！我们俩在此。你来找他么？"

"他是我四哥呢。"

这才知道是亲弟兄！别人有弟弟来看望，自己显然是孤单了，于是我们的寿不顾怎样，大胆离了墙边，仿着同伴步法缓步起来了。

回头时听到："四哥，我想邀你去喝一杯酒！寿在这里，那是无妨的！"

四哥就答："怕不便咧。"

秉志又说："全不要紧！这里守哨只是防鬼，只要他胆子不怯，你去是不相干的！"

四哥不作声，在去就间徘徊。

"不要紧，四哥你放心！我们酒太多了，我，同那姓周的，同柏子，三个人打了两斤酒，还有咸鸭子、牛肉巴子，柏子又到自己家里拿了许多醋萝卜来，你不去帮忙，我们就吃不完了！"

当秉志极其亲昵地把酒多的原因说出时,在寿的眼中,同伴的脸上漾着微笑的痕迹是越来越深刻了。

等到他走近这两弟兄身边时,秉志就说:"寿哥,我把我四哥扯去喝一杯酒!去去就来,你不怕么?"

在小孩子面前,能说怕么?只好用别的方法来留着同伴:"恐怕查哨的要来。"

"那是不会的,"秉志接过口来,"我才看副官处大钟,时候还早!"

"只要不怕查哨的来,你们就去吧。"无可奈何,是那样勉强地说了。

又看看同伴,还是那么近于神秘地微笑着。意思是不忍把他一人丢到这阴暗可怕的廊道里。然而秉志不愿意再放过机会,就拖了四哥的手肘想跑去了。"寿他是不怕的。你又不去久,待一会儿就来!"

为了在一个小孩子面前证明自己并不怎样胆怯,且良心上又不愿他人因为自己羁绊竟误了酒食,所以结果是反而催促他们了。

"去吧,快来就是了。"口上虽说着大方的话语,仍然是用眼睛去勾留。

也不再让同伴说什么,小秉志就拖了他四哥囊囊囊囊走去,消失在那长廊的黑暗里去了。

还有一盏很明的灯啊,在这里做伴。

因了灯,无端就添上许多气概来。

一个人肩上扛了那上有明亮短刃刺刀的五子枪,照同伴步法缓步走着,看看随同身子在移动,比身躯高大到二倍的墙上的影子,走近灯下时忽而又缩成很短,去灯远一点时忽而又狭长如一条大蛇,自己嘲弄着自己先时心中的暗影,不由得微笑了。

然而不久,去军法处的那一端,廊尽头不可知的黑暗,又为把失去的恐怖引回来了。勉强地对着影子微笑,影子也似乎是正向了自己在微笑,心是比先前更怯!

其实时间是很短,但竟像是过了许多两点了。从换班以来,除了秉志来把同伴叫去外,还没第二人经过。长廊是依然无边的黑暗,一点声音也没有。灯又像是更其明亮点了,但这很易明白的事对自己却是无一点帮助,墙上的影子更其清楚,则自己也觉得更其孤独起来了。

走动着,闪不知会有什么预料以外的东西从身后袭来,那是不会不有吧!

虑及这事的他,因此把战略又复恢复最初来此时的情形,把身子一部分贴到墙上了。更其精细地望着那黑暗的两端,期待那不可知又似乎已预知的事件发生。

如所希冀的,又来了一次哗的沙子声音。心上忽然又重新加上什么颇重东西,气是全屏住了。

是夜老鸹吧,莫理它!

壮起自己的胆子,想把这事引到一件平常的事上时,哗地又来了一把。不久,接着是骤然如跌在地上,又复慢慢蛇样爬行的沙沙声音,且同时还有一个奇怪的叫声,很低却又很分明。这声音原本非常熟悉,差不多每夜都可听到的,但到这个地方,却总令人以为是从老鸹以外的什么东西喉中发出了。

声音约叫到十次又稍稍休息，任你用耳朵去搜索，总不能分辨出它是物是人。

一个朋友，像这样伏在暗处，把手里所捏着的一握沙子，撒向那胆小的朋友身边去，且用手扼了喉头装成各样怪声，到朋友快要大声喊救时才慢慢现身出来，也是常有的吧。不过，这个时候，有谁能有兴趣来同人闹玩笑？是秉志吧，是同伴吧，是一只猫或一条吃饱了麻雀的蛇吧，总是一件东西！

也起意想走过去看看的，但又觉得这太冒险了。万一当你走到那灯光照不及的地方，却是那么一个舌子挂起，眼睛剩了两个窟窿，鼻子流血的……

"是秉志吧？"

蓄了力努力抖着喊了一声，只听到振动墙壁的回音。

今天是死了！

等待了一会儿，同伴还没见来。

一切声音在期待中反而沉静下来了，身上轻松一点了。他开始想到本月份的节赏，又想到一个与自己像是有瓜葛的妇人，又想到几个不久才死去的朋友。

要说是真有鬼呢，莽大你会来为我解围！在生时，在书记处就异常恣剌，死后不会就一点不中用吧。还有伯约，还有竹斋，都应当来为我护卫！你们如今是鬼了，倘若是你们特意来戏弄我，只要不是那类恶脸相，我也愿见你们！

忽然有阵风，从廊的一端吹来。那一盏四方玻璃灯，原是在一丈以外的头顶上悬着，在风的摇撼后，便不能自已地打起旋来了。屏息窥觑那转着的方灯，黄的灯光闪闪忽忽，身上不知不觉又发了麻。

这时他就记起另一个极普通的传说：如真是鬼之类来临，则应像上一次书记处所闹的那次一样，正亮着的灯光，忽而暗下来，要灭又不灭，焰成了深碧或浅蓝，且颇大。不久，这为鬼所戏弄的人就昏了，自己用力打着自己的嘴，白的沫恣意从口里流出，大声谵语，说着关于死鬼的事。以后，人醒了，病了，不久就死了……莫不就是那位为鬼打死的新鬼吧，谁能说他不是为找替身而来？

既然是那么孤单单一人到这呼救无从的长长廊道里，灯光又照不到三丈以外的东西，忽然，也会像书记处那样，灯光全暗下来，那怎么办？空中那只随时都可以伸出的毛手，一条蛇样地冰冷，突然而来，抓到肩膀，是可能的吧。那黑暗的任何一隅，忽然露出一对菜碗样的大眼，射出亮的绿色冷光，是容易的吧。一个大的栲栳样头颅，且是血污淋漓的，从廊道底下涌出，也极其平常吧……

若是灯真那么如所期待地全绿下来，他将如何不知顾忌地大喊大叫，或是就此昏倒，不再醒来，或是……

"灯还亮着呢。"重新稳住自己。

风力衰竭后，灯光依然。在这长长的廊道里，他还是一个人，不见同伴归来，也不见什么鬼物出现。受了不知多少时候的罪，目击着扰乱后又复归平静，到后来，反而攫到一个夸大的思想，不停地想着：肩上扛着的是有刺刀的枪，鬼之类，若不很凶,用枪去刺,也不怎样烦难吧。那就不客气地刺!

在沙坝地方,关于鬼的传说中,就有把鬼捉到后化为美女或野猫野狗一条。同样地无稽,但在相信鬼既是有的寿也不能不引此一条来坚实自己的胆量了。大概欲望比恐怖总还高明一点,两者比较,欲望总占了优胜,这且是沙坝地方以外的人一个普遍的真理。他想到了这一条传说以前,就知道市上近来山货的行市:野猫值五六元,野狗则二十元还抢着买,甚至不值价的黄鼠狼也在三元以上。

只要不怎么凶,一下刺倒,美女虽非所敢望,就是一只黄鼠狼之类,也将就过得去!

鬼类的期待,于眼前发现,还是如前,不消说,态度是比先前来得恳挚得多了。在先前若比作陌生的新妇候她的新郎,则此时简直是期待极熟悉的情人样地圣虔兴奋了!

又像是鬼之类也知道是有那么一个横蛮的人,正想在本身上发一注财样,以后是连一根小草跌落到地上的声音也没有了。

在那位吃得略有点踉跄的同伴回身以前,鬼终于没有来。

一九二六年六月二十日作于北京窄而霉小斋

一个晚会

一个晚会,七月某日,在西城某学校,大家高高兴兴地举行了。这会场,平日是专为那类嘴边已有了发青胡子的教授们预备的,会场台子上的藤椅,便坐过了数不清的许多名教授名人。今天,为欢迎一个年轻的新从南边北来的文学作者,整个会场,为花纸电灯点缀得异样热闹。壁上的钟响过七下后,外面的天,还正发着乌青的光,太太小姐们,许多还正才从电影场跑到市场去买点心吃冰淇淋的时候,会场的一个入口,就流进了四个会场执事人。年轻,标致,收拾得整整齐齐,襟边白绫子狭条写了"招待员"三个楷书字,脸庞儿胖白可爱。

他们流进会场时,是先像在讨论什么,但立时就分开了,一个人走到讲台边去把电灯开关一扳,全场便光明起来。讲台上,四张有靠背的藤椅排成一字,各不相下的样儿。后面一块黑板,漆灰剥落处,见出些疮疤样白点。黑板上,留有拦着灯光紫藤花样的花纸影子,纸条在一种微风中打着秋千,影子也在摇晃。场中各座位上还全空着,那些花纸条影子,在长木椅的椅靠上晃动。

过了一些时间,会场入口处便陆陆续续地来了许多各样脸相各样衣衫的听讲人。进到场中后，这一批一批的人，便立时散开，消失到前排的椅子靠背里，仅余下一个回旋转着的头，互相可以见着。他们又颇自然地把帽子从头上取下来，为后来熟人方便也占据一个空位。有些人，脸上便也映了些悬挂在头上那类花纸条的影子。

墙上一个钟，慢慢地在走着。

人越来越多了，忙着向各方应付的执事人的头，便是那么这边那边不息地点起来，且手也时时扬起。见到一个女人从入口处进来，便加快了脚步，赶了过去，在一种谄媚的微笑里，为女人找了个座位。

不久，前十多排的人头，便已如菠萝一般繁密地种满到椅靠上了，后排的座位，也陆陆续续坐上了人。

大家随意谈着笑着，用期待电影或跳舞开场的心情去期待这年轻人在台上出现。

七点一刻了。

靠后面，离讲台略远的地方，一个年轻的怯怯的汉子坐在那里，欣赏着场中的热闹。身上肮脏，衣是灰暗，一个半藏在椅靠间的头，散乱的发，正如同一堆干的水藻。这是一个什么人呢？谁也不去注意。

他身子是那么小，伸起头来，还是不能不为那些椅子靠背吞去一半。别人纵注意，远远的，也只能见到那么半个露出在椅子靠背的有长的散发的小脑袋吧。当他抬起头来时，这里那里，便发现许多散乱着短短头发的女人的脑袋。他嘴边便微微地漾起了笑痕。一切都是为了他。别人渴望见他一面。别人预备用一个诚诚实实的心，在他的讲演中让那类动人话语来撼动的。大家的掌，是专像为他而生的，只要一上台，就会不约而同地狂拍起来。许多人放弃了更好的约会，全为的是来看他一面。女人，这么多女人，就是他的崇拜者，这会是为了他一人而开的！

少年，在一种光荣的期待中，心是跳到几乎不能自持了。他又担心又害怕，一到壁上的钟打了八点，不知自己应当怎么办。就是那么腼腼腆腆地走到台上去吧，到时是否有这气力，那很难讲。讲台上，一列有靠背的藤椅子，有一张，便是为他而预备的。但当他一进场时，见到场中那种严肃样子，虽想就不客气奔上去，但，一个害羞的心思，于是气就馁了下来，把身子塞到这后排一个空座上了。坐下后，他希望一个什么熟一点的人来为他解一下围。但把头从椅子靠背中举起，回旋四望的结果，却是失望。

一群人，在期待中，正都是极其无聊。当这个那个，发现这样一个小小的极其可笑的脑袋时，大家便把视线集中到这上面了。这一来，惶恐是在森森冷冷的目光下骤然增加了许多，因此他更不自在起来。

把头缩下后，便听到近处有人在研究自己。

"一个足以代表中国文化的头！"话说得很轻。

他小心又小心地回过头去观察那讥笑他的人，一个圆圆的白脸，去他约有三排距离。虽然是不安，但当他见到这人一种赤诚心在那里期待认识的便是自己，他便原谅这人了。

"朋友，"他轻轻地自言自语，"谢谢你们今天的诚意！"

他又想，若是这时即走过去，对那人说，你所笑的就正是你所盼望的人时，这圆脸少年，被惭愧抓住了心，又不知如何地表示他的高兴与不安，说不定会立刻害羞跑去，所以单只想着罢了。

少年是文学作者，用了孩子样忠实、刀子样锋利的眼光，对近代社会方面，有了公正的评判。他的独断赢得了各方的同情，因此，名字却超过了生活，一天一天扩大了。一半是这学术团体，各个人都想看看这少年，因此在信上堆了一堆近乎谀词的话语，又因了平时为人诚实，不知道应怎样拒绝才恰当，所以就为这团体用口上的热情抓来讲演了。

从早上起，把应有的谦卑一点的谢词，他就温习得极其熟悉了。他原本计划一到了会场，就去同执事人接洽，自己就老老实实让执事人引到台上去，在一种不知所措的情形中，就开始按照所拟好了的讲稿谈起来。不过，当他进到场中时，所预备的程序，却为场中花纸电灯撞破了。这时，既已那么坐到这普通听众席上，只有重新蓄养了勇气，待到主席把自己介绍给大家后，再爬上台去!

时间只剩下三十分。希望见到的熟人，还是不曾见到一个。渐渐地人越来越多。台子上，一个听差模样的人，且把桌子上两盆晚香玉之间放了一个金花茶壶。

他又把头四向旋转。这一次的结果，他发现会场中座位已渐来渐少，从入口流进来的人还很多，但，在他座位的附近一列空座，却还无一个人，显然是特别座位。这真不对! 我不上台，则这些人都不大好意思坐拢来吧? 想着时，就觉得抱歉万分。

进来了四五个小姐，一进会场，见到了这一方面有空处，就奔了过来。可是当她们从木条子靠背中检察出那小小的头时，立时又远远地走到后边去了。听到别人的笑声，他回过头来，才见到从近身又走去的小姐们。

呀！又是几个，因了我不便坐拢来！

想起来实在抱歉。时间距八点只差十五分左右，"我应当做些什么？"这疑问，在心中提出后，便想，这时除了应静候主席介绍以外，只是应稳住自己，莫到时害羞红脸。

胆子要找也找不回了，只好用手去抓挠自己的头发。

为的是那些小姐们上前而又退下重新引起了大家的兴趣，把视线远远地抛到这少年身边来了。在这中，他惶惧得如同一个小孩在一群角儿尖尖的公羊面前一样，无所措手足。

小姐们退到近墙处，一个年纪较稚小的，用手指向少年这一边："一个怪物，真吓我一跳！"那吓了她一跳的怪物，头正巧掉过来，便见到那一只戴有一粒宝石戒指的手遥向自己指着。

"这样一个颇为严肃的大会，"少女见到回过来的小脑袋后，引起了新的厌恶，"难道都不限制一下，让这一类人也来参加？"

同伴只微微地笑着。

"这是招待员的责任。"另一个女人说。

"也许他也有与我们同样的诚心来到这里。"

"我听说今天有密司周诵洪先生的诗，且为我们介绍他的文艺思想。"

"那怪物恐怕还只是想到会场来歇息，或刷一点东西才到这里的！"

"招待员真应负一点责任。"女人中有第二次提到招待员的。

至于招待员，这时似乎正在那里尽他的责任！其中之一，一个二十多岁的大孩子，浅灰的洋服，硬领子雪白，腰微弯，才刮的脸孔极其干净，胸前别了一个狭长白绫子条子，这时正用背据了柱子同一个中年长衫人在谈论什么。

那顶年轻的女人，便离了同伴，向招待员这边走来了。

"请先生为我们找一个座位。"女人娇娇地说，说了，且用那纤纤的白手去整理额际的短发，那颗宝石戒指，在招待员眼前闪烁着。

"好好好。"他笑容满面地连连向四人点头。

"我为密斯去找，"用眼睛重新刷视场中一道，"那中间还不错吧。"

女人随到招待员身后走近少年了，"正因为有这样一个先生，（以手指指少年）大家都不敢坐近他。看样子，身上正还有病！"

"喔，那还了得！"说着，就扑上前去。

少年正温习着讲稿。

招待员在女人面前，知道如何显示自己的责任心，于是一手抓到了少年的肩膀："先生，请到那一边去，这里是女士们的座位！"且用力撼动，待到少年极其可怜的眼睛瞧着他时，他就做出一个极不高兴的异常庄严的脸相给少年看。

"我就趁到这时走上台去……"少年想着，就起身向前走去。

"呀，不对！"招待员第二次捞住了他的膀子。"走这边！前面不能让人随便走的！"少年膀子被人捞着，被推推搡搡地送到后面僻远的一个空座上后，这一边，五个小姐们，已把丝手巾在他先前那一列空座上掸着坐下了。

"先生，这会是为我……"想向招待员说一句，但招待员却接过口去，"这会原是公开的，并不是为某一个人。我知道，虽先来，但那一排是特别为本会女会员们而设的，先生在这个地方很合宜了，安静点吧。"

想再说一句："那就让我到台上去！"那个青年招待员的背影，一下就消失到许多椅子中间了。

那一方，刚坐下去的一群小姐们，还在议论着各人印象中的怪物地位。

"是一个什么人？学生，总不至于那样吧。"

"怕是一个疯子。"

"我以为他是害痨病。"

"疯子我一见了就心跳，害痨病会传染人！"

"疯子我却不怕，这里人这么多。"

"两样我都怕。"

"我怕这会场中人的钱包要随了这类人飞去。"

"招待员太不负责了。"

"也幸亏——"那年轻女人，为了要研究少年是疯子还是害痨病的，把头转过去，却在那远远的角落里发现了为招待员轰走的那个少年。

少年默默坐着，在一切误解中原谅着人们对他的失敬。

他想，招待员为了使女人得到较前的位子，好看见他更明白一点，这原是尊敬他。女人们把他赶走，也是因为对他仰慕而来。且想一切刚才像是用轻蔑眼色望过他的,这一类人若知道是他,会都要生出许多惭愧,等一下,将会用更其狂热的掌声来忏悔……不知,那并不是过失!待一会儿他们会知道的,只要几分钟后!想着,笑了。

到了八点钟,会场人已满了,主席搓着手,盼望中的主讲人还不见来。会场外,一个校役摇铃开会,沿到会场窗子下走去。铃声停息时,全场人,为期待着的事情即时可以发现,心全给紧张成一条绷着的弦了。

前面第二排,一个类似新闻记者的人,光光的头,瘦瘦的脸子,取出记事本子,又从襟上拔下自来水笔来忙匆匆记录今天开会以前会场中一切。

一些女人,相互在低低耳语。

一些平日曾极其仰慕过少年作者的人,正在搓着手掌,准备做礼貌上的欢迎。

一些招待员,一种闲适样子,倚在墙边柱边,目光四处乱飞,随意欣赏着女人。

两个美术专门学校的女生,速写簿已搁到膝头上了。

我们的怯少年呢,坐的是墙边一只三只腿的椅子,幸得是一面靠墙,才不至于倾跌。铃子响动时,他把一只手按到胸部,手与心,同时在一种兴奋中颤抖。要自己镇静一点,上台时不至于闹笑话。

"呀,诸位,"从讲台边一个门口出来了一个人,到了台上。那人在一阵欢迎掌声平静后,就致起开会辞来,"今天我们请得洪先生来到敝会讲演,是我们的荣幸,是大家的荣幸!"

一阵巴掌。

"我们都用一种热诚,希望这位作家给我们启示一个应走的方向……"在主席致辞说完时,壁钟八点过十分了。

少年听主席说如何地用了全体的诚心才请得洪先生时,感动到要流出泪来了。看到大家拍掌,也不由得随到别人狂拍。心中有一种酸楚,又有一种感谢,又快乐,又惶恐。(主席)说道:"先生在信上答复了我们,说是无论如何总能在八点以前到会。现在,是时候了,我们可敬的先生还不见来,是病了么,还是有别的事?"听到这里,他已忍不住了,就想站起身来。

"想洪先生不会失约的,或者早已到了会!"少年听到这时,心想,走上台去,是时候了!于是,把身子努力拔了起来。刚一起身,后面一个人就嘘一声。在这一嘘中,他颓然坐下来,心中又感激又不平,把头掉过去,极其可怜地去望那嘘他的人。那个人,正为他起身深怕妨碍了他瞻仰讲演人的视线,全然不知道他所等候的就是眼前这个人。他且预期打了哨子后少年的头必要回过来,还是妨碍他的事,因此先就做成一个很憎嫌的脸,眉目间把一些不高兴、鄙夷以及种种不好神气都放进去。少年见到这样一张烂脸,轻轻地放了一口气:"这也是对我人格上的诚敬!恨我的就是极其爱我的,因为脏,所以误会!"他又把这人饶恕了。

"我可以和他谈两句。"不能自已地,他又回过头去。那汉子正等得十分焦躁,当少年脸转向自己时,很想打这少年一拳,同时恶狠狠地看了少年一眼。

"这是误会,这是一个可笑的误会,朋友,你等一下会知道的。"把话故意自言自语地说给别人听了,偷偷地斜睇下,见到一张脸在枭样地冷笑。

"招待员吃冤枉饭!"那汉子自言自语说。

少年就听到另外一个人说:"什么鬼都来了!还说责任。"

的确,招待员的责任!把一个讲演人请来,竟不认识,竟把他赶到一个角落去坐!

讲台上,新来了两个年轻女人,白的裙裳,把大家的眼睛都吸住。这是本日介绍讲演人诗歌的两位女士。

女人手上各拿了一束稿件,到了台上后,听到下面间时而起的略近于玩笑的掌声,大致是想起别的什么事,坐下后,脸忽儿红起来,不久,又从讲台旁那个小门走去了。

主席又起立:"诸位,我们可敬的洪先生这时还不见来,不知是什么缘故。或者是洪先生不屑来此吧,我想是不会的。先生和我们虽很生疏,但我们对先生一番诚意,先生是总很了解的。刚才打了一个电话,公寓中,说先生早出来了。先生不来,真是我们无福,无从来亲炙先生的言论与丰采……"

少年不能再忍了,奋然立起身来,后面那汉子,凶凶的,从后面伸出一只大手来按住了他:"先生,安静一点!再这样,就请先生出去!"

少年脸红起来,对那汉子微笑:"朋友,这是一个误会,你不能用较和气一点的眼光看我么?"

那汉子却是不齿。

他还想再说一句，但汉子的脸已朝到另一个方向去了。

他又起立。

"招待员！招待员！"汉子竟大喊起来。他只得坐下。

另一个长衫招待员，挥着扇子走到汉子这边。

汉子愤愤地说："请问问这先生，是什么意思，屡次站起妨碍别人！"

少年讷讷地说："我，我是为人请……"

"我们得请招待员为大家把这先生请出去，倘若是鬼请了他来的话！"另一个与汉子同一列的汉子说。

"好好，诸位忍耐一点吧。先生，请你也不必再那么站起来，"招待员又扬了手请别个座上人坐下，"诸位，并没有事，大家安静一点吧，我们可敬的洪先生，再等一会儿就要来了！"

全场的头，为汉子大声的喊嚷，已全掉到这一方来了。这边交涉时，大家听到另一汉子说是要请少年出去的话，于是喊"好"喊"赞成"的就这里那里都是，且各处吹口哨乱嘘，各处听到吼叫声："赶出去！赶出去！"

少年听到这些好话，就出自对他怀了敬爱来听讲演的青年人口中，头像昏了，忙用两只手去掩了耳朵。

主席又在台上开口了："请大家安静一点，没有事！没有事！我们敬爱的洪先生会要来了！请大家维持秩序，安安静静坐一下，不然，我们的洪先生见到这样子，会要笑话！"

少年又起身，仍然是一只有力的大手，从后面伸出把他按下："你干吗？"

他嗫嗫嚅嚅地说："朋友，请放开我，我要走了！"汉子的手,立时松开。

他站起来四处一望,许多黑头发下隐藏着的圆的大而黑亮的眼睛,也正望着他这一边。他冷冷地又很伤心地做了一个微笑,一折身把身子消失到会场入口处那一堆人中间去了。

汉子见少年离了座位,心上像卸除了多少负担的样子,重重地嘘了一口气,脸即刻变成愉快和平了。一些年轻人,见到少年在身旁挤出去,便打着哨子相送,小姐们也像送走了一件可憎东西一样。一团灰色的影子,终于出了会场!

"诸位,索性再等一会儿,现在才八点四十五分。"大家用鼓掌来同情主席的提议,于是仍然等候下来。

赶逐了少年的那汉子,对座旁一人说:"怕是不会来了,真是我们无福一聆这位先生的谈吐!"

"要他来的不来,不要他来的却费了许大的力才能赶走!"另一个人接着说。

汉子想到适才那一场戏,就笑了。那人也笑。

"无论如何,到十点也不为晚!"一个女人同身边的女伴说。

"我们还可以听密司周读诗。"同伴那么应答。

有人已在打盹。

另外,一个记者,摩挲他那已把片子上好,只预备把镁丝一燃就来拍照的摄影匣。把预备燃点镁丝的火柴,划来吸了烟,已吸了三支。

另一记者,钢笔从衣襟取下,记录了一段会场全貌,把主席说的话也记录下了,这时却极无聊。

主席只坐在主席台上发呆。

那两个美术学校的学生,不能忍耐,却比赛画起前一排的女人男人头来了。

到了九点,主席又起立:"我们的洪先生还不见来!依兄弟愚见,大家再等半小时。纵不来,也表示了我们大家对洪先生的敬意,明日再派代表去到洪先生处邀请,不知诸位以为何如!"

全场拍掌,大喊赞成。

掌声停后,原在少年身后的那汉子忽而起立了。

"鄙人还有一句话要说!"汉子大声说,"主席先生主张是再候半小时,大家一致通过了。洪先生是我们青年人中最可敬的一个朋友,是一个思想的先驱者,是一盏明灯,是值得我们佩服的人,尤其是兄弟,对先生有深切的企慕。我以为把三十分钟加一倍,索性改成一点,到了十点若还不来,大家再散,要求主席先生另约洪先生给我们一个亲近的机会,请先生多给我们一点精神的粮食,我们好把生活充实一点,不知诸位以为——"

"赞成!赞成!"不让他说完,掌声就如暴雨落到全会场。全会场,在一种新的期待中,旋即冷静下来了。

再说我们的少年,用力挤出会场后,便见到场外还有许多许多无从入场的人,在墙边倚着。"都是一群可爱的朋友。"想着,所有的气愤全消了。对到会场大门电灯下,贴了一张黄纸,走拢去看时，才知道是一张欢迎他的秩序单子。

慢慢地出了学校大门，在一些洋车马车中找到了出路，沿到马路走去，一直就到了西单牌楼大街。马路上，各样车子成列地走动着，铃子叮叮当当地响。钟表铺、点心铺，比白日来得辉煌许多了。澡堂子远远的挂得颇高的灯，如同天上的星子一样。

踱着慢步，他终于来到一家点心铺门口。玻璃柜里陈列了五色的糖果、梭子形长面包、牛舌酥、黄油卷……还没有吃夜饭的他，只好让这些东西把他引诱进到那铺有许多伤痕的漆布小桌旁边去了。

会场中那一群傻子呢，当真是一直候到十点零五分方才宣告散会。

一九二六年八月二十日北京作完

采 蕨

《采蕨》

新编集。集名为编者所拟。

本集编入作者1928—1931年间发表的小说作品5篇:《采蕨》《落伍》《寄给某编辑先生》《一只船》《大城中的小事情》。

采 蕨

阿黑成天上山，上山采蕨做酸菜。

一人背了个背笼，头上一块花帕子，匆匆忙忙走到后山去。这几天蕨正发育得好，所以阿黑就成天上山。说匆匆忙忙，那这又是很久以来的习惯了。单说头上花帕子，村中五明，远远的，只要见到花帕子，就知道是阿黑。知阿黑所在，牛也不必顾，赶过来，到了阿黑身边，人就快活了。

为什么必须这样？五明是不在自己心上问，因此也不必在心上找出明确的回答。

来到了阿黑身边，先是不说话，就帮忙插手采蕨。把蕨采得一大把，准备放到阿黑的背笼时，两人之中其一才说话。

若是女人先开口，则不外"五明我不要你的，你的全是老了的，要不得"，阿黑说了照例还要笑笑。这样一来五明是会生气的，就放到口里嚼，表示蕨并不老。直到见五明仿佛生气，当然要改口，就说"谢谢你，放到笼里去吧"，五明于是也笑了，再来采蕨劲头更大了。

但假如是五明开口说话呢，五明这孩子怪，他不知为什么人不上城却学了不少城里人的话。他总说："阿黑你是美人。"

阿黑若说"美不美你管不着",这话自然还有点抵制五明说反话的意思,五明就又用城里人腔调,加劲地说:"阿黑,你是观音菩萨。你自己难道不知道,还要人来称赞?"说这些话的五明,满肚子鬼,阿黑早看出了。她只笑。在笑中和其他行为中,她总有方法保持她的尊严,五明虽是个鬼,也无办法。

他要撒野,她是知道的。一到近乎撒野的举动将做出时,阿黑就说她"要告",告五明的爹。因此一来,这小鬼就茅苞了。到他茅苞不知所措时,阿黑自然会笑,用笑把小鬼的心安顿下来。

阿黑比五明有本事,在这些小处可以看得出。到底是年长两岁的人,生命逐渐成熟,要做糊涂事,自然也必定经过一些考虑。然而我们可以说,这个人,凡事考虑是考虑过了,对于五明可无问题。同五明玩玩,比之于在大桥头看乾龙船,全不必当成大事看待的。可是五明这小子,人小胆小,说是"要告",就缩手不前。女子习惯是口同手在心上投降以后也还是不缴械的,需要的是男子的顽强固执。若五明懂得这学理,稍稍强项,说是"要告就告去吧。准备挨一顿打好了",也非霸蛮不可,用了虽回头转家准备挨打在所不辞的牺牲精神,一味强到阿黑,阿黑是除了用双手蒙脸一个凡事不理,就是用手来反揍五明两件事可做。这只能怪五明了,糟蹋了这么一个好春天。

然而且看吧,桃花李花开得如此热闹好看,画眉杜鹃鸟之类叫得如此好听,太阳如此和暖,地下的青草如此软和,受了这些影响的五明,人虽小,胆虽小,或者是终有造反的日子在后面!

果不其然,今天就一切全来了。

他们在老虎岩后面,两个人,低头采蕨。雨后放晴,有许多蕨,都冒出了卷曲的新芽。然而那是路坎边的情形,这里可不是路坎边,地不向阳,为一扇扇大的岩遮拦,地虽肥,蕨却并不多。因为五明的鬼,这鬼处,一半也为阿黑默认,一面采蕨一面走,终于走到这幽僻的地方来了。

岩下是一块小坪,除了可以当褥子的茸茸软草外并无别的。远处雀鸟叫得人懒懒的。

五明头抬起时,朝这小坪望望,一种欲望就恍恍惚惚摇动自己的心,有点招架不住的样子。

"阿黑姐,你看那里。"

"我看了,眼睛不瞎。"

"看了就……"

阿黑只抬头装成生气的样子望了五明一眼,五明说不下去了。

五明打主意,蕨是仍然采。眼睛望的是阿黑,手却随意向草中抓,抓的不问是草是花,一同捏在另一只手里。

"哎呀!"随随便便伸手采蕨的结果,有了好教训,手指为去年的枯茅草割破,血染红了手。

阿黑本来听惯了五明的"哎呀",并不理会,她是背对五明,低头采蕨的。她以为五明故意大惊小怪,故意使人吃惊。因为这孩子有过例子,"人好心坏"。

五明把另一只手采来的蕨全丢了,捏着自己的手指冲下坪里去。他坐到草地上大喊,装成受了重伤的样子。

阿黑转身向下面望五明,望到五明的手红了:"怎么,五明？真流血了？"

"是呀！我这只手指快断了，了不得了，快来救命！"

这又是显然地夸张了，手不过割破了一个不到一寸长的小口子而已，那么容易折断？然而见到了血，阿黑不能不跑下坪里来看望同伴了。这手明明白白是茅草割破的。五明流血是为帮阿黑采蕨，责任在阿黑，也很显然了。阿黑一跑就跑到五明身边，蹲下去，拿五明的手一看，知道伤处在中指，割了一条小缝，血从缝中出，就忙把口去吮，且撕布条子缠五明的手指，这布条是从腰带上撕下的。

五明这时哪里有什么痛，不过有意使坏把她喊来而已。

"哎呀。真痛呀！"口上虽如此喊，眼却望着阿黑半真半假地发痴。

阿黑一面说"不要紧"，一面只是笑。做鬼的人总不能全做鬼，尽说痛，其实是假的。聪明的阿黑，尽他喊，不说别的话，也不引咎自责，她懂透了他的野心。

然而血还是在流，阿黑记起来了，要五明把手举起来。举手像投降，五明这时向阿黑投了降。因为更接近了点，挨到阿黑的身子，有说不出的舒服。

血既止，不好意思再大嚷大叫了，就笑了。见到这小子笑，阿黑说："小鬼你真莽！"

"我不莽你就不愿意下坪里来坐坐。"

"那是故意了。"说时就仿佛要起身回头走去。

他拖定了她。

"不，我承认我莽！我莽！我是莽子，是蠢东西。"

"你这小鬼才真不蠢！"这样说，不但不走开，且并排坐在五明身边了。见到血，她心已软了。她拿了五明的手，验看血还流不流。

五明这人真是坏，他只望阿黑的脸。望她的眼，从眼望进去，一直望到女人的心。

"你认不真我吗？蠢东西！"

"你是观音娘娘。"

"又来这一套。狮子舞三道，使人厌烦。我看你还是老实一点好。"

"你是活菩萨。"

"放狗屁。你去叫你妈吧，她会赏你三个爆栗子！"

"你真是，见了你我就要……"

阿黑笑笑，不作答，咬了一下嘴唇。

"见了你我就要……"五明又说。

"就要什么咧？说瞎话我就要告伯伯。"

五明不作声了，他笑着摇摇头，想了想，像推敲一句诗，过了一会儿才说："我见了菩萨就想下跪磕一个头，见了你也是这样。"

"嗤……鬼！不知道害臊！"说了且用一个指头刮他的脸。

"你总说人家是鬼，是小鬼，又是短命，其实人家的心是好的。"

"是烂桃子的心，是可以吹哨子有眼的心。"

"你们女子的心都是好的！我见到过巴古大姐同肖金做的事。我也要……"

"你嘴放干净点。人家翻倒跟头，关你什么事？你自己管你不流鼻涕就好了。"

"他们在草地上撒野,全不怕人看到。他们做得我们也做得。"五明说了,想到另外一件事禁不住心跳。

"你看天气这样好,草这样软和,你(说时,已抱了阿黑)同我试一试。"

"你莫挨我!"她用手解除了像带子的五明的手。"你这小鬼真越来越野了。"

"为什么我不能野?这里又没有别人。"

"没有人就非撒野不可吗?"

"我要做肖金同巴古大姐做的事。"

"他们是两只狗。"

"我也愿意做狗。"

"你愿意做狗就去吃屎吧,我也拦不住你。"

"要吃你的……"

阿黑把手扬起,预备狠狠地打一下那涎脸样子。脸该打,那油嘴,也该打。

"你打,你打!我愿意你打死我。死了见阎王也有个报销,不白活一世。"

阿黑却不打,在心上想,到底怎么办?是走脱,还是让这小子胡闹一阵好,还无决然断然的主意。

一些新的不曾经过的事情,使阿黑有点慌张。委实说,坐在自己身旁边,若是一个身高六尺腰大十围的汉子,像新场街头的那个牛屠户,手大脚长脸上长横肉,要来同在自己身边做一些不熟悉的行为,的确非逃走不可;但眼前的五明,只是一个小孩子，纵那种不习惯的新事，也仿佛因对面的人得了一种轻而易与的感觉了。

她望到五明脸红红的，十分可笑，又十分讨人嫌的样子。她又望这小子的眼。小子的眼睛放光，如点得燃纸煤子。本来是想脱身，只要下决心，同时在颜色上拿出一点正经样子，自然会把五明的兴头打下去。可以脱身她却不设法，也仿佛是经五明说到天气好，才明白真正是大好春天！心中却轻轻地说："五明小鬼，你人小小的，就那么坏，再大五岁会去做土匪！"

假若再讨厌，也只是这样说说吧。

在阿黑的思索下，所谓小鬼者，也有了些觉悟。他觉得今天天气好，地方好，机会好，人好，所以不及往日萎靡。并且虽经常说要告，小小的撒野并不曾真正告发过一次，则阿黑口上说的话吓人力量已不如从前，显然是更大的撒野也不甚要紧，就更理直气壮了。

天气的确太好了。这天气，以及花香鸟鸣，都证明天也许可人在这草坪上玩一点新鲜玩意儿。五明的心因天气更活泼了一点。

他箍了她的腰，手板贴在阿黑的胸前，轻轻地抚摩着。这种放肆使阿黑感到受用，使五明感到舒服。

阿黑故意把脸扭过去，不作声，装成十分生气。其实一切全见到了，心在跳，跳得不寻常。

"菩萨，好人，大王，你不要这样！"

虽求，也仍然不理，还说是"家去非报告不可"。

这是既无胆量又无学问的人吃亏处了。若五明知书识字，就一定知道这时最好的处置方法,是手再撒点野,到各处生疏地方去旅行,当可以发现一些奇迹。

阿黑说非报告不可,怯是有点怯,但他却以为挨打是以后的事,管不着那么多。五明故意作可怜样子,又似乎顽皮样子,说:"你让我爹打我,你就快活欢喜吗?好心狠。"

阿黑笑,说:"我为什么不欢喜?你这小子越来越坏!不小心还会把你关到监牢里去的,你信不信?"

"我不信。"

"不信吗?我才愿意你挨打,罚你的跪,不送你饭吃,因为你不讲规矩!"

"什么规矩?"

"我赌咒,赌十八个咒,我要把今天的事情一五一十全告诉你爹。"

五明不再作声。他心想:"要告,那挨一顿打,是免不了的。不许吃饭,罚跪……既然免不了挨打挨饿,索性再撒点野,把她先打一下,回头再让爹来处罚,也够合算的。"

"你一定要告爹吗?"五明涎脸问。

"你坏得很,一个小孩子,不讲规矩撒野到这样子,那还了得!"

他于是索性再坏一点,冷不防把头偏过去吮阿黑的脸、耳朵和鼻子。这行动来得非常敏捷,使防御者无从防御。阿黑出其不意,被他在脸颊上吻一个够,只用手在被吻处乱抓,且嗄的一声,身子乱动,像不受抚摩的烈马。他还想再来寻方便喂阿黑一点口水,还想咬她的舌子,阿黑可不尽五明这么胡闹了,一面挣扎脱身，一面说："你这鬼，我赌一百八十个咒，愿意见你挨你爹的老拳头擂捶！"

"我不怕，把我打下九十九层地狱也不怕。"

"不要脸，一个小孩子也这样说野话！"

"你说我小，我要你知道。"

这小痞子松了一只手就使出更坏的手法来了，一切都是崭新的，平时没有过的。

她把眼闭紧，只是不理会。她要说："我没有眼睛看你那呆样子。"

今天的五明真是胆大包天，得寸进尺，天雷打下也不怕了。

虽把眼闭紧，绝对什么也不看，说就善罢干休，恐怕不那么容易。阿黑的意思，正像知道贼在眼前，假装不看见，贼就不偷东西了；但实在要偷，也请便。这意思用不着开口，似乎更分明了。

五明拖阿黑的手……

过了不久，阿黑哧地笑了，睁开眼回过头来，一只手就拧了五明的脸："小鬼，你真是作孽害人。你人还那么小小的，就学会了使坏到这样子？谁教你这一手？"

这小鬼，得了胜利，占了上风，他慌张得像赶夜鱼，深怕鱼溜脱手。

"五明，大白天这样野，不怕天雷劈你！"

"你还告不告我爹？"

"我赌一千八百个咒，非告不可。"

"告他老人家说，我打了你，我疼了你。"

五明这小子，说是蠢，才真不蠢！不知从什么地方学来这些铺排，做的事，竟有条有理，仿佛是养过孩子的汉子，这样那样，湾里坳上，于是乎请了客，自己坐主席，毫不谦逊地执行了阿黑的夫的职务。

这时阿黑真不须乎用眼睛看，也能估计得出碗中的菜的分量了，阿黑闭了眼，嘤了一声，就不再说话。

她躺在草地上像生了一场大病。

像一只猫一样，爬上老虎岩的虎头上蹲着的五明，唱了许多山歌，全是稀奇古怪使别的女人听来红脸的山歌。这小子的天才，在歌上同其他新事情上都得了发展机会，真得意极了。阿黑呢，她的心，这时去得很远很远。她听到远远地从坳上油坊中送来的摇槌声和歌声，记起了油坊中的一切情形来。

落　伍

一

去年的秋天，因为得到朋友一个信，说是既然在外乡奔波流浪，不甚遂意，倘若高兴回乡玩玩，或者也可以把心目略舒。至于要钱，若是决定动身了，可以来一电报，便当致电驻汉师部办事处，拨两百块钱作路费。朋友是十年前老同事，当年我在做上士时他就做了排长，且同为在一个街上长大的人，如今朋友已成为团长，有兵马一千五百，驻扎××，成为伟人了。我当时正卧病在上海，情形仍如此时一样，不过当时只我一人，住上海法租界善钟路一小铺子的楼上，也正是因为病，不能把文章写成，就无法维持生活，得到朋友这信，当然欢喜之至了。

我心想，既然是这样欢迎回去，那就回去看看也未尝不可，且据许多人说某某做了一任知事近来在家做封翁了，某某又娶第三个小妻了，某某又升大官了，所说的一些人，就莫不是当年一同在辰州总爷巷大操坪成队做跑步的人，想不到几年来人事变迁就到了这样子。人人全成家立业，我这各处飘荡的浪子，满面灰尘地归去也只多增他人一种笑话。但我想到看看这一帮有运气的年轻人,在家是如何一种生活,回去的心思也稍稍活动了。而且,我的脾气又是这样,小孩子气是有些地方无论如何皆保存的,我还想到,就为成全这些老同事一点自信,觉得他们的方法是得了超拔,而我的生活真形成了落伍的悲惨,也决定将转去一行了。

我自然就写信去说,就是这样办,团长大人。我不能照他所说打一个电报,却只写了一封挂号信去,是因为穷到无发电报的钱。信一发去我就等候着,但我知道这至少是四十天才能有消息,到了二十天后,因为病转沉一阵,到过平民医院的四等室住过六天,吃尽了无钱人住下等病室医生看护所给的痛苦,病倒似乎因为刺激反而得到转机,我不管如何出了院,一出院病却好了。病好了我还得重理我的旧业,就是成天照到那些大编辑趣味写一点小说,亲自送到各处去,把挑选的权利给那编辑,一面留着一些请求帮忙的好听的话。过数日,没有消息了,又客客气气地写一封信去,做着仿佛是就便的意思询问到那文章的结果,或者文章退回,或者又稍过一些时候钱就来了。我是靠这个钱维持日子的,钱不能得到,自然还得拿一点可以质钱的东西去押当,一面用好话同房东那成衣人太太缓和,日子就是这样到了冬天。

忽然一天,有一个人找到我住处来了。我还不曾起床,完全料不到有这样人找到我住的地方来。房东因为来人的体面衣服惊眩,听说来人是我的朋友,从汉口来,不喊我起床,就把客人引上楼到我床边了。

房中一些肮脏的情形,我明白真如何给了来客一惊!我先是还不醒,主人把我摇醒了,坐起身时,望到面前站着的人,几乎以为做梦。

"是沈先生吗?"

"是沈××,你?"

"我是成西顺,从汉口来。"

"成西顺?"

"是!你不认识我了?"

我点点头,忽然觉得自己是一个早已上了三十岁,满脸髭须,憔悴异常的人了。我如今不但不认识他,他也不认识我了。到街上同这个人见面,走路时我还得让路,坐电车我也不敢同他并排,他是这样体面的一个人了。至于十年前的成西顺呢,是我们队里一个号兵,除了吹号就会流眼泪。因为人太小,大家顽皮一点的在方便中总把西顺作马骑,尽这马作人声骂娘骂祖全不管。到后大了一点仍同在一个队伍里当兵,眼泪的方便仍比别人为多。时间一过,想不到这号兵也变成社会上的体面人了。

当我听到这人说出姓名时,有一点惊讶了。我望他,用眼睛搜索这个人脸上的各部分,虽然这时额角放光脸色红润,那一时却瘦小若猴子。但这人脸上有些凸凹终于被我认识清楚证明不误了,我就觉得心中有莫名其妙的惨痛。处到这穿几件好衣服就可以称为上等人的上海,这朋友从汉口来,见到我这情形,出于意料之外地可怜,也会疑我不是那个据说在上海卖文的我,也应当在此时极力搜索我的脸上了!然而他的结果是如我一样,纵对面的人颜色已经完全不同,我们的神气、我们的言语调子,仍然还有一分残余,不消说我即刻也被他认识明白,在他心中起了大大的惊讶。

他站到我床前,把我认识清楚以后,用着还是惊讶的口吻说道:"我真不认识你了,若是到路上,我还以为是……"

"你以为我是会扒你东西的人,是不是?"

"不,你生活真不是我们想到的生活。"

"这时可明白了。"

就是这样谈着笑着,他坐到窗前去,我却起身离床了。一面洗脸一面同这个人说着许多老话,说到各人的生活,说到各人的转向,并且把这个人从前容易流眼泪的事也说到了。我们以后就下楼,走到静安寺,搭一路公共汽车到南京路。他一定要为我制一套西装,我说我实在没有每天折叠每天打领结的工夫,他还是不依。这人做了几年副官,沿河护送船只发了一些财,对老朋友的情形看不过意,决心要做"绨袍之赠"了。他见我固执,还以为是书生气不脱,就说:"二哥,你当真是做了文学家看不起老弟了!"

"副官,你这样说真要我对你行礼了。"

"你陪我到这缝衣公司走走!"

"我不会穿洋服怎么办?"

"为什么这样说?"

这朋友,好像有点生了气,因为他也正想来上海缝一套洋服,且在汉口就打听知道,南京路有中国制衣公司,如今见我执意不去,对我不领受他的好处以为见外了。我见他不说话,我就说:"西顺副官,我陪你进去,可以。我实在怕穿这东西,因为不方便,和我的生活不相称。"

他见我意思十分诚实,无话可说了,我们就进了那公司,上到二楼，这容易流眼泪的人如今用钱的大方同当年眼泪一样，把材料样子一翻，一买下来是两百多块。我呢，无论如何被派定一条裤子，正好我所穿的还是一条秋季穿的黄布裤，再推辞也不行了。

这朋友来上海，是接洽一种烟土的买卖。得到了那团长的信，告他我上海的住处，托他为我带钱来，所以一到上海就把我住处找到了。我们就痛痛快快地玩了一天，到四川馆子去吃饭，吃了许多酒，又到一个地方去看电影。吃饭看电影的地方全由我指定，钱却他出，我只得就这样招待，尽了一天地主之谊。他住的地方是江南旅舍，第二天我清早坐了车到那里去找他，房中已经有了一个年轻客人，衣服极其入时。我走进房去，副官朋友跳起来笑，一面把我介绍给那年轻客人一面让座。

"这是同乡老同事，沈；这是向经理，第八十师的。"

年轻人悻悻地立起，随便地点头，手上一支卷烟还未吸到一半，就用力掷到身旁痰盂里去，发出嘡的一声。见到这情形我觉得有一点受压迫，但是想到这人是××人，也就无话可说了。

我是好像略感拘束，坐下了。

那朋友说："你那么早！"

我笑，轻轻地说："不早。"

那军需大人，正同朋友说到一个故事，还没说完，我来了，见我同朋友谈话，以为朋友是在应酬我，就把我不算数，又同朋友说道："哈，我就听，是的！伢俐角母凶！我可不怕。我还是听，等会儿看这妖精怎么样来。吓，老成，蛮凶咧。刮风了，风在左边右边（说时用手拍胸介），革命同志，从枪里炮里出来,怕鬼吗?我不怕。生死有命,富贵在天,我不怕,訇!哗,噼啪!来了!我心里有点紧了。角母会事呀?妖怪难道真有吗?吓……"

说到后来就大笑,从那笑中我悟出这是这位军需大人昨夜晚到闸北一个友人家中住宿,把人家畜养的猁狮当妖怪耽误一夜睡眠的故事。这年轻体面人把话说来津津有味,我为这十全十美人的气势,也随着笑了。

那年轻体面人见我也笑,似乎有点不服气了,就问副官朋友:"老成,你不信鬼吗?"

"我看到过鬼打架,在常德提台衙门,一共有十个鬼,我们三个人就走去把鬼吓跑了。"

"(吹)牛皮。我不信。"

"不信吗?问我这沈二哥。他是同我在一堆过的,看我往年同人打些什么赌。我们放哨就专选有鬼地方去放,男子汉还怕鬼?"

要他问我,这年轻的军需大人自然不愿。本来我的样子也太寒碜了,坐到这五块钱一天的房间大椅上,就总觉得不相称。我的新刮过的脸与我一身衣服,只增加别人对我敬意的消失。我的不能同军需大人坐在一起的颜色又毫不能隐瞒,听到副官朋友说到鬼,使我想起许多旧事,若无人在身边,真要哭了。

我静静地观察这年轻的体面人的身材,望到这少年事业得意的脸孔,就安慰自己,认为别人是很有理由对自己加以忽视,且自己也还有理由对别人加以原谅了,我就不再顾及这个人,同副官朋友谈起往年的事来了。

"成,遂宜近来做什么?"

"他发了财，不做事，只在家中做父亲。"

"方吉生？"

"还是营长，驻武穴。"

"魏三？"

"做厘金局长，这样一个三麻子，命真好，得了那么一个好太太。"

"太太什么地方人？"

"陈……"

"他那女儿也长大了吗？"

"早养儿子了！这是怪物，大概养十个儿子，还是脸嫩嫩的如十八岁女人。现在才养第五个！"

我默然了，因为想起这小女孩往年住到我家里，被我同我姐姐捉定，用朱红涂了脸，穿起我外祖母的大袖衣，要她唱苗歌玩的情形，还如昨天的事，想不到这小女孩就做了夫人，且出名地美丽了。

朋友见我不作声，知道我是想到往日的事了，他笑。

他说："姑妈来了，打她的左脸，打她的右脸，待一会儿这被打处都得了治疗，用嘴安慰……亏你记得到这些事。"

他说的是我在一篇回忆文章里所写到关于那女子故事的话，料不到这朋友，居然能这样有耐心，把我写的文章也一一记到，真使我觉得感谢、红脸了。

朋友又说："还是回去看看吧，许多人你都不会认识了，老朋友都等待你回去的，年轻人也想见你这……"他意思是在下面加"文学家"三个字，但经我眼睛一扫，他知道这将引起军需大人的笑话,他把话中止了。

那军需大人很无聊,就从洋服外氅口袋里取出一叠小报来,有些用红纸印就的,有些是大报,一一打开来看。大约从这些中间他也能够如上海一帮大学生一样,可以得到一些名人轶事、花国消息的知识。望到那神气跃如的脸儿,我不由得在心上羡慕这种人的天真。

不知为什么,那军需大人看到一段报纸,只是咕咕地笑。

"向,你笑什么?"

"喔,角母多!"

"多什么?"

"老成,这里(吹)牛皮哩。这里说上海一个地方有十万野鸡,这是(吹)牛皮哩。十万,啊嗬,角母多!"

我是到想笑笑也不能的情形下了。因为昨晚上副官朋友已把那团长朋友托带的两百块钱送了我,有了钱,我可以请这朋友玩玩了,就想找他出去,离开这年轻体面人物。

我说:"成,我们出去好不好?"

"等一会儿也好,恐怕曾处长要来,他很想见见你,还托我介绍!"

"这些伟人我真怕,到底是乡下人出身,出不得客。"

"这只能怪你,太随便了点,不知道的自然就……"

朋友的话是指那军需大人对我的不礼貌。我除了承认几年来朋友都饱经世故,能追上时代,而自己反如孩子处处使气任性,到处吃亏,没有可玩味的事了。因为朋友也看出了我的拘束,我就更觉得自己可怜。我的世界分明是和这些人两样的世界,其中应无得失也就很自然了,然而我又好像总还有一种虚荣在心,以为是总应当还有人相信,做一个上等人并不单是靠两件衣服就行,所以听到他一个姓曾的同事说很想要见见我,只得仍然等待下来了。

不知为什么,客人忽然想起我的姓名了,他还不知道我就是他所说的那人,他问副官朋友:"老成,沈××也是你们(那)地方人!"

我对朋友使了一个眼色,要他不说话。

那军需大人于是一面燃了一支烟,一面又说道:"这是一个名人!你们(那)地方真不错,有武装同志也有……"副官朋友匿笑不已,稍稍生了一点气的神气,问那军需大人:"你认识他吗?"

大约是这个年轻的体面人要顾全他的体面,不知为什么,他忽然会说出很可笑的话来,他说曾到一个地方吃酒见过我。我很觉得奇怪,就过细看看这个人,看了一阵依然想不起是在什么地方会过。我就说:"想不到你先生还认识他,我们许多同乡还不知道这人的名字哩。"

这人毫不在乎地吸着烟,放了一口烟气。他大约也是到过省一中学之类读过新书的人了,他继而就说,他还认得不少的名人,把名字一一列举出来,大有背诵如流之概。他又说他也做过编辑为新文学鼓吹过,同谁在副刊上作过战。到后见我笑得很久,似乎对于他所说的话很有趣味,就渐渐把我的落魄加以原谅,问起我到什么地方读书的话了。

我说:"我不是读书的人,是成的老同事。"

"你们那个同乡他也就当过兵！"

"真有这样的事吗？"

"我也不相信。不过，这是他说过的。"

"他同你说的吗？"

"不，他同别人说，我听到过。"

"这倒是很好的事。他倒恐怕想不到还有许多不相识的知己的事。"

"真是咧，一个作家，他可料不到……"

姓曾的人来了，又是一个年纪轻轻的标致人物，胁下夹了一个皮包，一进房就走过来同副官朋友捏手，且很聪明地对原来的客人加以注意的样子。那副官朋友先把他介绍给军需大人："这是曾同志，四十三师驻汉办事处长。这是向同志，八十师经理处。"

于是交换地捏了一下手，副官朋友又把那姓曾的引到我这方面来："这是曾，这是我那老大哥沈××。"

"哈，××先生吗？"我的手被两只软绵绵的手捏紧了，我只点头笑，不作声。"真好极了，我还同成同志说来看你，今天在此遇到，真好极了……"

我们即刻就到那长椅上并排坐下了，这年轻人心上的诚实欢喜流露到颜色上使我感到温软，一方面我想起适间那军需大人的谈话所给我的不愉快，就又觉得在这时真是一个可笑的局面。我去望那军需大人，他正在同副官朋友说话。

那军需大人用着还不十分相信的神气低低地问副官朋友："这是沈××吗？"

副官朋友笑，点头。他说："我以为你认识他！"

这时我望到他们两人，两人也正望到我，副官朋友站起身，我第二次被他介绍给那年轻军需了。那年轻人红着脸把我的手握定，很狼狈地做出笑容，结结巴巴地想说什么又说不出口，样子是"久仰，久仰"！

我也仿佛极为难。本来对这说谎话的人，我感到的只是无聊。但如今见到那神气，且手是被握着，欲挣脱不能，也不免显得一点窘态。

"好像是会过，一时真想不起了。"这人这样说着还不放手。他大约还想从谎话中挽救自己。

我说："好像是，或者是北京。"

"我不曾到过北京，恐怕是同先生在长沙见过。"

"可是我还没到过长沙。"

这位军需大人，随机应变的天才并不缺少，虽说明白不会有那过去晤面的机缘，他把我的手一放，却怪起副官朋友来了。他说副官朋友刚才介绍时，只说这是姓"陈"的朋友，不说姓"沈"的朋友，所以才发生了这样一个笑话。他接着就想一笑了事，大声打着哈哈，且用自己嘲弄自己那种神气，说幸好是没有说过沈先生的坏话，不然可真使人难为情了。但是认真说起来呢，这事情即或副官朋友同我把这事忘却以后，他是也不至于忘记的。他知道我就是沈××，于是也走过来坐下，我就坐在这两个年轻人中间，把话谈下去。曾姓的还不知道先前的事情，只见到这时这军需大人的神气，心中似乎就不甚高兴。然而这军需大人仍然还是谈下去，同我谈文学，同姓曾的谈党务，同副官朋友谈鬼，前后照应，全无空隙，到后是曾姓的把我们邀出去玩，也不好意思把他单独放弃了，于是一同出旅馆。

同这两个年轻人在一块时我又怠工了一天，仍然是吃喝，吃喝够了又到公园散步。我一面在这陌生的朋友方面，感到一种难得的友谊而快乐，另一面就又望到自己萎靡中年的情调而感伤。我很明白那位军需大人，虽然在我面前说了谎，有点负疚，但到后仍然是因为我行动言语的平凡，把他对我的敬意取回去了。至于姓曾的处长呢，许多地方还太天真了一点，他对我的趣味似乎一半还只是为好奇，他劝我不妨到汉口方面去玩玩，可以把生活换换，又劝我就同他过汉口去，住一阵再返乡。这完全是一种好意而且极其诚实，我没有什么可言。我不能说我在上海还负了若干债，又不能说我离开上海以后在北平方面家中人无办法的情形，只含含糊糊地答应下来。到后分手一个人独自回到了我住处的小楼，却感到凄凉起来了。人世的炎凉本不甚介意，但一想到也有像姓曾这样的年轻人，我觉得无端生出责备自己颓废的理由了。

第二天我接到了北平方面一个快信，我那有肺结核的母亲病转了方向，每天一到晚上就发烧，写信来的妹妹要我想办法，或是我回北平来看看，或者想法把老人送到上海来调治。我虽然得了两百块钱，在各方面负的债总有四个多。并且这钱是朋友特意为我汇来的路费，若是要返乡，这钱就只能到地。我正感到为难，那副官朋友同姓曾的处长来到我住处了。副官朋友把我拉下楼，说姓曾的无论如何要为我制点衣服，且劝我搬个家，为我买一点用具，因为他不好意思讲这个话，所以请副官朋友说。我红着脸到楼上去，眼中含着泪。

那人见我这情形，知道是副官朋友已把话说过了，就握着我的手不放："××先生，你不要觉得难过，我是顶不会客气的人，成同志知道我的为人，所以我才敢这样冒昧。"

"不是冒昧，凡是这些事在我都觉得有说不出口的心情。"

"你高兴顶好就同我们在十天以后过汉口去，不能动身离开上海，就搬一个家。我听到成同志说到你这住处，我心里就极其难过。我们是吃白饭的人，却各事无所牵挂地住大房子享福，你们这样受苦，中国革命的成功建设期中还有这种事，真太不合理了。"

"这自然是自己个人的事，与革命无干。"

"我看到许多人都该死，却做了无数事情！"

"那是你们革命同志！"

"一群反复无常的东西。"

朋友同我全笑了。

过一礼拜，朋友同姓曾的返汉口去了，我也不过北平，也不返乡，也不搬家，也不做衣服。我手边有了四百四十块钱。

有八十是副官朋友留下的，有一百六是曾姓同志留下的，另外是团长的两百。我已写信告了那在乡下带兵的团长，说感谢他的钱来得正是时候，且说明我一时无法离开上海的苦衷。我把钱汇到北平两百，还了两笔整数的债，为另外一个在别地的朋友周济了四十，我剩下八十多块钱，便很方便地把日子混了一个多月。到今年武汉还无战争时，我还得过那姓曾的来过

299

一次钱,数目是六十,那副官朋友则来信说已转到乡下接新娘子了。

已经过了一个年了,我生活仍然还是过着为那军需大人相信不过的生活,衣服还是一样邋遢,人还是一样萎靡不振。在上海做奉命执笔三块钱一千字的文章,人不舒服时就流一点鼻血,左右这病又不至于长久,流了一些血,倒到床上几天,过一阵非起床做事不可了,我就爬起来,仍然把未完成的文章写下去。

近来家中人因为在北平实在无法支持,且为了一个小妹妹读书的事情无法解决,只好一同来到上海了。我就同家中人在这地方住下,伙食到无法继续时,就走到××书店卖书处去向营业处×君说点好话,请他打电话得经理一句话,让我预支一点版税,又另外向熟人借一点钱,又把可以进当铺的东西当一点钱,一家三口人总算活下来了。

五月端阳节将到,一切的难处也随了这节日压迫到自己身上了。各处写信去借钱都无回音。写成的一部文章又因上面有太多的牢骚无人能买。家中的母亲一到下午就发烧,额部如火,胸部作喘。我自己又因天热旧病发作,间一两天得流一点在别人看来仿佛很可笑的鼻血,日子去端节越近,自己的灾难也越迫身了。

我近来成天坐在家中,除了生自己的气,觉得自己不依照那姓曾的年轻朋友劝告,另改一种事业来对付生活是蠢事,就是来到这桌边,想怎样来把我生活彻底改造。我想到一得方便还是回到乡下去看看,且把这意思说得极其乐观,在病人床边商量过了。我的母亲知道我这话完全是做不到的事,就苦笑着点头,用她那聪明的眼睛很可怜我似的对我注意。她见我一站在桌边总是半天，以为我是为了目下情形着急，恐又得流鼻血了，总故意同我说话，使我可以休息休息。

我虽每日看报，却从不敢注意到日子。因为日子不甚明白，一家人也从不提起日子，这日子才似乎容易过去。见到家中的情形，见到未来也同样渺茫，很蠢的思想时时刻刻在我脑中打转。我想到的是，我应当使自己苦恼把一家人活下来，还是自己图安宁杀了自己？我想到这些时是没有一分牢骚在心上的，既然一家人都在病中，而自己又实在无生存能耐，恐怕终会要走到这一条绝路上来的。但是这愚蠢而又可怜的思想，家中人是不会知道的。我仍然也还是成天做我的文章，来了客仍然陪客人谈谈天气及国家事情，喝一杯茶，又随意讨论一下近日相熟的几个人的生活。客一去，来了空虚，看看周围一切，我茫然了。各样的计划全做到了，还没有可以把一家人从贫病中挽救出来的方法。在无可奈何情形中，往床上一躺，想着我在《呆官日记》上所写的"日子，滚你的吧"这样的话，心中酸楚之至。在这时另一地方那些追上了时代的老同事，总仍然还有念及这落伍的我，我就这样对了屋顶做着空空洞洞的希望。

我虽然没有算日子，但仍然知道今天是五月初三。我估计到那位军需大人，可能已荣升了什么局长了。

一九二九年春作

寄给某编辑先生

先生，你的信我读了。我谢谢你。言语的大量比稿费多到五倍，这个当然也是难得。你们告诉我上一次那通信只能作七千字算数，我不争持。这是小事情。我哪里应当为这些小事情生气？完成一个天才是"奇变"，这应当是对的。可是，我的奇变是些什么？你们的意思是我这样还不行，顶好是尽我家中人死去一个，或者眼睛有病就索性瞎去，这奇变就成就我了。我不要这天才的完成！并没有人能担保因此一来我的稿费可以提高到三块钱一千字，我是不能尽这奇变来到的。就是有担保，我也还得打量打量。

你们既然说第一次通信很好，我就这样同你们做几次生意吧。这几日来我头脑糊涂，想不出什么好事。我只想如果这奇变把我也放在内里，譬如说，要死吧，一家人全死，我看这个事于我是一种幸福于你们也不为损失的。你们不要信别人的话，以为我的通信太容易写了，就觉得不减少稿费可不成事体。就是一块钱一千字我自然也得答应你们，一家人没有钱如何能生活？只是我并不敢胡乱写下的。我决定写三万，所以今天又来动手写。

你们说，愿意我鼻子的病早好。可以告你们，请放心。血今天已不流了。若这个血再不客气地流下去，这所谓奇变，真会轮到我头上来的。若是死者是我，请想想，这事情如何结局。我不能先死，这事是不必解释的。若一定是这样办，这将成为一个出版家方面的累赘。我家中有病人，到时虽然并不是说谁就应当帮帮忙，但这好歹是累赘。有些好事口滑的人，也可以说："是出版家老板们用苛刻的办法逼死作者的。"虽是谣言，倘若没有那生植谣言的根基，大家是可以痛快地睡觉赚钱的。你们愿我病好应当是真心！我谢谢你们。我也感谢天，他并不把我引到完全绝望的路上去。我一面消极得无法振作，一面总还是要想方设法救救这一家子。虽然一年长病，也仍然还找得出理由活到这世界上小地方！倘若我们这一家是住到中国一个内地极不开化的乡下，无意中被天灾人祸死去一个两个，自然除怨命以外没有话可说。如今我是住在租界上，租界上是凡为中国的国粹如像赌博、吃烟、绑票——嗨，我说这干吗？你们嘱咐过我，我又忘记了。说一点别的吧，别的也没有什么可说。但既然是论字计数，仍然来说我今天的情形吧。我不流血却头痛，痛得不成事体。我怕这就是一般人说的那种脑脊髓炎。这时，一摇动，一起身走路，头就像炸裂。这东西我疑心它终有一天是要炸裂的。家里没有一个人知道我为什么不起床。我睡到比平常任何日子还晏才爬起，起来就又坐到这桌边来。坐到桌边做什么？先生，你不是七号要第二次通信的稿件付排，要一万字。我这时就在这里很可笑地做着你所差遣的事。我一面头痛难堪一面仍然为那一万字的完成而愉快。我为什么不欢欢喜喜地来写这通信？这时最适当的事，不消说是要一个医生来看看，花点钱，把衣解开，给医生听听肺，把把脉，试试温度。真有脑炎征象了，再多花一点钱打一针。你们听到我生病大致也将有这一种提议。这真是一种很好的提议。可是我没有钱，这些事做不到！至少要十块钱，还得我自己到医院去挂号，等候一点钟或两点钟。若是这医生懂事，看得出我的性情，随随便便说一阵，又随随便便为我配一点吃来无益无害的药水，倒是好事。如果不肯马虎，一定要把我一身的病指出，且照着通常医生的口吻，说出那吓人的话，不是要住院就是要休养一年半载，而且药方一开，一小瓶就是十块八块。药方一开，不吃就像更加危险，我这本来无害于事的病，恐怕因此一来完全糟了。把负债同负病两事尽我选择其一，为了方便起见，我是只能加一点病不能再加一点债的。

因为病痛，我的思想感情更不行了。我仿佛同任何人都不能建立一种完全的友谊。我又找不出一个真实的敌人。眼前一切的事都使我厌恶，却不能对人对物加以申斥。到街上去时，我坐到公共汽车上，我看到满车的人皆觉无聊。在那些地方，你们是知道的，很有不少生长得好看，穿衣服称身，脸上充满了欢喜的年轻人。看到这些年轻人，我就在心上生气。我听人大声说话也有不愉快在心。我见人吵闹或笑骂都感到烦憎。似乎从什么地方听说过，疯狂有沉静的一型，我应当是属于这一型。我这脾气并不是从病痛时起始，却是很有了一些日子的。追溯这来源，应当说是出于天赋。似乎从我只能模糊记忆那孩童时，我的逃学习惯的养成，就是基于那疯狂的因子的。到后是讨厌家乡的学校,做了一名预备兵了。再到后,还是不能在生活的轨道上做我那六块七毛钱的事,如一般人耐心等候发财升官,我转到屈原远游所到的沅州做收屠宰税的小职员了。收税又无法继续,再到后我又转到军队做一个师部的书记了……一直到如今,我还是对眼前的一切全无好感。生活转变的机缘,就全是我这以身体太坏为解释而发的疯狂做成的。我讨厌一切事情,却无力堂堂正正地把反抗的旗帜举起。我觉得革命是必需的事,但革命家同革命文学家都使我头加痛。我不欢喜同人应酬,可是凡到我这里来的人,不拘是谁,收衣柜租钱的人也行,我总得同他谈一阵天,而且在谈论到什么时我就从不见出勉强。我决计把生活转变了,今天可还是在抄写你们所要的通信。先生,在我无法解释我自己心行不能一致的纠纷时,我只能把你们所随便说的"天才"承认了。一个天才他应当同其他人完全两样,我无论如何是同我另一时也完全两样的。在我的生活中求不出结论。你们若还相信任何生活都有一目的,那我这目的,是把我举起与生活分手,与世界绝缘。要是极幼稚的话也有供人讨论的一刻,我可以告你们,我想到的只是杀一些人。这想象若是有了力量来帮助,我不能对我的糊涂加以怀疑的。然而人人是都有理由活到世界上的,我只不承认人人在有理由活下以外还有更好的理由成天胡闹。所谓……就完全是一群无耻东西,结了伙去做着某一事,无耻与无用都是这些人极适当的赞语。那借死去了的人与死去了的教训做着大骗子的人们,他们是脸上充满了愚而虚伪的光辉,成天各处跑动。先生,这些我不是说那些做大官的人,你如一定要疑心我是说他们,你就执行你的权利把它删去吧。读文章的人是读半面就觉得好，全体看清就得失望的，删去这通信一半也并不算过失，你随时随处不应当把你的权利忘却，这才是一个好编辑。

先生，我头实在不行了，真要炸了。我实在愿意抄一点什么来补足这通信字数。我的技能与其说是长于写作，不如说是长于抄录。自然那些做文学论编讲义的人的功夫我一样也不能做，可是写字我是行的。一个有过六年司书经验的人，你想想，应当是哪一种耐心同哪一种温驯？抄到我没有可抄录时，我睡下了。你们放心吧，这通信决不是到此为止。通信的长短完全取决于你们。七号要稿付排，我不能因为头痛耽误你们杂志的出版！今天我且把这个放下。我并不愿意休息，完全出于无可奈何，这是有请读者明白必要的。

可是我怎么能好好地睡一点钟两点钟呢？这是白天。街上车夫全在流汗，无价值地奔跑，近于愚蠢地劳动。我想到这一些，同时，为对窗的吵闹生了大大的气。所谓对窗其人者，据说是个博士，似乎名片上也印的有一列长衔。但我明明白白知道，他是在法国做过几年华工归国的人物。做工原是可尊敬的事，但一个工人，一回国来就很雅致地印起博士的长衔，且居然夹了大的黑色皮包到各大学校去教课，作为绅士之一员。另一面，却把"细君"留在家中，用大而高的嗓门与客人调笑；客人的模样又是博士，这就怪了。听到那些白脸长身衣冠入时的模范人物，同心协力联合大唱《毛毛雨》一类小女孩子所唱的歌时，我连在房中坐下的勇气也失去了。天气热是真的，不过另外一种热是我所不能抵挡的事。我只得出去。

我到了街上了。我坐在那太阳没有晒到的路旁旧木桶上，望望街景。我仿佛是非常狼狈。我的头在作怪，非长久地坐下来歇歇简直无办法。过路人似乎全好奇地对我注意。我感谢他们，这些人中总不乏觉得我是很可同情的人物。我如果把帽子除下，翻转来摆到面前，必定还有那些好心的善人，既不要我写诗，不要我写小说，也不要我写通信，会慨然把钱扔给我一个两个的。小孩子见我这情形，虽然还不曾把帽子取下，已就因为好奇，不愿意走路了。他们两个站到我身旁，见我掏手巾揩脸，还以为我要取粉笔在地面写字了，好意告诉我，这里不许写那些求人告帮的字。我望到这两个孩子好笑。我哪里会做这样的蠢事？当真要写什么，警察也不至于说什么吧。我成天在这附近徘徊，警察已经认识我了。这时我记起那些专在大路旁写字告哀的人物，这种人上海特别多，大致他们之中也就不缺少"天才"。先生，你觉得这街景有详细描画的必要没有？你凡事全尽我，我就不说什么了。我虽坐了两点钟，过路人不下一千两千，公共汽车及其他载人载物的车辆来往不绝，卖东西的全在一种沉闷下度着这初夏的午后。这地方，这些种种，只是整个无聊。一切生命是在不知顾惜的情形下浪费。一切东西都因为热，有瞌睡的趋势。虽然有麻雀在我坐的地方对面电线上打架吵嘴，看来南征北伐也并不比这个还认真，我仍然并不欢喜这胡闹。我坐下，就把日子打发走了。我看到太阳从街中爬到对面墙上，我站起来预备回家。到了家我只听咳嗽，因为自己的情形也显得十分颓唐，竟不敢到我妈的房中去看看。先生，我谢谢你的惦念，那个老人不再呕血了！咳虽咳，血是不呕了。那眼睛痛的人还不曾起床,他没有其他害目疾的人那种暴躁,我回来见他坐在床上,闭目不语,脸色苍白得如同一个蜡做的脸,如不是他那如扯小炉的呼吸,我几乎以为这人是坐化了。我不作声,就坐到我特有的那张椅子上,看这个人在闭目养神的苦脸。我自己,却也是那么憔悴无生气。我找不出一点可以使我兴奋的事情做做。我因为在街上坐了半天,转来头似乎好一点了,望到桌上的笔,就又拿在手上。我也应当写一点大议论才是!一个"天才",他不能就永靠这名义吃饭,事情是容易明白的。我当然要做一点小说送到别处去,照到你们做编辑人的意思,用可笑的轻松文字,写一写我往年在军队中当兵的故事,署上我自己的姓名,附加上一种希望不大的按语,寄到我所熟悉的地方去,我就静静地一面玩弄着日子一面等你们高兴时给我点钱。有了文章虽一时不会得钱,我还可以自慰慰人,也还可以向债家扯点无害于事的谎,要米钱,要报钱,人来了,气势汹汹无法抵挡了,我可以不红脸地说:"这是平常的事,照例是他们忘记了日子,不然那稿费早该送来了。"我这样说时我会觉得完全不是儿戏,真以为连向债户抱歉也不必的。先生,照你们的意思,一个有天才(之称)的人写一万两万字是极容易的事,不偷懒,就不至于挨饿。我大致应当说是太懒了。我如今就一个字写不下去。我起了若干的头,却没有供我下笔的东西。我将说我亲眼看见杀过一千人,大部分是用大的锋利的刀子砍头,小部分是用枪打,把脑髓倾出为度。又有一些是花样翻新,破肚开腔把心肝取出示众。许多人是没有当过屠户,居然能把一个人处治得如老屠户杀猪一样顺手。还有用刺刀刴死逃兵，用火烧土匪的。但是我说这些准什么事？在另一些地方，不是成天还这样不断地热闹着么？这是可以夸口的事么？除了住南京、住上海租界，不是全都成天可以看杀人么？我说战争吧，这也是罔诞。大家从新的战争中过了日子多年，说这个只是无聊。我说饥荒，报纸上头号字载的是陕西、甘肃每天饿死人两千，可是同一张新闻上特号字登载百龄机补药效果，背面则要人"开会行礼如仪"，天下太平。先生，凡是可以使你们吃惊的，如今已全不容易引人惊讶了。我们都一同生长在这顶精彩的时代中，我们单是"看"就可以过这一生。一切事千变万化，一切事仍然全无分别，不头昏已就见出好汉。我今天得一个朋友从杭州来信，他说他在为一个日报馆做着五毛钱一千字的文章，成天写。大约每月写到五六万字则一个人房子钱饭钱就不难找到着落。这个人他并不是天才，但他能够写得出这样多，无论如何是可以佩服的事。我却不行了，没有可写的东西。我纵有，自己的，只是头痛，流鼻血……鼻血流久就得头痛。我说我自己的鼻子，说我哥哥的眼睛，说我其他家中人的咳嗽流泪，说来说去，与世无关，等于笑话。能够使读者感到笑话，这天才的通信意义就已完成了么？这缺陷的完成！

到近来，我的生活，就只是四堵墙。一个坐在这墙中央的人，久而久之是会到说自己也说不分明的一日的。我就每一天生点小气，走到街上坐一点钟，回来糊糊涂涂写一千字通信，稍久因为头中空虚，喝一会儿茶，再到咳嗽的人身边去，扯点小谎，同时就仿佛把自己也谎过，再回头来苦笑，天色夜了。

天才的培养是这样子做成，是我以前无论如何也不至于想到的。先生，我这时只是一件事不做，我在这俨然的绝路上还不曾当真吃过安神水之类。我成天看到《申报》社会新闻栏，总见到什么年轻人，因无办法而背了人吃下多量的安神药水的事。这人真谨慎，同时还不忘记留一封信给他家中人。看到那些信，我就觉得这些人还如此恋恋于生，实在是无须乎在生活上开这种大玩笑的。我若是有一天也这样做呢，我决不留一个字。纵写好了我也将烧掉。就因为与人无关我才死，在死后还替这人那人设想，以及做自己羞耻的遮掩，我是不做的。既这样决然向死的门迈步，为什么还想告人？这人死来真是太费事了。我若自杀，是连悲哀也不至于的。我不愿同你们在一块活到这世上，我就死了。先生，你把我这个当笑话也是可以的，到一时，或者我将为否认我这"天才"来做一种唯平凡人才能做的自杀而死的事情。我讨厌什么人也居然在世界上有声有色地活着，我也许就自杀。我爱了谁，唯恐我将来心会转了方向，为了这未来的恐怖，我也有理由自杀。如今是周围四堵墙，自杀的事像无可攀缘，我看到咳嗽、眼睛痛、流泪，我心软如海绵，我还要活。我说这些话时，我算定是没有一个人能懂我的。我自己也懂不了我自己许多。因为是你们说的，任我写些什么也不管，我的心，成为一匹马，跑到我所不知道的地方去是很平常的事。这时我写完一句就得伏在桌上一分钟，我是这样衰惫而又这样可笑地劳作。我这时想起我家乡的河，还有那个用它焚化字纸的塔。从塔上摔到水里，淹下去了，睡到河底石头上了，大的团鱼爬到我的身边来，我们纠缠在一块了——这是我的心。

身旁的东西我都讨厌。那些血点，滴到地板上，成了黑色。那些纸，塞满了抽屉，没有一张写满过一整页。那些信，说到钱，只使我同时记起我的许多债务。那些肮脏而又零乱的笔尖、铅笔、墨水瓶，使我想起我生活的无望。门前走过一辆车，我的心就为这车带去一部分。我听到敲钟，我就觉得那钟的打击每一下皆落在我的心上。我无时无刻不像需要睡眠，我半月来却不曾得到一次好睡。天气热了，天气热了，唉，天气热了，我实在不能支持了，我只得把头伏到桌子上。虽然明天我得将这通信完成，我仍然要睡一会儿。我反对我自己，结果就是我那讨厌的鼻血还得流一阵。先生，它一定要流，有了孔罅的地方，机会一来是不会放过的。这实在不能尽它放肆了，血太多了在我是讨厌的事，在别人则是好笑的事。把血流到这种事上，我已并不比一只鸡为有价值可言了。我休息一会儿，还得好好地有秩序地写一件两件近于逗人打哈哈的故事，这第三次通信你们才有采纳的可能。我心里像有些污血在涌来需要呕去，我睡下稍待再说。我睡过了，且把饭吃过了，又坐到这里了。坐到这里听隔壁划拳，划拳中夹以四川腔的女人音。这就是天才的生活。坐到了桌边，还没有动手。得到了信，这是喜事。信从远处来，很客气地也称了我一句"天才"。到后来，说到文章了，他们盼望我寄三万字或四万字的文章，照一块钱一千字抽版税先支。我还以为只有在上海方面的人聪明，谁知远在福建地方开书店，也居然知道这种条件为于己无损的条件。一千字一元，四万字就先可以拿四十块了，这真是一个吓人的数目。我应当好好地把这交易谈妥当我才能够活下，这又是一个很可感谢的招呼。但是，先生，我不干。我这样直截了当地回了他们的信。我没有说出不干的理由。四十块钱给了另一个人，或者还可以救活一个作者的性命，在给他们赚钱以外还同时做了一件功德。我如何能用预许的稿费对付目下的一切？我没有这美德，也缺少这勇敢。过了一点钟，我把这来信扯了，同时又把自己写的信也扯了。另外写了复信，说："先生，你们印书，用得着我的稿件，谢谢你。如果这稿件是必需的帮忙，那先请帮我一个忙，把钱寄一百块来，在六月十号左右我寄三万多一点字来，我得了钱你们得了版权，这交易应当说是痛快的交易吧。"这信我要人即刻就发，省得再过一阵我又生悔。和他们做这些事完全是要我的兴趣，我如能在这事情上再思索一些时间，说不定我将写一封信去骂这些人的。信既已发去，我这时就又像在等候远处来钱打发日子的人了。我想也许他们竟会意外地给我寄一点钱来，那么我将在字数上增加五千，表示感谢，同时还得把删改的权利也给这有钱的人。是的，好歹我得忍耐，得客客气气地把这生意做好。别人已经称我为"天才"了，我实在无理由再在价钱上有所计较。

　　我走到一个相熟的地方去，朋友说："你瘦了，怎么啦？"我笑。朋友说："你脸上发黑，怎么啦？"我说："没有什么。"到后我说我每天得流一次鼻血，大约流了十天，这话倒使朋友发笑了。因为除了我自己，是没有一人知道我是怎样活下来的。告人说这血是全不顾忌地只是流，流过了多年，到后还得流，别人不大愿意相信。我并非要你们相信才在这通信上写这些话。这时我就一面用棉花塞住鼻子一面写这通信的。

我的母亲，那成天咳嗽过日子的好人，近来一到下午就发烧。我有什么办法？我是连安慰的话也用尽了的一个人。凡是我过去说的不能兑现的幸福太多了。如今人正在发烧，若仍把一点好话来做一种治疗，是绝对不发生效验的事情了。听到那咳嗽声音，我只想用棉花把耳孔塞好。我又生气。我像在等候什么时候忽有点钱从天而下。我当真是在等候的。有了钱，或者就有办法了。但是，这钱决不会凭空飞来。应当给我钱的地方既皆无望，与我已无生意的书铺，自然更无关系了。他们对我并无责任，也正像其余路人对我一样。我同任何一个人去说，告他们，如果能先借一点钱，来把我一家人调理一下，到后我愿意把文章用极低的价钱补数，他们也没有承应这恩惠的必要。先生，我想到你所说的"奇变"了，一点不差，这奇变在我一家是非实现不行的。直到这时我还能从容不迫地一面拭汗一面写通信，假如家中忽然有一个人死去，我或者仍然将不动声色把事情做好的。好像这话说过一次了。我这时对于我的镇定有了新的认识，我的心不至于为灾难当前而动摇，这不动摇的创作的心，另一时，你们高兴，真可以说是一种佳话！你们佩服我的"天才"。我自己呢，为这漠然坦然的心情却大大诧异。就因为你们有理无理皆常常把我的文章退回，因为你们的做事认真，因为你们的不儿戏，不通融，以为凡不合你们条件的全不是佳作，所以我就被训练得如此规矩柔顺了，我应当在这事上感到的耻辱也没有了。

我也想过，既然文章非得合乎体裁顾全格调不为功，我何妨拿一本时下有销路的书来照抄。这样做据我断定是不会为人发现的。如今的人读书，读过这一派的书，对另一派的即无过问的兴味，我只要稍稍加以改窜就行了。先生，人们买书，是只过问名字、书名，其余不再注意的。你们不消说这些方面比他们高明，因为我在任何地方取不到的自由，却在你们社里得到了。然而我若把一种改本送给你们时，你们保得住不因为我这名字而弃去么？

一个人说，我这通信，完全是一种平面的图案的东西，从这一直一横的反复里可以看出喜剧的意味。这话是说对了。如果我同时还告这些人，说我写这通信时一面在行为上近于野蛮地自嘲，一面对于自己的灵魂痛加殴打，不知道他们还可以得些什么意味。

今天想尽了方法还不能把我妈送到医院去看看。我算了一阵，看看有几个书店我可以向他们开口借一点钱，算来算去，虽有六七个书店印行过我的作品，竟没有一个人可以商量这件事情。我若把这事当一件正经事来说，别人很可以有理由把它当笑话听。除非我这时有一两部稿子，走到几个熟地方去或者还可以设一点法。我这时可是一样没有。我不敢想象这样拖延下来，半月以后家中将成些什么光景。大家以愁脸相对是今天的事，到明天，恐怕还有比这更难看的样子。那眼睛有病的哥哥，虽然眼睛还不曾好，因为省钱，自己走到菜市场去买小菜，回到家来，手为一车夫的车把撞伤，肿了，本来脾气极好，忽然也容易无端生起气来了。我的妹妹，晚上同母亲在一个床上睡眠，日来忽然不能吃饭，脸色苍白，间以数分钟就咳嗽，也似乎非到医院看看不可了。我除了还是低头在这桌案旁把这通信补完,我能做些什么有济于这一家人的事?这时有一百元,这一家人就好了。一百元这数目,在这世界上,真是多吓人的一个数目,也是多可笑的一个数目!我在前年写的一个日记上,我就是对这样一个数目抱着可惊的顽固想望而不能得到的人。谁知直到今年此日,还在同样情形下把这一个数目看得如此严重!先生,我在此还起了一个不可恕的野心,我竟想就这样在十天中写成我一部自序,我就可以得到有两个一百元的款项把我的生活整顿一下。

我并不要其他我不应当得到的幸福,我也不逃避我分内的灾难,只要我可以在我生存中找出一点意义,不含糊地刻苦生活是我所应当接受的赏赐。无论什么人的命运,不是单得到疾病贫穷无聊而已的命运……我写这些写了三行,这里每一行将近三十个字,每一页字是七百到八百,十万字是三千行或一百三十页,眼前我对那所期望的数目,距离是如何远,我应当明白了。我这时告诉你们说,我头又痛了,这种损害健康的病痛,这过失只是我流血过多,以及守到这桌边时间过久。先生,这当然无妨于事,我不过当笑话说说而已。我知道明天我就应当把这个通信寄给你们,误了期,我就把生活的依据丧失了。我在此努力,成绩不在纸上也在头上。头是还得难受的。我一面休息一面还是继续不辍地写下。看看已到了十一页,我心里很高兴。我也不对照一下在这一万字上究竟说过了几件事情,"这是通信","值两块钱一千字","每一月可以写三万",我就记到这些把它写下来了。到今天来我写了三封向人借钱的信。这些人全是在社会上有声望的人。我总觉得,只要有一个熟人知道我这时在什么情形下打滚,能够答应我一笔钱,我这第三次通信,或者就有许多精彩不凡的描画、透明如水如玉的理智以及通脱不稽的诙谐了。我这时所有的只是一片模糊,这模糊使我害怕,我是在模糊中做着那极愚蠢的想望,以为或者总有一个大胆的老板,既出了我三个集子,不必我请求就能预付我三百块钱稿费,让我可以拿这一笔钱还一些债,整顿一下自己。这信即刻就发了。

让我算一算数:福建是一百二,这人三百,那人三百,另外那人又三百,合共是一千了。我有一千块钱的空空洞洞的希望在心上。目下做着这一千块钱的梦既不算罪过,我还将告给那病人,这数目,至少有一半是有把握的。我的母亲只是对我苦笑。我把这妄想给自己受用,母亲却从这些事上见出我的愚暗与天真。她要我莫急发信,但我同她说时,这信已由我的哥哥丢到西门路邮筒里了。

我想起信上我所说的怪可怜的软弱如蜡的话,觉得十分伤心。我的信是那么写得明白,我的心正如摆在纸上。但是天知道,这个信,看来只多加一种笑话的原料!我在把信发去以后一点钟,就又大悔自己所遗下的笑话种子太多了。我想我将用什么方法否认这件事。如果他们之中有人因为体面的缘故,又不大好意思使我失望,用着善人态度给我三十五十时,我无论如何将把这个钱丢到大门外去。我们一家饿死病死是不必靠什么来救济的。这样活,并不是我所期待的活的办法。我无论如何是又做了错事了,我打我自己的嘴,诅咒我自己。先生,我这时是只有诅咒我自己一个办法的!天气热,我坐在这里半天,一面流汗一面想我写一些什么，人实在疲倦到口中也发苦了。我这时太容易生气了。我的妹妹一进房，望到那天真无邪的脸，我就想骂她。我的哥哥那眼睛这时也使我生气，他说什么我总不理会。我要他到我妈那房中坐一坐，虽然是好好地同他说话，但我的神气，几乎是在喊这个人滚蛋。先生，我的哥哥他是好人，绝对的好人。他因为家中没有了钱也像极容易发怒，但他望到我，他悄然无声地溜出了大门，走到街头看过路的车马去了。我看到那全身为病所苦的小身材的人的后影，想起我同他到奉天一带流浪的情形，就哭了。

先生，你们若是有我那么一个哥哥，你在他面前恐怕也只有流泪一件事可做。他那沉默，他那性格，全是这一世纪不能发现第二个使人哀悯的模型。他在我这里只等待三十块钱路费，有了钱，他又将只身到东北雪里沙里去滚了。他为什么不在南方军队中留下，一定得到东北那冰冷荒凉的地方赌自己的命运，这就是这人使人流泪的性格了。那里有他的天下！他画像的技术在锦州、奉天都受人欢迎的。说到这人，我也只好说到这里为止了，因为我再说这个人一点好，你们也不能相信。天啊，为我保佑这个人，我们这残缺的家，是不能把这残缺的人先失去的！

这时天快要夜了。太阳照到墙上。太阳正如往日一般照到墙上。照到墙上的阳光显得十分寂寞。麻雀在屋角飞，弄堂口卖东西的用力打梆，木匠还在隔院钉板壁……天一夜，这些东西都显得很寂寞。我走到晒台上去看了一下，想到我写的信可以在明天这时送到，明天这时别人就在这信上找着发笑的东西，我心冷了一阵。

先生，我过一礼拜再写我那第三次通信。这时我应当放手了，我支持不来了。我的喉咙今天也极不爽快，捏抓皆无用处。我骂我自己糊涂，实在糊涂，这通信是极不通顺，你们看来决不能从这上面了解我此时这疲倦的心的。先生，我过一阵再写第三次通信。你以为这样不行，还是你出题，我执笔。为了这生意要维持得久点，我如其他作家一样，愿意由你命题。我得靠这生意才活得下去，你们看得清楚。

身上发热，我想吃一点冰，冰没有来，鼻血又先出来了。先生，这无用的血！但是，在这纸上是不会有红的点滴的，血到这纸上，成为另外一种东西了。